O PACIFICADOR

A história da vida do
Duque de Caxias

Alcy Cheuiche

O PACIFICADOR
A história da vida do
Duque de Caxias

Texto de acordo com a nova ortografia.

Capa: Marco Cena
Preparação: Nanashara Behle
Revisão: Patrícia Yurgel

CIP-Brasil. Catalogação na publicação
Sindicato Nacional dos Editores de Livros, RJ

C451p

    Cheuiche, Alcy, 1940-
        O pacificador : a história da vida do Duque de Caxias / Alcy Cheuiche. - 1. ed. - Porto Alegre [RS] : L&PM, 2023.
        352 p. ; 21 cm.

    ISBN 978-65-5666-447-7

        1. Caxias, Luiz Alves de Lima e Silva, Duque de, 1803-1880. 2. Brasil - História militar. 3. Militares - Biografia - Brasil. I. Título.

23-85775   CDD: 355.0092
                      CDU: 929:355

Meri Gleice Rodrigues de Souza - Bibliotecária - CRB-7/6439

© Alcy Cheuiche, 2023

Todos os direitos desta edição reservados a L&PM Editores
Rua Comendador Coruja, 314, loja 9 – Floresta – 90.220-180
Porto Alegre – RS – Brasil / Fone: 51.3225.5777

PEDIDOS & DEPTO. COMERCIAL: vendas@lpm.com.br
FALE CONOSCO: info@lpm.com.br
www.lpm.com.br

Impresso no Brasil
Primavera de 2023

Dedicatórias

À memória de meu pai, Alcy Vargas Cheuiche, general de divisão do Exército Brasileiro, honrado com a Medalha do Pacificador, que me ensinou a admirar e respeitar Luiz Alves de Lima e Silva desde meus cinco anos de idade.

Ao meu primo, Marco Aurélio Costa Vieira, general de divisão do Exército Brasileiro, que me estimulou à redação deste livro e colaborou na sua revisão na alvorada de cada capítulo.

Aos militares e professores de Alegrete que, em 1951, realizaram um concurso de redações sobre a vida do Duque de Caxias, aberto a todos os alunos do curso primário, no qual tive a honra de conquistar o primeiro lugar, recebendo meu diploma no Dia do Soldado, após o Juramento à Bandeira dos conscritos em praça pública.

E, principalmente, a exemplo do que escrevi no frontispício dos livros *Nos céus de Paris: o romance da vida de Santos Dumont* e *O Velho Marinheiro: a história da vida do Almirante Tamandaré*, dedico este livro a todos os homens, mulheres e crianças *que ainda acreditam na grandeza do ser humano.*

Sumário

Apresentação 9

I – Fazenda Santa Mônica, 15 de março de 1878 13
II – Porto de Estrela, Rio de Janeiro, 22 de novembro de 1808....19
III– Estação Desengano, 20 de março de 1878............................25
IV– Rio de Janeiro, 6 de fevereiro de 1818................................31
V – Fazenda Santa Mônica, 23 de março de 1878 35
VI – Rio de Janeiro, 13 de dezembro de 1818............................39
VII– Fazenda Santa Mônica, 24 de março de 1878.....................45
VIII – Interior da Bahia, 3 de maio de 1823...............................51
IX – Fazenda Santa Mônica, 28 de março de 1878 57
X – Rio de Janeiro, 14 de julho de 1824....................................64
XI – Fazenda Santa Mônica, 7 de abril de 1878 70
XII – Montevidéu, 2 de dezembro de 1828................................77
XIII – Fazenda Santa Mônica, 18 de maio de 1878.....................82
XIV – Rio de Janeiro, 12 de abril de 1832.................................88
XV – Estrada de ferro Dom Pedro II, 13 de junho de 1878.........95
XVI – Quinta da Boa Vista, 22 de abril de 1832 102
XVII – Rio de Janeiro, 23 de junho de 1878 110
XVIII – Rio de Janeiro, 5 de outubro de 1835 116
XIX – Rio de Janeiro, 29 de agosto de 1878............................ 123
XX – Porto Alegre, 4 de abril de 1839 130
XXI – Rio de Janeiro, 7 de setembro de 1878 137
XXII – Província do Maranhão, últimos meses de 1840........... 145
XXIII – Rio de Janeiro, 19 de outubro de 1878 152
XXIV – Província de São Paulo,
          meses de junho e julho de 1842.......................... 157

XXV – Fazenda Santa Mônica, 6 de janeiro de 1879 164
XXVI – Porto Alegre, 9 de novembro de 1842 170
XXVII – Fazenda Santa Mônica, 30 de maio de 1879 176
XXVIII – O duelo e a paz 182
XXIX – Fazenda Santa Mônica, 4 de julho de 1879 191
XXX – Rio de Janeiro, 15 de junho de 1851 198
XXXI – Fazenda Santa Mônica, 15 de agosto de 1879 204
XXXII – São João del Rei, Minas Gerais, 30 de maio de 1854 .. 210
XXXIII – Fazenda Santa Mônica, 7 de setembro de 1879 216
XXXIV – Rio de Janeiro, primeiros meses de 1863 223
XXXV – Fazenda Santa Mônica, 20 de setembro de 1879 232
XXXVI – Uruguaiana, 23 de setembro de 1865 239
XXXVII – Fazenda Santa Mônica, 4 de novembro de 1879 247
XXXVIII – Batalha de Itororó, 6 de dezembro de 1868 255
XXXIX – Fazenda Santa Mônica, 6 de dezembro de 1879 263
XL – Lomas Valentinas e Angostura,
    21 a 30 de dezembro de 1868 270
XLI – Fazenda Santa Mônica, 5 de janeiro de 1880 279
XLII – Viagem de Assunção ao Rio de Janeiro,
    primeiros meses de 1869 288
XLIII – Fazenda Santa Mônica, 15 de fevereiro de 1880 297
XLIV – Palácio da Quinta da Boa Vista, 24 de junho de 1875 ... 305
XLV – Fazenda Santa Mônica, 1º de março de 1880 311
XLVI – Palácio da Quinta da Boa Vista, 24 de junho de 1887 .. 318
XLVII – Fazenda Santa Mônica, 15 de março de 1880 325
XLVIII – Tijuca, Rio de Janeiro,
    véspera do Dia de Reis de 1878 334
XLIX – Fazenda Santa Mônica, 7 de maio de 1880 344

Epílogo 349

Apresentação

Soldados do Brasil!

Neste dia, neste momento, em que vossos corações de soldados despertam em emoções de civismo, ante a bandeira do Brasil acabastes de proferir um juramento solene, acabastes de selar um compromisso, em que a vossa honra, a vossa carne, o vosso sangue moço foram depositados como oferendas no altar da Pátria. Assumistes com vosso gesto decidido, patriótico e leal todos os direitos e deveres do cidadão prestante.

A Pátria estará, de hoje para o futuro, permanentemente em vossos corações. Ela será o alvo constante de vossos sonhos. Ela estará no balbuciar dos vossos filhos, na formosura da terra dadivosa e boa, no verbo e no verso dos nossos prosadores e poetas, e na tumba daqueles que amamos, junto a qual oramos pedindo inspiração. Estará no passado, nas folhas precisas da história, onde ficaram gravadas páginas refulgentes, escritas com sangue, com lágrimas, com sorrisos e esperanças, por homens e mulheres que não mediram esforços para nos legarem esta Pátria digna. Ela será o princípio e o fim de vossos empreendimentos, forjadores que sois de seu progresso.

Mas, soldados do Brasil, este dia que hoje vivemos com entusiasmo rememora e exalta, ungidos todos na mais alta expressão de reconhecimento cívico, a data do nascimento do patrono do Exército, Luiz Alves de Lima e Silva, o Duque de Caxias. Sintetiza ele, no espaço e no tempo, a figura ímpar do condutor de homens. Sua figura inconfundível se destaca em cintilações luminosas em todos os quadrantes da vida brasileira. Nome tutelar da Pátria, que o glorifica como o maior de seus filhos.

Meus camaradas!

Caxias assistiu ao despertar da nacionalidade. Foi ele, como jovem tenente do jovem Exército Brasileiro, que recebeu das mãos de Dom Pedro I a primeira bandeira do Brasil, sob a qual iriam bater-se contra as tropas lusas os enamorados da jovem Pátria. Em mais de meio século e constantes e prestimosos serviços ao Brasil, Caxias, meus camaradas, foi uma sucessão de exemplos nobilitantes, de inteireza moral à toda prova, reto, disciplinado e disciplinador. Foi soldado na expressão mais alta do termo: era rígido no cumprimento do dever. Até depois de morto ainda prestou homenagem ao soldado, este anônimo obreiro da grandeza do Brasil e que ele tantas vezes levou à vitória. Seu último pedido foi o de ser conduzido à tumba por seis soldados, remarcada simplicidade de um ente superior.

Meus camaradas!

A vida de Caxias foi um corolário de lutas e vitórias. Sua espada de ouro esteve sempre ao lado da ordem e da justiça. Restabeleceu a ordem no Rio de Janeiro, Maranhão, São Paulo, Minas e Rio Grande do Sul. Venceu Oribe e Rosas, os grandes inimigos das liberdades públicas. Foi várias vezes ministro da Guerra e presidente do Conselho de Ministros. Mas onde seu talento militar e qualidades de chefe se mostram em toda plenitude e grandeza foi na guerra contra o Paraguai. O tirano sanguinário, Solano López, fazendo tábua rasa de nossos direitos de povo livre, atirou, sem prévia declaração de guerra, todo seu poderio bélico contra nós, invadindo territórios do Brasil e aprisionando navios. Aceitamos o desafio e revidamos o ataque.

Somente dois anos após o desenrolar dos acontecimentos, depois de muita estagnação e marasmo do exército aliado, é que o Governo Imperial entrega o comando do Exército Brasileiro ao seu grande chefe. Prover aquela tropa heterogênea, acampada nos campos de Tuiuty, de tudo que necessitava, foi seu escopo inicial. A todos dava o exemplo, estava em toda parte. Estabeleceu uma disciplina rígida, mas consciente, e só depois de ter seus soldados coesos é que dá começo à grande arrancada que, de vitória em vitória, levará o Exército às portas de Assunção.

A célebre marcha de flanco, a passagem dos inóspitos tremedais do Chaco, as vitórias de Itororó e Avaí são lances dignos de raças fortes e destacam-se pela clarividência, intrepidez e bravura do ínclito guerreiro. É a fase culminante da vida do Condestável, aos 65 anos de idade, já com a saúde combalida por tantas lutas, na época em que é natural o repouso, é de vê-lo, ereto em cima do cavalo, de espada recurva desembainhada, colocar-se à frente de seus soldados e passar entre o ribombar dos canhões, arrastando para a vitória uma tropa até bem pouco derrotada. Suas mágicas palavras: Sigam-me os que forem brasileiros, e o seu gesto temerário e heroico, diz Dionísio Cerqueira, arrastou batalhões, como que galvanizados pela irradiação de sua glória. Houve quem visse moribundos quando ele passava erguerem-se brandindo espadas ou carabinas, para caírem mortos logo adiante.

Soldados do Brasil! Soldados de Caxias!

O Exército no dia de hoje, em continência ao seu patrono, o General que nunca foi vencido, jura honrar as tradições das classes armadas brasileiras, que ele tanto amou e enalteceu, para cada vez mais servirmos ao Brasil.

25 de Agosto de 1942
Discurso de Alcy Vargas Cheuiche,
1º Tenente do Quadro de Veterinária
do Exército Brasileiro, no Dia do Soldado.

I
Fazenda Santa Mônica,
15 de março de 1878

— Bom dia, senhor meu Duque.
 – Bom dia, Sargento Estácio. Mas por que não me chama mais de general?
 O velho empregado esboça o início de uma continência, mas o cavalo se agita e ele tem que continuar segurando firme a brida. Vendo que o Duque sorri, encoraja-se para responder:
 – A sra. Baronesa me corrigiu, outro dia. Disse que chamar Vossa Excelência de general só serve para lhe trazer... más recordações.
 O sorriso desaparece do rosto emoldurado por uma barba curta e nevada. As rugas se aprofundam entre as sobrancelhas. Porém, logo os olhos castanhos voltam a ficar bondosos.
 – Pois ela está equivocada. Nas melhores recordações da minha vida, sempre me vejo fardado.
 – Sim, eu penso o mesmo que Vossa Excelência... na minha humildade, meu... General... Duque de Caxias.
 – Vou conversar sobre isso com a minha filha. Ela e sua irmã também não gostam que eu monte a cavalo.
 – Mas... este é um dos poucos prazeres que Vossa Excelência ainda tem.
 Como que entendendo essas palavras, o cavalo zaino começa a escavar o chão com o casco do anterior direito. E atrai o olhar do cavaleiro para sua cabeça altaneira e o lindo pescoço *de cisne*, como costuma dizer. As crinas negras, levemente agitadas, voltam

a ficar imóveis. E agora seus olhos se fixam no estribo de prata onde deve apoiar o pé esquerdo, antes de erguer e girar a perna direita o mais rápido possível e acomodar-se na sela. Aos 74 anos, com muitas dores articulares, a expectativa deste gesto habitual é agora um tormento. E se o impulso não for suficiente para montar, como fizera milhares de vezes?

– Quer que eu segure o estribo para o senhor... meu General?
– Não carece, Estácio. Mas firme bem a brida do Baal. Ele está nervoso esta manhã.
– Foi porque ontem choveu e o senhor não montou.
– E por causa dos cheiros do outono que está chegando... Além desse nome de deus e diabo que puseram nele.

Caxias diz isso já erguendo o pé e colocando a ponta da bota no estribo. Respira fundo e enfia os dedos da mão esquerda no alto das crinas, apertando-as com firmeza. Sabe que, das muitas janelas do casarão da fazenda, alguns olhos estão contemplando a cena. Uns bondosos, torcendo por ele. Outros maldosos, *querendo* que o velho não consiga montar.

Mas ele monta. Não tão rápido e elegante como gostaria, mas o suficiente para sentir-se feliz. Agora, só me apeio daqui quando eu quiser, pensa, ao acomodar-se na sela. Duas horas no máximo, pediu minha filha, porque não se anima, ainda, a me mandar. Depois que a... depois que fiquei viúvo... as duas querem se *adonar* de mim, o que a mãe delas nunca deixou. E isso vai começar, de verdade, no dia em que eu precisar de um banquinho para montar a cavalo.

Estácio entrega-lhe o rebenque de castão de prata, que nunca é usado para bater no cavalo, servindo apenas como adereço, à falta da espada. Esta, embora seja uma verdadeira joia, ele teima em não colocar na parede, e fica presa ao cinturão, sempre pendurado na cabeceira da sua cama. Quase um catre militar, excetuando-se ser de ferro, onde ele dorme sobre um colchão de crina, o único que não lhe provoca dores na coluna. Suas roupas, também não deixou colocarem em armários e ficam guardadas nas duas velhas canastras que levou consigo em todas as campanhas. *Maluquices do velho caduco*, como devem cochichar as pessoas que não gostam de mim. As mesmas que morderam a língua quando este corpo velho se ergueu no ar e caiu direitinho sobre a sela.

Caxias olha para a fachada do casarão, um belíssimo prédio com paredes branqueadas a cal e aberturas de cor azul. Dois pisos com muitas portas e janelas, construídos para atravessar os séculos. Embora pertença ao seu genro, Francisco Nogueira da Gama, Barão de Santa Mônica, só aceitou refugiar-se ali para evitar contatos com políticos. Sua casa, no Rio de Janeiro, além de fácil acesso para visitas inoportunas, está marcada pela ausência da sua mulher.

Baal volta a escarvar o chão ainda úmido e Caxias endireita-se sobre a sela. Encosta-lhe de leve as esporas, enquanto inclina o corpo, mantendo firmes as rédeas. Estácio adianta-se para abrir a porteira e, agora sim, o velho General sente-se livre, *olhando o mundo entre as orelhas do meu cavalo*, como costuma dizer.

De imediato, começa a respirar com prazer o cheiro do campo, a ouvir os berros das vacas leiteiras no curral, a sentir na mão esquerda o contato das rédeas de couro macio, tensas o suficiente para manter o cavalo a passo. Para onde vai? Pouco importa. Pela primeira vez em sua vida, depois de entregar ao Imperador o cargo de presidente do Conselho de Ministros, não se acorda mais sentindo nas ilhargas o cutucar das esporas. A partir do ato em que sentou praça no Exército aos cinco anos de idade, há quase setenta anos, todos seus dias foram dedicados a prestar serviços planejados nos mínimos detalhes. Na escola civil e na Academia Real Militar, no seu batismo de fogo, na Bahia, nas lutas pela Independência, no período de anarquia em que viveu o Rio de Janeiro após a abdicação de Dom Pedro I. Nas muitas noites que passou em claro, caçando bandidos pelas ruas da capital, no comando de um grupo de oficiais do Exército e da Armada, que o povo denominou de *Batalhão Sagrado*...

Alguns minutos depois, ultrapassado o grande cafezal, alcança a estrada deserta que margeia a ferrovia. Seu plano, ainda vago, é o de cavalgar até a Estação Desengano, em busca de sua correspondência. Mas, em verdade, quase não se interessa pelos assuntos atuais, a não ser quando provocado pelo genro, que ainda frequenta a corte. Caxias respira fundo outra vez. Para que pensar tanto no passado? Histórias velhas de um soldado velho. Que foi professor de esgrima e equitação de um menino louro, com sete anos, *esporeado* diariamente para ser imperador. Que idade eu tinha? Devia estar beirando os trinta anos.

– *En garde!*

Atendendo a ordem do mestre de armas, o menino posiciona-se corretamente e responde no mesmo tom de voz:

– *En garde!*

Os floretes se chocam em movimentos de estudo. O som metálico ricocheteia nas paredes e foge pelas janelas abertas para o parque. Uma leve brisa sacode as folhas das árvores. Chovera durante a noite. Sente-se o perfume de muitas essências tropicais na Quinta da Boa Vista. A luz já é intensa às seis horas da manhã.

– *Dégagez!*

Obedecendo ao professor, o menino recua dois passos e baixa o florete. No rosto alongado, destacam-se os grandes olhos azuis que fitam o mestre com atenção. As primeiras gotas de suor lhe porejam a testa ampla. Tudo nele é longilíneo. Suas pernas magras parecem mais compridas dentro do calção de malha. O mestre de armas aproxima-se e lhe corrige a flexão dos joelhos. É um homem espadaúdo, de estatura mediana. Tem cabelos castanhos e olhos da mesma cor. O rosto escanhoado está bronzeado de sol. Veste culotes de montaria, botas de cano alto e camisa branca de mangas largas e punhos rendados. Sua túnica, pendurada num cabide, tem as insígnias de major do Exército Imperial.

– Agora eu ficarei na defesa. Pode atacar-me como quiser. Mantenha-se atento para aproveitar a menor falha na minha guarda.

– O senhor não comete falhas, Major Lima.

– Obrigado, Alteza. O mestre de armas do futuro imperador não tem o direito de errar. Mas todos erramos, de um ou de outro modo. Na arte da esgrima, o segredo, talvez, é manter-se atento aos erros do contendor.

– Assim como na política, Major Lima.

O militar percebe um brilho divertido nos olhos do menino. Sorri-lhe ao responder:

– Sou apenas um soldado. E nós, soldados, somos péssimos políticos.

– O Brigadeiro Lima e Silva é soldado e comanda a política no Brasil.

– Meu pai detesta tanto a política como eu. Só aceitou participar da Regência por fidelidade a Vossa Alteza.

Os olhos do menino enevoam-se de lágrimas. O Major admira-se de sua precocidade. Da agudeza de suas observações. Um grupo de jovens cortesãos entra na sala d'armas em alarido. Pelas vestes e rostos, parecem tresnoitados. O professor de esgrima os olha com severidade.

– Vamos prosseguir a aula, Alteza?

– Apenas uma pergunta ainda, Major Lima. Responda-me com toda a franqueza. O senhor acha... O senhor acredita que meu pai retornará... um dia... ao Brasil?

Uma súplica intensa contrai o rosto do Príncipe. O militar tem vontade de abraçá-lo. De acariciar a mecha de cabelo rebelde que lhe cai sobre a testa. Não, o pai deste menino, o antigo imperador Dom Pedro I, está em guerra pelo trono de Portugal, e nunca irá voltar. Melhor dizer-lhe a verdade e enrijecê-lo para a luta.

– Muitos desejam a sua volta, mas ele não voltará. Vosso pai proclamou a Independência do Brasil, mas seu coração continuou em Portugal. Teve a sabedoria de partir no momento certo, depois de abdicar em favor de Vossa Alteza.

– Mas... eu estou demorando muito a ficar homem. Acredita que o povo vai esperar por mim?

O Major recua dois passos e baixa o florete como quem apresenta armas.

– Se depender da minha espada, ninguém impedirá o encontro do povo com o seu imperador. *En garde!*

O menino louro olha-o fundo nos olhos e... Mas que loucura deu neste cavalo?!

Baal, que andava a passo pela margem da ferrovia, arranca de repente num galope impossível de controlar. E logo o General entende o porquê de tanto nervosismo. Uma locomotiva aproxima-se rápida, como querendo apostar corrida com o cavaleiro, que desiste de sofrenar o animal. O maquinista entende mal a situação ou fica entusiasmado com a rapidez do cavalo. O fato é que ergue o braço e faz o trem apitar, em longos silvos plangentes.

Agora, a máquina fumacenta e o cavalo zaino estão correndo lado a lado. O Marechal sente que o chapéu voa de sua cabeça. Ao ver seus cabelos brancos e como ele se mantém firme sobre a sela, o maquinista faz soar o apito mais algumas vezes. A locomotiva ultrapassa o cavalo, mas o trem é longo. Dos vagões de passageiros, mãos e chapéus abanam como em despedida. O trem começa a entrar numa curva, acompanhada pela estrada de terra. Correndo com o freio nos dentes, Baal está por sua própria conta. E na volta da estrada surge um carro de bois.

Essas imagens crescem diante do cavaleiro que só se preocupa em não cair. O que não acontece, como por milagre, quando Baal estaca diante dos chifres dos bois. O velho militar é jogado para frente, perde os estribos e vê-se quase montado no pescoço do cavalo. Recua para acomodar-se na sela, o peito arfando, mas logo passa a mão direita pelo pescoço suado do animal.

Medo de morrer? Não teve tempo para isso. Seu medo, agora, é que alguém conte às suas filhas mais essa *maluquice do velho caduco*.

II
Porto de Estrela, Rio de Janeiro,
22 de novembro de 1808

Luiz sentiu a mão grande e áspera do pai se apertar na sua. O Tenente Lima e Silva baixou os olhos e lhe disse com voz emocionada:

– Hoje é o teu primeiro grande dia.

– Sim, papai. Mas me explique outra vez, por favor. Não quero errar nada.

– No barco teremos tempo para isso.

Assunto encerrado. Aos cinco anos de idade o menino já entendera o principal da disciplina militar: *ordens não se discutem*. E sabe que o pai terá paciência para lhe explicar tudo o que acontecerá naquele dia.

O sol ergueu-se aos poucos sobre as águas da Baía da Guanabara, palavra que significa *seio do mar* no idioma dos primeiros habitantes das suas margens. Luiz conhecia o significado de outras palavras guarani. Sabia que os rios Inhomirim e Saracuruna, que se unem para desembocar no Porto de Estrela, significam *campo pequeno* e *galinha d'água negra* naquela língua que muita gente, por ali, ainda falava.

Essas palavras *brasileiras* quem lhe ensinava era o pai. Seu avô materno, o Coronel Luiz Alves de Freitas Belo, dono da Fazenda São Paulo, onde o menino nascera em 25 de agosto de 1803, dia de São Luiz, embora tivesse no rosto traços nítidos de ascendência indígena, tratava mal a quem não fosse branco, e considerava-se português. O mesmo pensava o marido de sua tia Bernardina, Joaquim Silvério dos Reis, que se orgulhava de ter mandado um *tal de Tiradentes para a forca*. Mas Mariana Cândida, sua mãe, tinha muita paciência com as escravas negras que faziam todo o serviço doméstico. Luiz sabia que a mucama Anaflor, que ainda a noite passada o abanara para afastar os mosquitos e fazê-lo dormir bem cedo, fora sua ama de leite. E pelos peitos enormes que tinha, com certeza o alimentara muito bem.

Nascido e criado na fazenda, o menino já vira até bezerrinhos nascendo, embora continuasse a acreditar que era a cegonha, uma ave lá do outro lado do mundo, que trazia as crianças brancas em seu bico. Já os negrinhos da senzala saíam de dentro das mães, como os bichos.

– Cuidado com o trapiche, meu filho. Está escorregadio.

– Sim, papai.

– Vamos nos acomodar na popa. Pela posição do vento, a vela genoa vai tirar logo aqueles apressados da proa.

O barco de carga e passageiros lembrava um velho galeão espanhol em miniatura. Flancos bojudos, abrindo espaço para o grande porão, sempre atulhado de produtos agrícolas: café, açúcar, milho, mandioca, dependendo da estação do ano. Luiz gostava daqueles cheiros misturados, principalmente de milho verde e cana recém-cortada. E tinha paixão por navegar, embora o tivesse feito poucas vezes. O Tenente Francisco, que se casara com escassos dezessete anos, ainda cursando a Academia Real Militar, aceitara morar na fazenda do sogro e fazia aquele trajeto todos os dias, excetuados os domingos. Só que, hoje, em razão da presença do filho, estava embarcando ao nascer do dia e não ainda noite escura, como de hábito.

– Vamos nos sentar neste banco protegido do sol. Daqui a pouco ele vai estar queimando tudo por aqui.

Acomodados lado a lado, Francisco soltou a mãozinha do filho e começou a falar-lhe em voz baixa. Luiz ergueu os olhos para aquele rosto austero, sempre cuidadosamente escanhoado. Não se lembrava de alguma vez ter visto o pai de *barba por fazer*, mesmo nos domingos e dias santos de guarda. Seu cabelo castanho-escuro era cortado curto, e o pai tirava poucas vezes o chapéu bicórneo quando estava fardado. Ele tinha testa ampla, sobrancelhas cerradas e um grande nariz aquilino, que lhe dava um perfil de gavião. Luiz herdara o nariz bem desenhado da mãe e isso o contrariava. Mas a profissão do pai, essa ele herdaria, sem nenhuma dúvida.

Soltas as amarras, o *Estrela do Rio* começou a afastar-se do cais. Algumas velas panejaram, enquanto se ouviam apitos e uma voz rouca de comando. Luiz gostava disso tudo, principalmente de acompanhar os movimentos da grande roda do leme, que girava dócil nas mãos do timoneiro. Mas, agora, ansiava que o barco deixasse o Rio Estrela e entrasse logo nas águas abertas da baía. Queria que o pai lhe contasse *tim-tim por tim-tim* tudo o que irá acontecer hoje no quartel.

– Bem, meu filho. Você sabe o que significa a expressão militar: *antiguidade é posto*?

– Não, senhor.

– Mas posto militar você sabe o que é.

– Sim, papai: soldado, anspeçada, cabo, sargento, alferes, tenente, capitão, major, tenente-coronel, coronel, brigadeiro, general e marechal de campo.

– Muito bem. E se entrar neste barco um oficial com posto acima do meu, o que eu devo fazer?

– O senhor deve se levantar e fazer continência.

– Certo. E se for um tenente, como eu? Quem deve obediência ao outro?

– Aí... eu não sei, papai.

– É quando se precisa saber quem tem mais tempo naquele posto, quem é mais *antigo*. O oficial mais *antigo*, e não o mais velho, é quem assume o comando, e por isso se diz que *antiguidade é posto*.

– Entendi. O que foi promovido primeiro a tenente, não é?

– A tenente ou a qualquer outro posto militar.

– Desculpe, papai, mas eu sou apenas... um menino. Não tenho posto militar nenhum.

– Você tem, sim, porque pertence à *família militar*. Numa antiga tradição que inclui seus bisavós, seus avós e eu, todos oficiais do Exército ou da Armada. Assim, aos cinco anos de idade, você tem *direito* a sentar praça num quartel e começar a contar tempo para sua carreira militar.

– Quer dizer que vou ser militar a partir de hoje? Mesmo sem andar fardado?

– No momento em que seu avô, Coronel Joaquim Francisco de Lima, Comandante do Primeiro Regimento de Infantaria de Linha, mandar colocar seu nome no livro de registros do quartel, você estará iniciando sua carreira militar.

– E... e a farda, papai? Quando eu vou usar?

Até ali muito sereno, o rosto do tenente fechou-se numa espécie de *carranca*, expressão que Luiz sempre temia.

– Se você for um ótimo aluno no colégio civil, dentro de dez anos poderá prestar exames para a escola militar, jurar a bandeira e vestir a farda de cadete.

Dez anos. Muito tempo para quem tem apenas cinco e que olha com ânsia para um futuro com tinir de espadas e toques de clarim. Francisco passa dois dedos na testa do filho e lhe diz, com voz emocionada:

– Aproveite a sua infância. Não há nada como o tempo para passar.

E desvia seus olhos para o contorno próximo da Ilha do Governador. Com este vento de través, pensa, hoje o timoneiro vai manobrar para deixá-la à boreste, evitando os baixios do canal. É o trajeto mais longo, mas o mais bonito. Prefiro navegar pelo centro da baía. Tenho a ilusão de que vou continuar sempre em direção ao morro do Pão de Açúcar, passar entre as fortalezas de São João e Santa Cruz e, depois, prosseguir pelo mar.

Acomodado ao balanço uniforme do veleiro, um pouco inclinado para bombordo, Francisco deixa sua imaginação fugir para uma cena que muito o impressionou, poucos meses atrás.

No dia 8 de março de 1808, data que marcou para sempre a História do Brasil, viviam no Rio de Janeiro cerca de sessenta mil pessoas. Desde a madrugada, a maioria delas se deslocara para o cais do Paço, rente ao qual uma enorme cruz encimava um altar improvisado. O dia amanhecera resplandecente. Pelas ruas, cobertas de fina camada de areia, tão branca como a espuma que acariciava os rochedos, uma decoração primitiva, feita de folhas de mangueira e canela, marcava o trajeto a ser percorrido pela família real. Os olhos dos cariocas, palavra indígena que significa *casa do branco,* estavam fixos na Baía da Guanabara. Tudo colaborava para o grande espetáculo, ao soprar da brisa de leste, a temperatura era agradável naquela manhã.

O Tenente Francisco estava perfilado junto aos outros oficiais do Primeiro Regimento de Infantaria de Linha. Dormira no quartel, para evitar atrasar-se no trajeto de barco, e marchara à frente de seu batalhão ainda com o céu estrelado. Embora acreditasse que se tratava de um dia memorável, o fato de todos aqueles nobres estarem chegando *em fuga* de Portugal o deixava desconfortável.

Salvas de artilharia começaram a cobrir de fumaça a Ilha das Cobras. No esplendor de seu uniforme, Dom João já se aproximava a bordo do *Real Bergantim,* acompanhado da Princesa Carlota Joaquina e de todos os filhos. A Rainha Dona Maria, alcunhada *a louca,* não estava à vista. O Príncipe Regente beijou o crucifixo que trazia ao pescoço, antes de pisar na *terra prometida.* Quando a nau encostou na rampa de desembarque, os remos gotejantes levantaram-se em continência. Sua Alteza pisou o solo brasileiro sob o troar dos canhões, o espocar dos fogos de bengala, o bimbalhar dos sinos e a ruidosa aclamação do povo brasileiro.

A caminho da Igreja do Rosário, onde foi rezado um *Te Deum* em ação de graças, a comitiva passou diante do Batalhão de Infantaria. E Francisco, embora rígido em sua postura, não se deixou ofuscar pelos dourados da família real. Como são *feios e desbotados,* pensou, sem nenhum remorso. E por certo assim pensaram

muitos outros brasileiros, principalmente os que tiveram suas casas requisitadas para acolher os fugitivos.
– Estamos chegando, papai?
– Sim, Luiz.
O Tenente olhou para o Largo do Paço, já bem próximo, em cujo cais o *Estrela do Rio* irá atracar. Oito meses depois do desembarque de Dom João e sua comitiva, muita coisa mudara em suas imediações. Sobretudo na movimentação muito mais intensa das ruas, e na desvalorização dos brasileiros frente aos portugueses da metrópole, agora os donos da cidade.

Melhor pensar noutra coisa, disse Francisco a si mesmo, ao pegar a mão do filho para ajudá-lo a atravessar o trapiche. Daqui a dez anos, quem sabe, Luiz poderá respirar melhor nesta cidade.

III
Estação Desengano,
20 de março de 1878

Suando muito e sentindo-se *encarvoada*, Ana consegue ver o prédio da estação. Uma joia arquitetônica lembrando um pequeno castelo de dois andares, com sua torre pontiaguda. O trem diminui a velocidade, e seus apitos a deixam ainda mais nervosa. Vai ver foi este mesmo maquinista insolente que assustou o cavalo do meu pai. Pensa nisso e abana-se mais uma vez com o leque nacarado. Sua dama de companhia ainda cochila, com a cabeça apoiada no encosto do banco.

– Estamos chegando, Argemira. Temos que descer rápido para conferir se eles vão retirar do vagão de bagagens a cadeira de balanço. Eu não confio nessa gente.

– Sim... sra. Viscondessa. Eu...

– Você vai levantar-se imediatamente. O trem está parando... Olhe lá! Que coisa boa! A Luiza veio me esperar.

Na plataforma, a mulher vestida com elegância acena-lhe com a mão enluvada. Também trouxe sua dama de companhia, uma jovem inundada por enorme vestido azul. E ereto, às suas costas, perfila-se o velho Sargento Estácio.

Ana desce os três degraus de ferro, apoiando-se de leve no corrimão. Argemira o faz com mais dificuldade, empunhando duas malas. Luiza adianta-se para abraçar a irmã. Aparentam a mesma idade, em torno dos quarenta anos, e se parecem muito. São de estatura baixa, cheias de corpo, concentrando-se o que lhes resta de beleza nos rostos bem desenhados.

– Não me beije, Mana, não me beije. Tivemos que abrir a janela e estou suando carvão.

Mas se deixa beijar nos dois lados do rosto e fica de mãos dadas com Luiza. Enquanto isso, Argemira faz-lhe uma mesura, remexe numa sacola e entrega o comprovante da bagagem despachada ao velho sargento. Suspira com exagero e fica conversando em voz baixa com Hortência, a moça de azul. Ambas vestem toucas brancas amarradas sob o queixo, que identificam suas condições de domésticas.

O trem apita por duas vezes. Um sino responde com duas badaladas. Alguns passageiros apressam-se para entrar, e a locomotiva movimenta os vagões, expelindo jatos de vapor sobre a plataforma. Estácio surge carregando um grande volume, mas que parece leve. Já saindo da estação, Luiza sorri para Ana:

– Então você trouxe *mesmo* a cadeira de balanço da mamãe.

– Sim, Mana. Parece mentira, mas amanhã... já faz...

– ...quatro anos.

As duas irmãs param de caminhar, olham-se fundo nos olhos e se abraçam, pouco importando que as pessoas vejam as suas lágrimas. Depois, abrem apenas uma sombrinha e seguem caminhando de mãos dadas, muito iguais em seus vestidos longos e escuros, até a carruagem toldada que as espera à sombra de uma mangueira.

– Ana... Você lembrou de trazer... a carta que eu pedi?

– Sim, Mana. Manoel é um pouco desorganizado para essas coisas, mas a carta do papai ele guardou bem. Estava na Fazenda da Machadinha, e Manoel a trouxe para o Rio. Ele só não veio comigo porque a crise de gota se agravou, você sabe.

– Sei sim, minha querida. O Visconde é um homem muito correto e adora o papai. Não faltaria a essa missa, se lhe fosse possível.

– É verdade. Obrigada, Mana.

– Olha aqui, vamos fazer uma coisa. Colocamos Argemira e Hortência na boleia, junto com o cocheiro. Elas vão admirar a paisagem e nós duas poderemos conversar à vontade.

Dadas as instruções às criadas e depois que Estácio baixa o estribo da carruagem, as irmãs entram e fecham a portinhola. Sentem o cheiro bom de couro lustrado com cera de abelhas. Acomodam-se bem juntas, deixando vazio o assento da frente. Quando os quatro cavalos se põem em movimento, Luiza aperta a mão de Ana e lhe pede com voz rouca:
– Agora... Você pode ler a carta para nós.
– Não seria mais certo entregá-la ao papai, como ele pediu?
– Tenho medo que ele se emocione demais.
Ana concorda com um leve movimento de cabeça.
– Tem razão. Eu mesma só a li uma vez, quando Manoel a recebeu. E choramos muito... Sim, Mana, é melhor lermos antes de entregar a ele. E, talvez... nem a entregar.

Com mãos trêmulas, Ana pega da bolsa um envelope com o brasão do Duque de Caxias em relevo, e retira uma folha de papel acetinado, desdobrando-a cuidadosamente. Ao ritmo lento do trotar dos cavalos, começa a leitura em voz baixa:

Rio de Janeiro, 7 de abril de 1874

Meu Manoel Carneiro!

Recebi sua carta de 29 de março, e lhe agradeço o sentimento que mostra pela prematura morte de minha idolatrada mulher. Sem dúvida, nunca na minha longa vida havia sentido dor maior. Parece que ainda sinto o aguçado punhal cravado em meu coração.

Altos destinos da Providência Divina! Ela está no céu, pois que é o derradeiro dos anjos, e não neste mundo infame de enganos e ilusões.

Diga a minha pobre filha que sua mãe não se esquecia dela um só instante e que repetiu o seu nome e o de sua irmã pouco antes de perder a vida.

Resta-me a única consolação de que nada lhe faltou. Pois cinco médicos a viram. Dois de um sistema e três de outro, mas o mal era de morte, seus dias estavam contados.... e eu só fiquei para chorá-la.

Peço-lhe que agradeça a seus manos, cunhados e Exma. Sra. Viscondessa, os pêsames que me enviaram e me desculpo por não lhes responder agora, porque ainda estou atordoado com o golpe que sofri e nem sei o que escrevo.

Logo que Aniquita esteja desembaraçada, espero que venham, pois não desejo morrer sem abraçar meus filhos e meus netos.

Seu sogro que muito o estima,
Luiz

– Aniquita... Só ele me chama assim.
– E... a mim... só ele chama de Aniquinha.
– Mamãe nos chamava de Luiza e Ana...
– Sim... se orgulhava de que tínhamos o nome dela, Ana Luiza.
– Mas papai só a chamava de Anica...
– Anica, Aniquinha e Aniquita... Bons apelidos para uma duquesa, uma baronesa e uma viscondessa.

E ambas conseguem sorrir em meio às lágrimas.

– Mana, como estão os preparativos para amanhã?

Luiza respira fundo, colocando a mão direita espalmada no peito.

– Monsenhor Meirelles virá para rezar a missa, ele prometeu ao Francisco. Já estamos preparando um quarto para ele, o mais isolado da ala sul. Dormirá duas noites na fazenda antes de voltar para o Rio de Janeiro.

– Muito bom que possa vir, papai só se confessa com ele... E como está a decoração da capela?

– É uma capela improvisada, você sabe, porque estamos terminando de construir a Igreja Nossa Senhora do Patrocínio.

– Sim, eu sei, Mana. Era o sonho do seu cunhado, o Barão de Juparanã, que faleceu antes de poder inaugurá-la. Mas, pelo que olhei, de relance, quando passamos em frente, ainda custará muito a ficar pronta.

– É verdade. Mas o Francisco ficou tão abalado com a morte do irmão que encomendou da França todo o material que ainda falta, uma vez que é um projeto em estilo neogótico, a miniatura de uma catedral.

– Um dia, quero levar você para conhecer a nossa capela, lá na Fazenda da Machadinha. Por sinal, também foi dedicada à Nossa Senhora do Patrocínio.

Por alguns momentos, para não voltar a uma discussão que já acontecera, as irmãs ficam caladas. Sim, a capela da propriedade herdada pelo marido da Viscondessa de Ururay, João Carneiro, é uma verdadeira joia, mas a fazenda fica a quarenta léguas do Rio de Janeiro, já quase na fronteira do Espírito Santo. E nenhum trem passa por lá.

– Como está papai?

– Emagreceu mais um pouco, mas está bem. Quando não monta a cavalo, só sai do seu quarto para as refeições, e não todas.

– Quando não *montava* a cavalo, Mana. Depois desse susto horroroso é claro que vocês não deixaram mais que ele... Até lhe trouxe a cadeira de balanço da mamãe... Ele precisa *se sossegar em casa*, como ela dizia.

Luiza olha para a irmã com os olhos meio arregalados.

– Até parece que você não sabe como é o nosso pai.

– Quer dizer que ele...

– Sim. E no mesmo cavalo.

– Naquele diabo do Baal?! Pelo amor de Deus!

Ditas essas palavras, as irmãs são jogadas para a frente por um repentino puxar de rédeas do cocheiro. A carruagem desvia-se para a direita da estradinha e estaciona ao lado de um canavial. Luiza olha pela janela, não entende o motivo da parada, e indaga a Estácio com voz autoritária:

– Por que paramos aqui? Ainda estamos longe da sede.

– Porque o sr. Duque me mandou.

– O... sr. Duque?!

No alto da boleia, entre as duas damas de companhia, já um pouco empoeiradas, o velho sargento aponta com o cabo do relho para a curva da estrada:

– E lá vem ele, sra. Baronesa! Nunca chega atrasado... o meu General.

As irmãs abrem a portinhola e saltam para o chão, antes mesmo que Estácio tenha tempo de baixar os degraus. Entre assustadas e orgulhosas olham para o cavaleiro que se aproxima a galope, firme na sela, os cabelos brancos esvoaçando, enquanto as saúda abanando o chapéu.

IV
Rio de Janeiro,
6 de fevereiro de 1818

O Major Francisco de Lima e Silva acertara em suas previsões. Quase dez anos depois de o pequeno Luiz haver sentado praça, por ter sido *um ótimo aluno* nos colégios que frequentou, passara com distinção nos preparatórios para a Escola Real Militar. Tinha jurado bandeira no dia 25 de agosto do ano passado, ao completar catorze anos de idade, e iniciara seu curso no início do ano de 1818. E, sem dúvida, *se respirava* melhor na capital do Brasil, agora não mais uma simples colônia, mas parte do Reino Unido de Portugal e dos Algarves.

Ele próprio cumpria sua carreira com distinção. Seguindo o caminho do pai, era agora o subcomandante do Primeiro Regimento de Infantaria de Linha. Parte do qual desfilava, em uniforme de parada, na direção ao Campo de Santana. Montado em cavalo andaluz de pelagem negra, Francisco estava à frente de um batalhão de infantes que recebia aplausos do povo. Chegara há pouco do Paço da Cidade, em tempo para assumir o comando. Mas seus olhos ainda estavam deslumbrados com a cerimônia que assistira.

Sim, faltando um mês para completar dez anos do desembarque da família real, a área fronteira ao Palácio transformara-se numa verdadeira Praça Imperial. Graças ao talento de três franceses, o arquiteto Grandjean de Montigny, o pintor Jean-Baptiste Debret e o escultor Auguste-Marie Taunay, encarregados do preparo da festa, ninguém mais reconheceria aquele local. Ali fora erguido um templo em louvor a Minerva que, além da estátua da deusa, abrigava outra, a de

Dom João VI, e um Arco do Triunfo. Nada a ver com o modesto local onde Francisco vira chegar aquela gente *feia e desbotada*. Até o fato de terem fugido de Lisboa, deixando Portugal entregue às tropas do General Junot, já fora esquecido há muito tempo. Depois da derrota de Napoleão em Waterloo, no dia 18 de junho de 1815, o Príncipe Regente poderia ter voltado para Lisboa. Mas preferiu ficar no Brasil e isso o redimira ao ponto de agora ser aplaudido pelas ruas.

Nos ouvidos do Major ainda soavam as palavras que ouvira na cerimônia de coroação:

Sua Majestade o Rei Dom João VI, Senhor do Reino de Portugal, Brasil e dos Algarves, d'Aquém e d'Além-Mar em África, Senhor da Guiné e da Conquista, Navegação e Comércio da Etiópia, Arábia, Pérsia e Índia!

Muitos oficiais superiores brasileiros, do Exército e da Marinha, entre eles Francisco, pensaram que, depois da morte da Rainha Dona Maria I, infeliz alienada mental que vivera oito anos escondida na Quinta da Boa Vista, Dom João iria ser coroado em Lisboa. Comentava-se que esse era o desejo de sua maior aliada, a Inglaterra, a potência que dominava impune *os sete mares*, depois que Napoleão definhava na ilha de Santa Helena.

O que aconteceria com o Brasil, se a Corte nos deixasse? Era a pergunta que corria os quartéis desde a Província Cisplatina, no extremo sul, até nossa fronteira com a Guiana Francesa, no extremo norte. Desde a ilha de Fernando de Noronha, no Oceano Atlântico, até o Forte Príncipe da Beira, no longínquo poente. Com o retalhamento das colônias espanholas, o Paraguai e as Províncias Unidas do Rio da Prata já eram repúblicas independentes, e o Chile estava às vésperas de proclamar a sua, pelas mãos do General Bernardo O'Higgins. Enquanto isso, o General Simon Bolívar, depois de conquistar a independência da Venezuela, lutava para libertar a Colômbia. Deixado à sua própria sorte, decerto o Brasil não demoraria a se transformar numa *colcha de retalhos republicana*.

Como será viver numa república? Desde que os Estados Unidos da América se separaram da Inglaterra, em 1776, a existência de um regime desses, que só fora experimentado na Grécia Antiga, deixou de ser uma utopia. Quando a Revolução de 1789 sacudira a França, outros movimentos libertários surgiram pelo mundo. Até no Brasil, em Vila Rica, alguns jovens tentaram o sonho da independência, naquele mesmo ano. Iniciado na Maçonaria, Francisco sabia que os *pedreiros livres* estavam no poder nos Estados Unidos e tinham inspirado a Queda da Bastilha. Também não ignorava que Dona Maria I, cuja morte era responsável por esta festa, perdera por completo a razão, já muito abalada, no dia em que lhe deram a notícia de que a Rainha Maria Antonieta fora guilhotinada, em 1793. Apesar disso tudo, a França agora voltara a ser uma monarquia, e nenhum país da Europa parecia próximo a aderir ao regime republicano.

Mesmo assim, no ano passado, os pernambucanos expulsaram o português que os governava e criaram uma república que durou mais de dois meses. E não foram apenas uns poucos como em Vila Rica. Planejada na loja maçônica *Areópago de Itambé* e no Seminário de Olinda, a insurreição uniu civis, militares, religiosos, pobres e ricos. E extravasou-se para o Ceará, Paraíba e Rio Grande do Norte. Dizem que, estimulados por Frei Caneca, um *mestre maçom*, até planejaram armar um navio para resgatar Napoleão...

De repente, o Major Lima e Silva começou a sentir que se inundava de suor por dentro da farda. E um espocar próximo de foguetes agitou o cavalo negro, a ponto de avançar em pequenos corcovos. Firmou-se na sela ao ouvir os toques de clarim e os aplausos do povo. E a frase bíblica, decorada na infância, retornou límpida a sua mente: *Não vos preocupeis com o dia de amanhã, pois o dia de amanhã cuidará de si mesmo; basta a cada dia o seu mal...*

– É ele sim, Miguel, e está montado no Jaraguá-Pichuna, o *jaguar negro*.

– Que inveja, Luiz, e nós aqui parados, sem nem o direito de marchar.

– Pois devemos nos dar por felizes. Mesmo nesta função decorativa, só para impedir que o povo atravesse a rua no meio do desfile, estamos aqui e estamos fardados.
– Pois eu gostaria de estar montado naquele cavalo...
– Não sei não... Até o papai parece o estar contendo com dificuldade. É recém-domado. Só está ali porque é o mais bonito do Regimento.
– E nós, Luiz? Quando vamos ter aulas de equitação?
– Só estamos na Escola Militar há um mês... Mas montar a cavalo eu nasci sabendo.

O Campo de Santana está decorado com uma centena de pirâmides luminosas, de onde sobem fogos coloridos para o céu tomado de fumaça. Ninguém mais controla o povo que espera a chegada de Suas Majestades, o Rei Dom João VI e a Rainha Carlota Joaquina, que se aproximam numa carruagem dourada. Militares e civis formam uma massa compacta entre os cavalos montados ou arrastando canhões. Muitas bandas tocam ao mesmo tempo, numa dissonância ensurdecedora.

Como o Rei vai conseguir atravessar essa multidão? Controlando a custo o cavalo negro, Francisco sorri por detrás da *carranca* que fecha seu rosto. Da mesma maneira que atravessou o oceano, escapando das garras do General Junot. E foi assim mesmo, com essa aparência balofa, essa fama de *cobarde comedor de frango assado,* que o Príncipe Regente chegou ao Brasil e se tornou o senhor de um dos maiores impérios do mundo. Enquanto ele estiver aqui, nosso território se manterá unido. Mas, e se a Inglaterra o obrigar a partir?

V
Fazenda Santa Mônica,
23 de março de 1878

— Papai, o senhor está lindo!
– Eu!? Nem os seus belos olhos podem inventar isso.
– Esta farda está lhe *caindo* com perfeição... mas deixe eu ajustar um pouco as dragonas nos ombros. Como o senhor conseguiu, sem um espelho, colocar direitinho essas medalhas?
– Muito fácil, Aniquinha. Como não conquistei mais nenhuma, desde que voltei do Paraguai, não precisei mexer mais nelas.
– Não me diga que esta túnica estava guardada numa dessas canastras horríveis? Só não entendo como não está toda amarrotada.
– Porque a pendurei, ontem à noite, no encosto daquela cadeira... Sempre levei comigo, em todas as campanhas, meu fardamento de parada. Assim como um amuleto para comemorar a paz onde ela precisava acontecer.

Luiza olha com orgulho para o pai. Vestindo a farda de marechal do Exército Imperial, de um belo azul com gola e dragonas douradas, ele recuperou todo seu porte altivo. Apenas... E ergue a mão direita, mas suspende o gesto, constrangida.

– O senhor está um pouco... despenteado.

O velho Duque enfia os dedos das duas mãos pelos cabelos brancos e os ajeita com facilidade.

– Meu Deus do céu... A Hortência fica *horas* me penteando e o senhor...
– Eu aprendi a viver sozinho... pelo menos longe de casa... onde passei mais de metade da minha vida.

E a razão de estar fardado, pela primeira vez desde que se exilara na fazenda, desmancha a expressão tranquila de seu rosto.

– Por que esta missa hoje, minha filha? Não fizemos nada assim nos três anos anteriores. Por que não esperar pelo primeiro lustro? Ou pela inauguração da igreja?

Luiza baixa a cabeça ante aqueles olhos castanhos, ainda cheios de autoridade, que a interrogam mais do que as palavras.

– Porque... Porque, agora, Ana e eu acreditamos que o pior já passou... E que mamãe merece uma missa digna no dia da sua... neste dia.

Quase em posição de sentido, Caxias sente seu corpo relaxar-se e avança um passo para abraçar a filha. Ela se acomoda em seus braços e começa a soluçar.

– Se... o senhor quiser... não precisa ir. Francisco e eu diremos que...

– ...eu me acovardei... e seria a mais pura verdade. Mas, estou pronto, agora.

Alguns minutos depois, liberto das primeiras formalidades, o velho Duque está sentado no banco diante do altar, entre as duas filhas. Seu genro, Francisco Nogueira da Gama, o Barão de Santa Mônica, com a farda de coronel da Guarda Nacional, e alguns de seus netos e netas ocupam o espaço destinado à família. Embora tenham sido feitos poucos convites, o salão que serve de capela está lotado. E, por mais que tenha sido arejado durante a noite, ainda pode-se sentir o cheiro de tinta fresca. Um pouco menos ali junto das velas, das flores e do perfume das mulheres.

O oficiante, paramentado como de direito a um monsenhor, título outorgado por Sua Santidade o Papa, aproxima-se do altar seguido de dois coroinhas de rostos risonhos. Todos colocam-se de pé, enquanto os três fazem a genuflexão. Um dos sacristãos fica aspergindo incenso. O outro mantém-se atento ao lado do oficiante, que encara os fiéis e traça com a mão direita um amplo sinal da cruz.

– *In nomini Patris, et Filii, et Spiritus Sancti.*

A resposta lhe chega em coro:

– Amém!

Monsenhor Meirelles abre os braços em agradecimento:
– *Gratia Domini nostri Iesu Christii, et caritas Dei, et communicatio Sancti Spiritus sit cum omnibus vobis.*
Todos se ajoelham e trançam os dedos em oração. Caxias o faz com dificuldade, pensando que será ainda pior na hora de levantar-se. Seu velho criado Manoel, que ficou no Rio de Janeiro por razões de saúde, indicou-lhe uma poção usada pelos escravos, a única que alivia um pouco suas dores articulares. Melhor rezar do que ficar pensando nessas coisas. Se eu sobrevivi à morte da minha companheira de quarenta anos, uma mocinha de dezesseis quando nos casamos, deve ser por uma razão acima do meu conhecimento. Melhor teria sido...

– *Munda cor meum ac labia mea, omnipotens Deus, ut sanctum Evangelium tuum digne voleam nuntiare. Dominus vobiscum!*
– *Et cum spiritu tuum!*

Bem, agora o meu querido amigo vai ler o evangelho. Aproxima-se o momento da missa em que, no Dia de Reis do ano de 1833, Ana Luiza e eu enfrentamos a autoridade de sua mãe para nos casarmos. Ela, viúva do Intendente Paulo Carneiro Viana, o homem que transformou o Rio de Janeiro de um lodaçal num jardim, milionária e orgulhosa de seu título de nobreza, não quis aceitar como genro um simples major de 29 anos, que vivia do seu próprio soldo. Pouco importava que meu pai fosse um dos regentes do Império. Éramos plebeus ante a dureza de seus olhos e ela recusou quando pedi a mão de sua filha. Mas estávamos apaixonados e contávamos com o apoio de Paulo, irmão de Ana Luiza, o Conde de São Simão, meu amigo de muitos anos. Ele e Doutel de Almeida Machado, o Visconde de Mirandela, nos aconselharam o único caminho digno naquelas circunstâncias.
– Papai, se o senhor quiser, pode sentar-se um pouco – lhe diz Luiza num sussurro. – Este evangelho é longo e depois vem a homilia.
– Tens razão, minha filha.

Ele senta-se e sua memória volta para a capela do solar dos Carneiro Viana, numa das esquinas do Campo de Santana, local de exercícios militares. Numa de suas janelas vira pela primeira vez aquela jovem de cabelos castanho-dourados e olhos da mesma cor. A mesma que lhe ofereceu um refresco de cajá, quando apeou da montada ofegante, como ele próprio estava, para cumprimentar seu amigo Paulo. A única mulher que amou em toda sua vida.

O plano era simples. Como não queriam fugir juntos, a exemplo das pessoas vulgares, aproveitariam a missa festiva na capela da mansão para pedirem, por conta própria, o sacramento do matrimônio. O oficiante, Padre José Moraes Couto, assegurou-lhe o futuro cunhado, é que recomendara essa solução *in extremis*. Ana Luiza, sua querida Anica, concordou *com aquela loucura*, como depois disse sua mãe.

A capela lotada de amigos e familiares, com muitas velas e flores. Ana Luiza, no seu vestido azul-turquesa, está junto da mãe e outras mulheres que se abanam com leques brancos e negros, depois de voltarem da comunhão. É quando Luiz, em uniforme de parada, caminha até junto dela. A moça levanta-se, ajusta o véu branco sobre os cabelos e pede passagem até chegar a seu lado. Tomam-se as mãos e, ante um silêncio impressionante, dizem juntos a fórmula ditada pelo oficiante da missa:

– *Aceitamos um ao outro como esposos.*

A seguir, caminham de mãos dadas até o altar. Algumas mulheres mais sensíveis choram de emoção. Ao padre resta apenas recebê-los em matrimônio. E o faz pedindo-lhes os juramentos que souberam cumprir, um a um, até que a morte os separou.

– Papai, o senhor não vai comungar?
– Sim... sim... depois do casamento.

Luiza e Ana entreolham-se, sem entender nada. Com grande facilidade, não revelando a menor dor, o velho Duque se coloca de pé. E, num gesto cavalheiresco, pede que as filhas passem diante dele no caminho do altar.

VI
Rio de Janeiro,
13 de dezembro de 1818

O quartel da Quinta Companhia de Fuzileiros da Guarnição da Corte estava inundado de sol. Mas um agradável vento leste fazia ondularem suas muitas bandeiras.

O jovem Luiz mantinha-se perfilado diante da tribuna de honra. Vestia farda de gala: botas negras, calças brancas, túnica azul com faixa vermelha à cintura, quepe alto com um único penacho. Preso ao cinturão, o florete de cabo de madrepérola, que pertencera a seu avô. Detalhe importante: no ombro esquerdo, há poucas horas costurada por sua mãe, uma dragona dourada.

Mariana Cândida, num vestido de gorgorão amarelo-claro, os cabelos escondidos por um amplo chapéu de palha trançada com o mesmo tecido de seda indiana, apertava o braço de Francisco, buscando conter as lágrimas. Sim, ela mesma quisera costurar no dólmã do filho a insígnia que distinguia os alferes do Exército. Posto conquistado após apenas um ano como aluno da Escola Real Militar.

Não era uma cerimônia habitual. Para receber aquela promoção, Luiz merecera uma recomendação do próprio Diretor da Escola, certificando que o suplicante *fora aprovado com distinção em todas as disciplinas do ano matemático*. Pelas normas do Exército do Reino Unido de Portugal, Brasil e dos Algarves, o próprio Rei Dom João VI devia assinar a Carta Patente, uma honra destinada a motivar no mais alto nível os novos oficiais.

Francisco, impecável em seu fardamento de major de Infantaria, ostentava a famosa *carranca*. Por certo estava sentindo o mesmo que sua mulher, mas o perfil de gavião, visível às demais autoridades que se apertavam no palanque, não iria aviltar-se com o correr de uma lágrima. Porém, que o desafio era grande, isso era. Embora, depois da filha Ana Quitéria, ali ao lado da mãe, e de Luiz, sua querida Mariana Cândida tivesse lhe dado mais oito filhos e filhas, o primogênito continuava sendo o varão em quem depositava todas suas esperanças.

Ouviu-se um toque rápido de clarim, seguido do som alto de uma voz de comando:

– *Sentido!*

O Major Lima e Silva ergueu o peito, enquanto a mão enluvada da esposa desprendia-se de seu braço. Todos os militares adotaram uma postura rígida, olhos fixos em um único ponto: o piquete de lanceiros, com suas longas armas ao ombro, que se aproximava marchando atrás do alferes porta-bandeira e do tenente que os comandava. Por alguns momentos, o bater das botas e tilintar das esporas sobre as lajes do pátio foi o único som dominante. A seguir, quando os soldados fizerem *alto*, o silêncio foi tão completo que se ouviu até o chilreio dos pássaros nas árvores que davam sombra à tribuna.

Destacando-se de seus comandados, o Tenente prestou continência para o Coronel Comandante, gesto correspondido de imediato por Luiz e por todos os oficiais.

– *Permissão para dar início à cerimônia!*

A voz do Coronel soou rouca, mas inteligível:

– *Permissão concedida!*

Mais um toque de clarim e todos os militares adotaram a postura ordenada:

– *Descansar!*

Todos, menos o jovem Luiz, que sentia seus músculos rígidos, a boca seca e os olhos ardendo, enquanto o Tenente, diante dele, desenrolava uma grande folha de papel, tirada de um estojo e lia em voz alta e pausada:

– *Sua Majestade o Rei Dom João VI, Senhor do Reino de Portugal, Brasil e dos Algarves, d'Aquém e d'Além-Mar em África, Senhor da Guiné e da Conquista, Navegação e Comércio da Etiópia, Arábia, Pérsia e Índia, em sua magnanimidade, atendendo à solicitação do Alto Comando do Exército, oriunda da Escola Real Militar, decide promover ao posto de alferes o aluno Luiz Alves de Lima e Silva, decisão monárquica que passa a ter valor irrevogável a partir da postura do Selo Real e da assinatura de Sua Majestade.*

Mariana Cândida, que começara a chorar desde as primeiras palavras, agora não dominava os soluços, amparada pelo marido e pela filha Ana Quitéria, que também tinha o rosto cheio de lágrimas. Francisco ansiava pelo fim da cerimônia e a volta para casa, onde poderia liberar parte de seus sentimentos. Por mais treinado que fosse, aquele menino de quinze anos, que acabara de receber o estojo com o documento real e prestava continência à bandeira, era o mesmo que, dez anos antes, navegara com ele no barco *Estrela do Rio*. E que lhe perguntara, ansioso para cumprir seu fado: *E... e a farda, papai? Quando eu vou usar?*

Preocupado em não cometer nenhuma falha, Luiz só pensava no momento seguinte da cerimônia. Quando o alferes porta-bandeira lhe passará o talabarte com o pavilhão que ostenta a Coroa Real e o Globo Terrestre, numa combinação de ouro sobre azul.

Nove horas da noite. O sol acabara de esconder-se atrás do monte *Corcovado*, assim chamado por parecer-se com uma enorme corcova de dromedário. No casarão da família Lima e Silva, na Rua das Violas, todos começaram a recolher-se a seus quartos. O almoço comemorativo estendera-se pela tarde, com a presença de avós, tios, primos e alguns colegas da Escola Militar. Luiz ansiara pelo fim de tudo aquilo, porque não tivera tempo para pensar. Sobretudo numa frase quase sussurrada que ouvira de seu avô, o Marechal de Campo José Joaquim de Lima e Silva, para seu pai, quando passara junto deles no terraço do jardim:

– E agora? Quantos mais brasileiros irão morrer por causa dessa rainha maluca?

Deitado em sua cama, sentindo o suor secar-se, pouco a pouco, no corpo nu, Luiz pensava em seu futuro. Em mais dois anos de estudos, poderá completar seu curso e iniciar *de verdade* a carreira militar. O jovem alferes sorriu, com os olhos fixos no teto alto do quarto. Tarefa digna de um dos *doze trabalhos de Hércules*. Mas, e se começasse nesse meio-tempo uma outra guerra? A tal *rainha maluca* mencionada por seu avô decerto não era Dona Maria I, já falecida, e sim Dona Carlota Joaquina. Só a vira de perto uma vez e de relance, quando a carruagem dourada parara alguns instantes diante dele, no dia da coroação. Mesmo sorrindo aquela espanhola era horrível. Uma cara de bruxa e um eterno ar de enfado que nem os melhores pintores retratistas conseguiam remediar.

Nascida em Aranjuez, em 1775, filha do Rei Carlos IV da Espanha, a menina Carlota foi levada para Lisboa aos dez anos de idade para casar-se com o infante Dom João, um príncipe sem maior importância, pois Dom José, seu irmão mais velho, é quem herdaria o trono de Portugal. Acontece que, em 1788, com a morte prematura de Dom José, passou Dom João a ser o príncipe herdeiro. E Carlota Joaquina começou a ser preparada para futura rainha.

Carlota tomava banho quando queria, vestia-se do jeito que inventava, recusava-se a falar português, dizia palavrões em altos brados, mas *fabricou* nove filhos, dos quais oito muito saudáveis, o que era o seu dever para garantir a sucessão do trono. É verdade que só dois eram homens, Dom Pedro e Dom Miguel, com destaque ao mais velho, excelente cavaleiro, espadachim e *devorador* de mulheres. Sim, mesmo casado com a Princesa Leopoldina, uma linda austríaca, irmã da Duquesa Maria Luiza, que fora imperatriz da França e dera um filho a Napoleão, Dom Pedro continuava a viver como solteiro. O que, aliás, as más-línguas diziam acontecer com sua mãe.

Luiz afastou esse pensamento com o mesmo gesto que espantaria uma mosca importuna. Na Escola Militar, os alunos admiravam a Rainha Carlota Joaquina por uma razão fácil de entender. Fora ela, após a queda do Rei da Espanha, que salvara dos republicanos a Banda Oriental do Rio Uruguai. De temperamento belicoso, exatamente ao contrário de seu marido, *obrigara* Dom João a enviar tropas para o extremo sul do Brasil, em 1811, que tomaram Montevidéu e, depois de muito derramamento de sangue, derrotaram o General Artigas e criaram a Província Cisplatina.

Luiz bocejou, pronto para dormir, acordar de madrugada e começar sua nova vida como alferes. Mas a frase do avô, Marechal de Campo José Joaquim de Lima e Silva, fez com que abrisse novamente os olhos: *E agora? Quantos mais brasileiros irão morrer por causa dessa rainha maluca?* Será que Dona Carlota Joaquina estava planejando outra guerra? Nesse caso, ele seria convocado ou poderia apresentar-se como voluntário. E iria realizar logo seu maior desejo: participar de uma batalha! Mas... como vou me comportar diante do *alarido* do inimigo ou ao lado do amigo tombado? Sua autoconfiança juvenil, curiosidade e desejo da batalha eram *quase* garantias de uma coragem que ele imaginava possuir, mesmo sem tê-la comprovado. Foi quando relembrou dos versos de Camões, que, nos *Lusíadas*, apresentou uma versão poética da fala de Aníbal para Formião sobre a arte militar. E recitou em pensamento:

> *A disciplina militar prestante*
> *Não se aprende, senhor, na fantasia,*
> *Sonhando, imaginando ou estudando,*
> *Se não vendo, tratando e pelejando.*

Não havia como saber... somente numa batalha poderia testar sua coragem. Ademais, ouvira muitas histórias de covardia, até dentro da família. Não era sem motivo o desprezo que tinha por seu tio *emprestado,* Joaquim Silvério dos Reis. Personalidade controversa, Silvério abandonara os inconfidentes de Minas mais pelo medo de pegar em armas do que por genuíno amor a Portugal. O que ele mesmo reconhecia, debochando dos valentes, sempre *os primeiros a morrer.*

Como será uma guerra de verdade? E Luiz, já quase dormindo, enxergou novamente o rosto de bruxa da Rainha Carlota e lhe desejou sucesso em seus planos, mesmo que fosse para desafiar o próprio Simon Bolívar.

VII
Fazenda Santa Mônica,
24 de março de 1878

A chuva cai forte sobre o velho casarão. Apesar do largo espaço do porão até o teto de tábuas grossas, o ricochetear dos pingos sobre o telhado retumba dentro do quarto. Ainda está escuro, mas o velho Duque ouve o canto dos galos e sorri. Dorme sempre com as janelas abertas e gosta de encostar-se no peitoril da mais próxima a cada amanhecer. Mas, hoje, com esse tempo, não verei nada. Que assim seja; vou olhar para dentro de mim. Onde ainda estão vivas as duas pessoas que eu mais amei.

A primeira foi Anica, sem nenhuma dúvida. A segunda, o meu filho querido, o Cadete Luizinho... Não, melhor não pensar no meu menino... Depois dos acontecimentos de ontem, só quero lembrar da minha mulher.

Tão jovem e tão madura. Uma prova foi aquele seu ato de coragem quando *nos pedimos em casamento*. Mas logo aconteceria outro fato inesquecível, alguns meses depois daquela missa do Dia dos Reis Magos.

Início de setembro de 1833. O Regente do Império, Brigadeiro Francisco de Lima e Silva, enfrenta tenaz oposição política oriunda das mais diferentes ideologias. Os ditos *restauradores* ou *caramurus* querem a volta de Dom Pedro I, agora no trono de Portugal com o nome de Dom Pedro IV. Um dos seus *pasquins* se chama *A Lima Surda* e ofende sem rodeios o Regente, atribuindo-lhe *uma surdez crônica ao que não seja de seu proveito pessoal*, o que é uma deslavada mentira. Por sua vez, *A Trombeta Farroupilha,* um pequeno jornal dos *republicanos,* segue as ideias do Major Miguel de Frias, que tentara derrubar a monarquia, em 1832, estando agora exilado no Estados Unidos. Os ditos *exaltados,* através de sua folha muito mal impressa, *A Malagueta,* atacam o Regente e, com igual desprezo, os *restauradores* e os *republicanos,* sempre numa linguagem chula e inconsequente. E há outros, dezenas de outros, com uma única característica comum: *todos* ofendem Francisco de Lima e Silva. E, não raro, na sua honra.

O Alferes Carlos Miguel, irmão de Luiz, com apenas dezoito anos, decide desagravar sozinho tantas infâmias. Envolve-se numa briga com o editor de um desses jornais, Clemente de Oliveira, e o trespassa com sua espada. Depois, apresenta-se à polícia e é preso. Submetido ao Tribunal do Júri, em sessão aberta ao povo, é absolvido e longamente aplaudido pelos assistentes. Mas Francisco decide afastar o filho daquele *ninho de cobras* e o envia para a Itália, em função diplomática.

Nesses dias terríveis, Luiz acompanha o pai quase como guarda de corpo, sem deixar de cumprir suas obrigações militares e outras, como a de instrutor de esgrima e equitação do Imperador menino. Por sua vez, Ana Luiza está grávida, em torno do sexto mês, e sente-se *abandonada* pelo marido, que é obrigado a dormir, duas ou três vezes por semana, na casa do pai ou no quartel. Insuflada com insistência por sua mãe, a jovem esposa, que ainda não completou dezessete anos, acorda uma madrugada e tateia o lado da cama em busca de Luiz. O Major dormiu em casa, mas acordou antes do nascer do sol e já está em seu gabinete, fardado e pronto para sair. Vestindo um *robe de chambre* sobre a camisola, que pouco disfarça a adiantada gestação, a jovem não corresponde ao bom-dia desejado pelo marido:

– Mais um péssimo dia para mim...

Luiz não precisa de explicações. Aproxima-se da esposa e a aperta suavemente em seus braços. Depois, acomoda-a numa poltrona e senta-se na cadeira atrás de seu *bureau.* Toma de uma folha de papel, mergulha a pena no tinteiro e escreve algumas palavras com mão firme. Passa com cuidado um mata-borrão sobre o texto e o relê. Depois, levanta-se e o entrega para a Ana Luiza:

— Você pode ler em primeira mão, minha querida.

Sem entender o que se passa, Anica corre os olhos sobre o papel e empalidece. Luiz só inclina a cabeça.

— Sim, meu amor. É meu pedido de demissão do Exército.

— Mas... Mas...

— Minha decisão está tomada. Como ensina a Bíblia, *não se pode servir a dois senhores*. Conseguirei um outro trabalho. E não me afastarei mais de você.

Luiz estende a mão para recuperar o documento e levá-lo de imediato ao Ministério da Guerra. Ana Luiza ergue-se com o papel na mão e, sem dizer uma palavra, o rasga em quatro pedaços.

Ai, meu velho coração... Ainda palpita com firmeza, sem perder o ritmo, nas boas e nas más recordações. Sempre confiei nele, ao contrário do meu fígado, estragado para sempre pela malária, naquela campanha do Maranhão. Meu avô materno usava a expressão *inimigo figadal* para identificar seus maiores desafetos. Sim, um inimigo que deixa indiferente o coração, mas atinge o nosso fígado, pinta-nos o branco dos olhos de amarelo, faz-nos vomitar os melhores manjares, reluta em ceder a todos os tratamentos e, de repente, desaparece como chegou.

Tentei de tudo. Até banhos de cachoeira, seguindo os conselhos do meu criado Manoel e do indiozinho que adotei no Maranhão e que cresceu em nossa família. Desde criança, curioso com as palavras guaranis, busquei entender melhor nossos nativos, tão desprezados pelos portugueses. E nunca me arrependi de ter trazido Luiz Alves comigo.

Sim, tem o meu nome e o do filho que perdi, do qual foi um amigo fiel, um irmão mais velho, até, por sua devoção. Adotei-o informalmente, mas não fui eu quem lhe pôs o nome, lá no vale do Mearim. Foi o cacique, seu pai, que o chamou assim, apontando para o ventre da mulher já próxima a dar à luz:

— Luiz Alves... vai ser o nome.

Estupefato, disse-lhe a primeira coisa que me veio à cabeça:
– E... se for mulher?
– Luiz Alves.

Nasceu homem e, depois que seus pais morreram assassinados pelos *balaios*, em julho de 1840, eu o adotei e fiz batizar com esse mesmo nome. Felizmente, ele tem as feições e o temperamento de um verdadeiro indígena, se não as más-línguas teriam mais argumentos para inventar que era filho meu. Minha amada Anica, apesar do horror da sua mãe, aceitou-o de imediato e sempre lhe quis bem. Felizmente, logo depois da minha volta do Maranhão, *trazendo a malária e um filho índio para casa*, como disse minha sogra, ela mesma começou a tratar-me muito melhor. Isso porque, voltando vitorioso daquela campanha, além de confirmar minha promoção a Brigadeiro, Sua Majestade o Imperador concedeu-me o título de Barão.

Barão de Caxias. Não sei quem assoprou o nome dessa cidade maranhense ao jovem Dom Pedro II, palco das nossas maiores vitórias, ou se foi ele mesmo quem escolheu. Tamandaré acredita que foi escolha do próprio Imperador, como aconteceu com ele, que deveria se chamar *Barão do Rio Grande do Sul*. Como eu, talvez, *Barão do Porto de Estrela*.

Tamandaré... Já nos conhecíamos de longa data, inclusive como integrantes do *Batalhão Sagrado*, quando o Regente Araújo Lima me nomeou Presidente da Província do Maranhão e Comandante da Divisão Pacificadora do Norte, e o encontrei em São Luiz. Decidi manter o Capitão-Tenente Joaquim Marques Lisboa no comando da Força Naval, cargo que exercia há alguns meses com grande precariedade de recursos. Assim, foi ele a primeira pessoa que recebi num encontro reservado no Palácio do Governo. Ao vê--lo entrar, em atitude de respeito, mas sem nenhuma subserviência, apreciei de imediato a continência que me prestou e seu vigoroso aperto de mão. Era um homem de pequena estatura, mas muito forte. Suas *mãos de ferro*, como se dizia, capazes de desentortar uma ferradura, costumavam ser suaves para tratar o inimigo derrotado. E era disso que eu necessitava numa missão de paz.

– Diga-me, Comandante Lisboa – lhe disse quase sem preâmbulos – com que unidades navais contamos?

– Pouco mais de trinta, se for englobada toda a flotilha em serviço da Bahia até o Pará. Em realidade, aqui no Maranhão, contamos com apenas quinze unidades, sendo apenas uma a vapor, a *Fluminense,* como está no meu informe.

– Felizmente o inimigo não dispõe de força naval. Se fosse no Rio da Prata...

A observação foi tão pertinente que fez Lisboa sorrir, no que foi imitado por Lima e Silva, que lhe perguntou, imediatamente:

– Do que precisa, com extrema urgência?

– De seis canhoneiras para mantermos um cinto de segurança em torno de São Luiz e, com os atuais navios, fazermos uma varredura dos pontos mais importantes da costa, bloqueando estuários e cursos de rios.

– Vou lhe liberar recursos para isso.

– Imediatamente?

– Imediatamente. Como as principais cidades e vilas estão na costa, sua flotilha deve se manter em constante movimento, atacando os revoltosos de maneira concentrada nas posições em que estiverem mais fracos. E logo desembarcando tropas para ocupar esses locais e propor anistia a quem desejar.

– A mim me parece um plano excelente, sr. Coronel.

– Nunca entrei num vapor e pretendo desembarcar junto com as tropas. Como funciona essa sua nau capitânia?

– A *Fluminense* é um navio mercante adaptado, com baixo poder de fogo, mas com extrema mobilidade. Com ela, não dependemos do bom humor dos ventos... do mau humor dos maquinistas ingleses, cuido eu. Desde o ano de 1807, casualmente o do meu nascimento, existem navios a vapor. Consolidado o Império do Brasil, sonho com o dia em que nossa Marinha possa equipar--se com eles, até fabricá-los.

Palavras proféticas, pensa o velho Duque, já de pé, diante da bacia onde despeja água de um jarro. Graças àquele único navio a vapor, Lisboa conseguiu desembarcar nossas tropas, e eu com elas, em pontos onde os veleiros jamais chegariam. Mergulha as mãos na água e lava o rosto, secando a seguir a barba com uma toalha de algodão. Sim, pela queda do preço deste produto, o algodão, em 1838, que passou a ser controlado pelos Estados Unidos, aconteceu a ruína dos plantadores e a miséria e fome da população mais pobre do Maranhão. E foi dessa gente miserável que surgiu seu maior líder, Manuel Francisco Ferreira, um fazedor de *balaios*. E pela água o derrotamos, Tamandaré e eu, como fizemos com Solano López, muitos anos depois, no Paraguai.

VIII
Interior da Bahia,
3 de maio de 1823

O Tenente Lima espichou a mão direita, aceitando o coco verde que o soldado lhe estendia. Estava com uma sede atroz, depois de algumas horas de duro combate, interrompido já noite fechada. Mas sentia-se feliz. Como sonhara cinco anos antes, no dia em que foi promovido a alferes, portara-se como um valente em seu *batismo de fogo*.

O que fizera naquela tarde? Para ele, nada de extraordinário. Mas seu amigo desde a Escola Militar, o Tenente Miguel de Frias, o abraçara depois de tomada a casa-forte, num raro momento em que estiveram a sós.

– Graças a sua coragem, Luiz, eu estou vivo e muitos da nossa vanguarda.

– Apenas fiz o que qualquer um faria. E ademais, era meu dever.

– Você foi muito além disso. E se nosso capitão não tomar essa iniciativa, eu mesmo relatarei ao comandante que este baluarte foi conquistado e seus defensores postos em fuga só porque seus soldados te seguiram, de peito aberto, recarregando e atirando, quando muitos covardes se escondiam nos canaviais.

Uma extremidade do coco já fora aberta com um talho de baioneta. Luiz segurou-o, sentindo a superfície lisa e fria. Ergueu-o até os lábios, contrariado com um leve tremor nas mãos, que acreditou involuntário. E sorveu o líquido, deixando que parte escorresse pelo pescoço suado.

– Mais um, senhor?
– Sim, obrigado, mas não para mim.
E apontou para outro oficial que entrava na clareira iluminada por pequenas fogueiras. Coqueiros eram raros por ali, mas muitos soldados cortavam talos de cana de açúcar e os mordiam para chupar o caldo.
– Boa noite, Luiz.
– Boa noite, João Manuel.
Enquanto o recém-chegado esvaziava o coco, Luiz olhou para o perfil adunco, parecido com o do seu pai. Por incrível que pareça, aquele jovem tenente era seu tio, irmão vinte anos mais moço de Francisco de Lima e Silva. E do Coronel José Joaquim, comandante da Divisão em que serviam. Além deles três, mais um Lima e Silva, o Major Manuel da Fonseca, servia na mesma unidade. Todos pertencentes ao chamado *Batalhão do Imperador*, unidade de elite, cujos oitocentos homens, tanto oficiais como soldados, tinham sido escolhidos, um a um, por Dom Pedro I.

Tudo acontecera com tanta rapidez que, às vezes, não lhe parecia real. Ainda oito meses antes, às vésperas do 7 de setembro de 1822, todos eles tinham uma só bandeira, a do Reino de Portugal, do Brasil e dos Algarves, que tinham jurado respeitar, e até morrer por ela. Naquele mesmo dia, durante seu primeiro combate contra as tropas portuguesas do General Madeira de Melo, Luiz sentira uma sensação de constrangimento ao ver erguer-se na trincheira inimiga um estandarte com a Coroa Real e o Globo Terrestre, numa combinação de ouro sobre azul.

Para a maioria dos combatentes, a bandeira verde e amarela do Império do Brasil ainda não tinha História. Mas para ele, sim. E veio-lhe nítida à mente a imagem do que considerava, até ali, como *o momento mais importante de sua vida*. A cerimônia da bênção da bandeira do Brasil, acontecida no dia 10 de novembro de 1822, na Capela Imperial do Rio de Janeiro.

Sob um calor agravado pela profusão de enormes círios acesos, o oficiante da cerimônia, Dom José Caetano, bispo capelão-mor, asperge incenso sobre as bandeiras verde-amarelas alinhadas a sua frente. Diz algumas palavras em latim, empunha o mastro de uma delas e ergue-a em direção aos fiéis, que o aplaudem com entusiasmo. São muitos civis da Corte e militares empapados de suor. Entre eles, José Bonifácio, Ministro do Reino e do Estrangeiro, seu irmão Martim Francisco, Ministro da Fazenda, e Vieira de Carvalho, Ministro da Guerra. Todos com os olhos fixos em Suas Majestades o Imperador Dom Pedro I e a Imperatriz Dona Leopoldina ajoelhados diante do altar.

Dom Caetano avança dois passos e entrega a bandeira ao Imperador, que a recebe ajoelhado. Depois, ergue-se juntamente com a Imperatriz, desdobra o pavilhão auriverde, com a Coroa do Império do Brasil, e o põe nas mãos do Ministro da Guerra. Momento de grande expectativa. A que unidade militar Vieira de Carvalho entregará a primeira bandeira?

– Ao Batalhão do Imperador!

Mal ouve estas palavras que o deixam arrepiado, o Tenente Lima e Silva sente no braço esquerdo a mão em garra do seu tio, Coronel José Joaquim, o Comandante do Batalhão. Entende de imediato o gesto e avança em direção ao altar. O Ministro lhe entrega a primeira bandeira abençoada e ele a ergue e a faz drapejar. Imediatamente começam a tocar os sinos e ouve-se o primeiro da salva interminável de 101 tiros de canhão.

– Você está dormindo, Luiz?

– Não, apenas sonhando.

João Manuel, acomodado junto a ele, lhe disse baixinho:

– Meu irmão teve outra discussão com o General Labatut.

– Só o vi uma vez, e tive uma péssima impressão.

– Como militar, é muito competente. Não se pode esquecer que serviu sob a ordens de Napoleão e, depois, ajudou Bolívar a derrotar os espanhóis na Colômbia.

– Mas foi expulso de lá, depois que ganhou o apelido de *Pirata do Caribe*.

– Sim, é capaz das maiores crueldades. E isso o José Joaquim não vai admitir. Até porque o Imperador deixou claro que as decisões desta guerra devem ser tomadas pelos comandantes das três Brigadas, e não só por esse mercenário francês.

Impressionado com a franqueza de seu jovem tio, Luiz baixou mais a voz.

– O que aconteceu, agora?

João Manuel pensou um pouco antes de responder.

– Ele veio ao nosso comando e exigiu o apoio do Batalhão do Imperador para prender o Coronel Felisberto.

Luiz arregalou os olhos.

– O quê?!

– Ele não aceita a autoridade do comandante da Terceira Brigada e, é claro, quer impor-se à nossa. Acostumou-se a mandar e desmandar sozinho, desde que chegou aqui, no ano passado. O Coronel Felisberto recusou-se a mandar açoitar um dos seus oficiais, acusado por Labatut de covardia. É um capitão, que diz não ter compreendido uns gritos de Labatut para ele, numa mistura de francês com espanhol, em plena balbúrdia do combate.

– E foi uma ordem dada por um comandante que não é o seu.

– Exatamente.

– E... e o que lhe disse o tio José Francisco?

João Manuel espichou-se ao lado de Luiz e falou-lhe quase no ouvido:

– Você conhece bem o meu irmão. Ele sabe se posicionar como ninguém nesses momentos. E tem o dom da fala conciliadora. Além disso, mesmo cometendo alguns excessos, não se pode tirar os méritos do General Labatut.

– Não se pode, mesmo. Principalmente por ter derrotado o General Madeira nos combates de Pirajá e da Ilha de Itaparica.

João Manuel sorriu, deixando ainda mais moço seu rosto de dezoito anos.

– Conheci um sargento que estava na Batalha do Pirajá e jura ter sido um engano do corneteiro o responsável por essa vitória.
– Como assim?!
– Parece que foi mais uma confusão provocada por esse idioma misturado do General Labatut. O *corneta* não entendeu que a ordem era de retirada e tocou avançar. Imagine um toque esganiçado, repetidas vezes, no momento crítico do combate e com toda a vibração que só o medo do chefe pode provocar... Isso fez os portugueses pensarem que novos reforços tinham chegado para enfrentá-los, e puseram-se em debandada.

Luiz olhou firme nos olhos de João Manuel.

– Lendas... histórias absurdas inventadas para desmerecer os valentes.

– Valente ele é, o General Labatut. Mas não é lenda que, embora comandante da Divisão Pacificadora, não deixa vivo um único prisioneiro. Seja como for, José Joaquim conseguiu chamá-lo à razão, ao menos por enquanto. Na minha opinião...

– CUIDADO!

O grito é abafado por estrondos de canhões, pela correria dos soldados e pelas ordens dos dois oficiais, tentando organizar a resistência. Obuses riscam a escuridão e parte do canavial já está em chamas. No meio da fumaça, Luiz tropeça num corpo parcialmente decapitado. Diante do *alarido* do inimigo, ao lado de um companheiro tombado, é que está nascendo a pátria brasileira.

Poucos dias depois, tendo assistido a diversas situações em que o General Pierre Labatut se mostrou completamente desequilibrado, parecendo fora de si, o próprio Coronel José Joaquim de Lima e Silva lhe deu voz de prisão e tomou providências para mandá-lo de volta ao Rio de Janeiro. E, com a autoridade de ter sido seu batalhão escolhido pelo próprio Imperador, assumiu o comando das três divisões em combate no Recôncavo Baiano.

As vitórias se sucedem, obrigando o exército português a buscar refúgio na cidade de Salvador. Depois de 45 dias de bloqueio, por terra e por mar, convencido de que não receberá ajuda de

Portugal, o General Madeira de Melo decide abandonar a Bahia. Começa por dispensar os quatro mil milicianos brasileiros e trata de organizar o embarque dos seis mil soldados e de outros milhares de cidadãos portugueses, homens, mulheres e crianças, todos levando seus pertences.

Quarenta e um barcos são carregados até afundar a linha d'água, pois os antigos colonizadores não querem deixar para trás nenhum objeto de valor. Até cálices de ouro foram roubados das muitas igrejas da capital baiana, no último saque dos 323 anos de exploração e desmandos. Finalmente, protegidos pelo poderio da esquadra lusitana, desfilam diante dos poucos barcos da flotilha brasileira e ganham o largo. Orientada por seu comandante, Almirante Cochrane, a apenas *fazer-lhes sombra*, somente uma fragata, a *Niterói*, os seguirá à distância até Lisboa para garantia de que não voltarão.

É quando, na manhã do dia 2 de julho de 1823, o Exército Brasileiro entra em colunas na cidade de Salvador, sob os aplausos do povo. Primeiro, o Batalhão do Imperador, liderado por seu comandante, o agora Brigadeiro José Joaquim de Lima e Silva. Logo após, desfila meio em frangalhos o famoso *batalhão dos periquitos*, assim chamado pelas cores verde e amarela de seu fardamento, tendo à frente uma mulher, Maria Quitéria de Jesus Medeiros.

IX

Fazenda Santa Mônica, 28 de março de 1878

Café com leite, e não *leite com café*, é o que gosta de tomar. Talvez porque nasceu no meio dos cafezais da Fazenda São Paulo, o velho Duque acostumou-se a quebrar o jejum com uma bebida cor de chocolate e não com esta mistura *com gosto de vaca*.

– Alguma coisa errada, papai?

A expressão preocupada da filha o faz desistir de dizer o que sente. Saudade da sua mulher, da sua casa na Tijuca, dela mesma, Aniquinha, quando era pequena.

– É por causa da cadeira de balanço? Eu disse para Ana que não devia tê-la trazido.

– Não, minha filha. Só ando meio emburrado, coisa de quem não tem muito o que fazer, nada mais.

– Deixei a cadeira de balanço no meu quarto, por enquanto. No fim, Ana voltou para o Rio sem ter coragem de entregá-la para o senhor.

– Assunto encerrado. Vou levar essa cadeira de volta para casa, daqui a alguns dias.

Luiza engole com dificuldade um pequeno pedaço de pão com manteiga.

– Mas... o que o senhor vai fazer sozinho... naquele casarão?

– Pode ficar sossegada. Manoel e Luiz Alves conhecem todas as minhas *manias*.

O Barão de Santa Mônica, até ali calado, dirige-se ao sogro com voz cautelosa:

– Espero que este assunto do cavalo Baal não seja a causa de sua partida...

Caxias encara o genro por alguns instantes, fazendo-o sofrer um pouco.

– Com que idade você está, agora, meu caro Francisco?

– Quarenta e seis anos, graças a Deus.

– Perto de mim, ainda um homem jovem e forte. Mas muitos do seu *entourage* já devem considerá-lo um velho, por seus cabelos grisalhos.

O Barão tenta sorrir:

– Começando por essa senhora a seu lado, que é apenas um ano mais moça do que eu.

Luiza leva a mão ao peito e arregala um pouco os olhos castanhos.

– Eu, Francisco?!

– Sei que não o faz por mal, mas quando você pega meu braço para descer a escadaria, ou coloca emplastros nas minhas costas por qualquer dorzinha, ou pede para eu não sair porque está chovendo...

– Pois foi num dia de chuva que você escorregou num degrau, caiu de costas e começaram essas suas dores.

Caxias levanta-se e coloca com cuidado o guardanapo ao lado do prato de porcelana de Sèvres... ou de Limoges? É esse serviço importado da França que o tem feito manipular tudo com cuidado, desde que deixara uma xícara quebrar-se no chão. Após aquele dia *fatídico*, só toma o café da manhã com a filha e o genro aos domingos, neste salão com escada para a cozinha. E o faz depois da missa rezada na própria fazenda. Como os três ficam em jejum para comungar, é justo que depois tomem seu desjejum em família. O que, nos outros dias, faz em seu próprio quarto, exigindo uma louça comum.

– Perdoe-me, senhor meu Duque – diz o genro, escolhendo com cuidado as palavras –, mas ainda não estou convencido de que devo me despreocupar.

– Sobre o cavalo Baal?

– Sim. Espero que não esteja ofendido por eu ter instruído Estácio a lhe selar um outro mais manso.

– Não, meu caro Barão. Pode ter certeza que montei cavalgaduras mais lerdas, principalmente nas campanhas de São Paulo e Minas, mas sempre cavalos, nunca mulas, porque nosso Exército as considera indignas para a montaria dos oficiais.

O Barão começa a gaguejar:

– Na verdade... eu... eu não desejava...

– Privar-me do prazer de montar o Baal? Acredito que não, meu caro Francisco. Às vezes, assim como na guerra, quando camaradas de farda bem-intencionados nos induzem a cometer erros contrários à nossa natureza, a gente da família erra tentando nos proteger.

E, antes que a frase penetre na mente de Aniquinha, o velho Duque inclina a cabeça para ela e para o genro e retira-se do salão.

Na intimidade de seu quarto, alivia-se das roupas formais e volta a lavar o rosto suado. Depois de secá-lo, olha para a imagem no espelho oval e tem vontade de botar-lhe a língua, gesto perdido nos confins da infância. Afinal, pensa ele, enquanto conseguir manter minha dignidade e não me faltarem palavras para me defender, pouco importam as mazelas da velhice. Após a Batalha de Itororó, em dezembro de 1868, não faltaram as más-línguas para inventar que eu estava *velho demais* para ter tido um gesto tão ousado. Que não foram as minhas esporas que fizeram o cavalo correr em direção ao tiroteio do inimigo. Que teria sido um marimbondo, imaginem, que picou o meu Douradilho e o fez disparar em corrida incontrolável, como aconteceu com Baal, assustado pelos apitos do trem.

Em tempo de guerra, mentira como terra, já diz o antigo ditado. A verdade é que, diante da ponte de Itororó, um pequeno arroio de águas crescidas pela enchente, eu senti na boca o sabor da derrota. Ou despertava de imediato a coragem dos meus soldados, ou eles fugiriam em debandada. Não, certamente não foi um único inseto, surgido não se sabe de onde e decidido a picar exatamente a minha montaria, um cavalo de guerra lanhado mais de uma vez pelas balas, que transformou em vitória um desastre quase irremediável. Mas, pouco importa que eu tenha gritado a plenos pulmões: *SIGAM-ME OS QUE FOREM BRASILEIROS!* Para quem nunca respirou o acre da pólvora dos canhões ou sentiu o zunido dos balins roçando os ouvidos durante um combate, é possível imaginar que o vencedor da batalha não fui eu ou quaisquer dos valentes que me seguiram. E nem tampouco os que tombaram mortos ao meu lado. Para os maldizentes, hoje, amanhã e sempre, o grande herói de Itororó foi um marimbondo enraivecido.

Já estou novamente com o meu coração acelerado... Melhor voltar à escrivaninha e reler as cartas que escrevi para Anica e ela guardou, uma a uma, com cuidado, e deve tê-las lido tantas vezes, que me parece sentir seu perfume em algumas delas.

Mais tranquilo, aproxima a cadeira de espaldar alto do *bureau* bem ordenado, pega um envelope da pilha à sua esquerda, coloca o *pince-nez* sobre o nariz, retira a carta, a desdobra e alisa com a mão direita, respira bem fundo e começa a ler:

Tuiuti, 6 de junho de 1867

Minha Anica,

Tive muito prazer em saber que você estava boa, pois creia que me dá cuidado, porque tudo o mais é secundário para mim. Continuo a ter saúde, mas creia que não aprecio essa fortuna, estando ausente do que me é mais caro.

Tenho lido o Mercantil e admirado o que vai por aí de intrigas, e Deus queira que seus autores não tenham de se arrepender. Não sei o que quer certa gente, e para onde nos querem levar. Não basta a campanha que nos exaure aqui no Paraguai, foram colocar o negócio de emancipação na Fala do Trono, para servir de archote, e isto quando estamos com uma guerra estrangeira entre mãos! Valha-nos

Deus... parece-me que todos estão loucos. Tenho muita pena do nosso Imperador. Que desgostos não terá ele tido com o genro...

Caxias ergue os olhos da carta, tira o *pince-nez,* limpa suas lentes com o lenço e queda-se pensativo. Em verdade, nunca gostei desse Gaston d'Orléans, nem ele de mim. Talvez porque admire a Princesa Isabel desde pequena e tenha por ela tanto afeto... Agora mesmo, quando seu pai passou mais de um ano viajando pelo mundo, foi a mim e a Tamandaré que ela chamou mais de uma vez para aconselhá-la sobre decisões a tomar como regente. Ao ver minha carruagem chegar na Quinta da Boa Vista, o Conde d'Eu, neto do Rei Louis Philippe de França, derrubado do trono por Napoleão III, costumava discretamente sumir de cena. Talvez por ter certeza de que eu iria desmanchar seus maus conselhos, como fiz mais de uma vez.

Tudo começou em 1865, quando o Imperador me solicitou acompanhá-lo ao Rio Grande do Sul, contrariando o gabinete liberal e mais ainda Angelo Ferraz, o Ministro da Guerra da ocasião, um paisano que nunca havia lutado, a não ser contra seus inimigos políticos conservadores. Foi uma viagem dura e demorada até Uruguaiana, povoado próximo da nossa fronteira com a Argentina e o Uruguai. Ali estavam cercados sete mil paraguaios invasores, que eu temia pudessem receber reforços e com isso colocassem em risco a vida de Dom Pedro II, cuja segurança era de minha responsabilidade, mas que acabaram se rendendo com nossa chegada. Gaston d'Orléans, que sempre sonhou em comandar as nossas tropas, embora com 23 anos e pouca experiência militar, interrompeu sua lua de mel e veio encontrar-nos no caminho, em Caçapava, onde o Marechal De Andréa mandou construir um forte temendo a invasão de Oribe e Rosas, em 1850.

A situação tática mostrava que não havia necessidade de expor o monarca, e aquele acantonamento constituía-se no lugar ideal para proteger Dom Pedro II, até que recebêssemos a notícia da rendição dos paraguaios. Isso contrariou o jovem francês, ansioso em exibir sua valentia em uma façanha qualquer no campo de batalha. Não conseguindo seu intento com a espada, o fez com sua pena de pavão, escrevendo um livro inteiro sobre essa viagem. Sua má vontade para comigo ficou evidente a partir daí, pois, embora estivéssemos juntos durante meses de campanha, nesse relato só mencionou meu nome uma ou duas vezes, e de forma pejorativa.

Vamos ver, tenho uma outra carta por aqui, que vai me refrescar essa lembrança.

Rio Pardo, 31 de julho de 1865

Minha Anica,

Partimos hoje daqui para Cachoeira, de onde tomaremos a direção de Caçapava. A minha opinião é que o Imperador não deva passar dessa cidade, fácil de defender, antiga capital dos farroupilhas. Mas quem sabe se o Ferraz, que é louco presumido, não lhe meterá outra coisa na cabeça.

Antes de partir de Porto Alegre, lhe escrevi duas cartas que você receberá com esta, e assim verá que não me descuido de lhe dar notícias minhas, porque só assim suavizo as saudades que tenho suas.

Não posso dizer, com certeza, o tempo que o Imperador aqui se demorará, mas posso certificar-lhe que hei de voltar com ele, e que aqui só ficarei morto. Ele positivamente ainda nada me disse a tal respeito, mas estes ingênuos amigos rio-grandenses não deixam de lhe pedir que me entregue o Exército, se quer a vitória, mas perdem seu tempo, porque Ferraz...

O ruído de uma batida faz com que volte o rosto para a porta. Contrariado, tira cuidadosamente o *pince-nez* e o coloca sobre a escrivaninha. Depois, levanta-se e diz com voz forte:

– Entre!

A porta se abre e surge o vulto do Sargento Estácio.

– Bom dia, senhor meu General. Vim lhe dizer que o seu cavalo está selado e pronto para o passeio. São apenas dez horas e...

– ...e eu não vou mais montar naquele *matungo*. Nunca mais.

Estácio sorri, mostrando um incisivo de ouro, seu grande orgulho.

– Se eu fosse o senhor, olhava pela janela.

Caxias vira-se, de má vontade, mas logo abre um sorriso. Visto de cima para baixo, encilhado e já escarvando o chão com o anterior direito, o que mantém atento o palafreneiro, o cavalo Baal parece uma imagem pintada por Debret.

X
Rio de Janeiro,
14 de julho de 1824

Luiz não conseguia dormir naquela noite. Corriam boatos no quartel de que a Província de Pernambuco estava novamente em sedição. Seu pai fora chamado ao Paço Imperial pelo próprio Dom Pedro I e, já quase meia-noite, ainda não voltara para casa.

Na biblioteca do casarão, depois de tentar ler um enorme livro em francês sobre os acontecimentos da queda da Bastilha, em 1789, o jovem tomou uma atitude para ele muito rara. Abriu uma cristaleira e, depois de vacilar por alguns segundos, retirou uma garrafa de vinho do Porto. Pegou um pequeno cálice e encheu-o com o líquido da cor de rubi. Aspirou seu perfume e molhou os lábios, antes de beber todo o conteúdo de uma única vez. Sentou-se novamente, com o pesado livro no colo, e uma imagem quase de imediato lhe veio à mente.

Janeiro de 1824. No cassino dos oficiais do seu Regimento, os brindes eram feitos com cálices de vinho do Porto. Luiz já fora obrigado a empinar uns três ou quatro, quando o seu maior amigo daquele grupo, o Tenente Miguel de Frias, pediu silêncio, batendo com uma faca na garrafa bojuda, já quase vazia.

– Meus camaradas, nem só a Liberdade, como queriam os Inconfidentes de Minas Gerais, mas a Justiça é sempre bem-vinda, mesmo que tardia... Há oito meses, solicitei ao capitão que nos comandava no Recôncavo Baiano uma recomendação de medalha por atos de bravura ao nosso, então, Tenente Luiz Alves de Lima e Silva.

– Bravos!
– Muito bem!
– Apoiado!
– Silêncio, por favor!

Miguel aproveitou a balbúrdia para esvaziar mais um cálice de vinho e prosseguiu:

– Pois hoje, meus camaradas, depois de quase um período de gestação, estamos aqui reunidos para comemorar algo ainda melhor, a promoção do nosso Luiz ao posto de capitão, assinada por Sua Majestade o Imperador Dom Pedro I!

– Hurra!
– Três vezes hurra!
– Mais um brinde ao capitão mais moço do Brasil!

Luiz tinha apenas vinte anos de idade. Depois de seu *batismo de fogo*, não podia esconder de si mesmo que todas as instruções militares lhe pareciam brinquedos de criança. Mas sabia que a situação do Brasil ainda era instável e não tardaria a ser chamado para lutar em alguma província rebelada. Pensou em encher novamente o cálice, mas sacudiu a cabeça, discordando em beber mais. E ficou com os olhos fixos nas três velas de cera do candelabro de prata, uma delas começando a bruxulear.

O jovem capitão sabia, porque o Brigadeiro Francisco de Lima e Silva e seus irmãos, José Joaquim e Manoel da Fonseca, tinham sido iniciados na Maçonaria, o quanto essa Ordem contribuíra para a Independência. Ele mesmo estava se preparando para a iniciação, quando a Maçonaria fora proscrita em todo o Brasil, em novembro de 1822. Dizia-se, entre os jovens oficiais, que o próprio Dom Pedro I, antes do 7 de setembro, aconselhado por José Bonifácio, tinha sido iniciado na loja *Comércio e Artes*. E que depois, pressionado a jurar uma Constituição que lhe limitaria os poderes absolutos, mandara fechar todas as lojas e prender os líderes que se rebelaram. Ao que se comentava, o mais importante deles, Gonçalves Ledo, que visitara seu pai naquela casa mais de uma vez, conseguira exilar-se em Londres. Fora ele que, segundo os mesmos boatos, teria dito ao então Príncipe Regente: *proclame a Independência do Brasil, antes que nos transformemos em uma república ou em muitas delas.*

– Pegou no sono, meu Capitão?

Luiz abriu os olhos e viu o perfil de gavião de seu pai, de baixo para cima, como se tivesse retornado à infância. O Brigadeiro Francisco estava fardado de azul e branco e seu rosto pareceu-lhe dominado pela antiga *carranca*.

– Eu... estava esperando pelo senhor... desculpe, papai.

E ergueu-se rapidamente da poltrona, colocando-se, quase sem querer, em posição de sentido. Francisco olhou-o com carinho.

– Já que esta garrafa está tão próxima, sirva dois cálices para nós. Eu estou precisando de um gole de vinho, mesmo sendo do Porto...

– Papai, eu não estava...

– ...bebendo? Claro que não. Mas não vamos perder a oportunidade, depois de eu tirar esta túnica suada e lavar o rosto.

Luiz serviu a bebida e aproveitou aqueles instantes para abrir a gaveta da escrivaninha e pegar três velas novas. Acendeu-as nos tocos das outras e colocou-as no mesmo candelabro, sentindo com prazer o cheiro da cera derretida.

Francisco não tardou a voltar, liberto do dólmã e depois de ter lavado o rosto e molhado os cabelos, grisalhos apenas nas têmporas. Num gesto habitual, pegou uma caixa de *Tabacos Puros Sevillanos* de cima de seu *bureau*, abriu-a, escolheu um charuto e deslizou suavemente o cilindro macio sob as narinas, sentindo com prazer seu odor almiscarado. Acendeu-o na chama de uma das velas, aspirou-o lentamente com os olhos semicerrados e soprou a fumaça para o alto, como se admirasse seu desenho no ar. Depois, firmando o charuto entre dois dedos da mão esquerda, sentou-se na poltrona em frente ao filho, já com o cálice biselado na mão direita.

– Um brinde ao nosso sucesso em Pernambuco.

– Em... Pernambuco?

– Sim. O Imperador acaba de nomear-me comandante das tropas que irão enfrentar a nova insurreição... Saúde!

– Saúde!

Luiz respirou fundo e empinou seu cálice, a exemplo do pai. Depois olhou-o atentamente.

– Quando o senhor disse: *mesmo sendo vinho do Porto*, eu logo desconfiei. Eles acreditaram nessa invenção de que o Brasil vai ser dividido com Portugal?

– Certamente que sim. O próprio Presidente da província, Manoel de Carvalho, encarregou-se de espalhar essa alcovitice. Ele e Frei Caneca, que vestiu sua velha batina republicana. Imagine o absurdo: um pacto de Dom Pedro I com Dom João VI para entregar o nordeste e o norte do Brasil aos portugueses, com a garantia de manter a independência no sul.

– O senhor jamais aceitaria isso.

– Nem eu, nem o Imperador, nem a Imperatriz, nem os Andrada, por mais que os ministros *palacianos* venham sendo difamados.

– O que está acontecendo... exatamente? Posso saber?

Francisco ficou alguns momentos pensativo, tirando pequenas baforadas do charuto espanhol.

– No dia 3 de julho, Manoel de Carvalho divulgou um manifesto com muitas cópias criando o que eles chamam de Confederação do Equador.

– Do Equador?

– Sim. Eles proclamaram a república num território logo abaixo da Linha do Equador, começando no Grão Pará e terminando em Pernambuco. Mas a verdade é que o movimento só pegou fogo em Recife e Olinda, pelo menos por enquanto. Porém, já sabemos de manifestações isoladas na Paraíba, Rio Grande do Norte e Ceará.

– O senhor leu o manifesto?

– Tomei conhecimento de todo o seu conteúdo na reunião do Ministério com o Imperador, que durou mais de quatro horas.

– Pode me fazer um resumo?

Francisco apoiou o charuto num cinzeiro de cristal, passou a mão direita pelos olhos avermelhados, abafou um bocejo e falou com voz tranquila:

– Eles querem transformar as províncias brasileiras em repúblicas independentes, mas subordinadas a uma união federativa, a exemplo dos Estados Unidos da América.

– Como fizeram, e estão fazendo, com as antigas colônias espanholas. Nenhuma novidade.

– Sim, uma novidade importante. Embora Manoel de Carvalho seja um rico proprietário rural, o manifesto proíbe imediatamente o tráfico de escravos e inicia o processo de abolição completa da escravatura.

– O que, na sua opinião, já deveria ter acontecido no dia 7 de setembro de 1822...

Tocado em um ponto sensível, o Brigadeiro ergueu o peito. Por um momento, veio-lhe à memória o rosto ainda jovem, bem barbeado e a ampla cabeleira revolta do líder revolucionário, que conhecera como *irmão maçom*.

– Mantenho essa opinião, e não concordo com algumas atitudes intempestivas do nosso Imperador, como a de ter proscrito a Maçonaria, da qual Manoel de Carvalho é o maior líder em toda a região que é capaz de conflagrar. Mas jurei defender o Império do Brasil e o farei a qualquer custo. Por isso aceitei o comando das nossas tropas e a responsabilidade de presidir a província de Pernambuco depois da nossa vitória.

Luiz ouviu novamente dentro de si o choque de espadas e o toque de um clarim.

– Quando partimos?

– No momento em que o Almirante Cochrane estiver com a flotilha pronta para nos transportar.

Nesse momento, segurando na mão direita um castiçal com sua única vela, Mariana Cândida entrou na biblioteca. Vestia uma longa camisola de cetim perolado, sobre a qual lançara uma mantilha azul. Uma touca rendada lhe escondia os cabelos grisalhos. Os dois homens levantaram-se imediatamente.

– Boa noite... O que estão comemorando a esta hora da madrugada?

Luiz baixou os olhos. Francisco olhou para a esposa e sentiu que era inútil qualquer explicação. Pela expressão do seu rosto, que conhecia tão bem, ela ouvira ou adivinhara tudo que estava acontecendo.

XI
Fazenda Santa Mônica,
7 de abril de 1878

De pé, junto à janela, o velho Duque contempla o pôr do sol. Desmanchada a fumaça de uma locomotiva, as cores avermelhadas e roxas voltam a ficar nítidas no horizonte. Por que será, pensa ele, que enxergo tão bem de longe e tão mal de perto? Pela idade, certamente, é a resposta singela. Mas por que a mente dos idosos também funciona assim? Passei todo o dia de hoje me recordando de fatos acontecidos em 1831, e não me lembro exatamente há quantos dias não chove por aqui. Ou se aquele ensopado de costeletas com milho verde, que Aniquinha mandou fazer especialmente para mim, foi servido ontem ou na semana passada...

Não mal comparando, como diz Osório, com aquele sotaque rio-grandense, o Imperador Dom Pedro I, embora com trinta e poucos anos de idade, enxergava muito bem de longe e muito mal de perto. Sim, é preciso reconhecer que ele tinha uma visão bastante pertinente às dimensões do Brasil e do nosso potencial como única nação de colonização lusitana em toda a América do Sul. O Imperador pressentia as ameaças e quase sempre se antecipava nos lances do xadrez político e militar. Poucos estadistas do seu tempo tinham essa capacidade, e nem mesmo o seu velho conselheiro José Bonifácio costumava discordar quando o assunto era o Brasil e os brasileiros.

Quando Dom Pedro I desistiu de retomar a Província Cisplatina e aceitou a paz com as Províncias Unidas do Rio da Prata, em 1828, muitos o acusaram de covardia. Eu mesmo, com 25 anos, e tendo lutado no extremo sul e no cerco de Buenos Aires, fiquei perplexo com a sua decisão. Mas a verdade é que, depois da Batalha do Passo do Rosário, ou *Ituzaingó,* como dizem os argentinos e uruguaios, em janeiro de 1827, ficou clara a fragilidade da nossa fronteira seca e só havia um meio de evitar novas invasões dos *castelhanos*. E esse meio foi o próprio Imperador quem o encontrou: transformar a antiga Província Cisplatina no que é hoje, a República Oriental do Uruguai, um país independente. Aliás, como teria sido sob o comando do General Artigas, se Dona Carlota Joaquina não houvesse praticamente *forçado,* como dizia meu pai, o pacífico Dom João a mandar invadir a antiga colônia espanhola.

E a *Vox Populi* aplaudiu Dom Pedro I. Com a memória da juventude, nunca esqueci de uns versos que o povo do Rio de Janeiro cantava, usando a música do Hino da Independência, composta pelo próprio Imperador:

A corte vai deitar luto
A cidade se ilumina:
Acabam nossas desgraças
Lá se foi a Cisplatina!

Graças a sua ampla visão, navios de nossa Armada ainda ficaram protegendo Montevidéu até ser votada a Constituição uruguaia, em 18 de julho de 1830. E, depois disso, o General José Antonio Lavalleja, que liderou o levante dos *Treinta y Tres Orientales*, em 1825, sendo responsável pelas nossas maiores derrotas na Cisplatina, as batalhas do *Sarandi* e do *Rincón de las Gallinas,* de prisioneiro que foi no Rio de Janeiro, transformou-se em nosso maior aliado.

Na verdade, foi Dom Pedro I quem enxergou, e de muito longe, a importância da existência de um país independente entre o Brasil e a Argentina, assim como a Bélgica e a Suíça conquistaram suas nacionalidades muito em razão do seu papel de *amortecedores estratégicos* entre a França e a Alemanha. Mas, ao mesmo tempo, bem próximo de si, sua visão era tão curta que foi capaz de trocar a Imperatriz Leopoldina, uma mulher extraordinária, apaixonada por ele e pelo Brasil, por uma simples concubina como a Marquesa de Santos. E desprezar conselhos de homens como o meu pai, que somente queriam o seu bem e o do Império do Brasil, para orientar-se pelas opiniões do *Chalaça*, um indivíduo desqualificado, má companhia em todos os sentidos. Português de origem, mais velho, amoral e devasso, era sabido ter-se infiltrado no Paço desde 1810, tendo seduzido o jovem Príncipe, como alcoviteiro e incentivador de arruaças adolescentes.

Pouco a pouco, o sol e suas últimas cores desaparecem do horizonte. Mas Caxias continua à janela, mergulhado em seus pensamentos. Somente quando as estrelas começam a cintilar, vira-lhes as costas e vai acender as velas do candelabro sobre a escrivaninha. Retira da gaveta do *bureau* uma caixa de *Phosphoros de Segurança*, presente do genro Manoel Carneiro, o Visconde de Ururay, e risca cuidadosamente um palito de ponta vermelha. Sempre impressionado com a chama instantânea, acende duas das sete velas *do candelabro dos Macabeus,* como costuma dizer Dom Pedro II, grande conhecedor da história hebraica... E sua mente se reporta ao rosto aflito de um menino de cinco anos que, em 7 de abril de 1831, foi despertado no meio da noite com a notícia de que seria o futuro Imperador do Brasil.

Dom Pedro I tinha um *pecado original* que nunca foi perdoado pelos brasileiros: era português. Nascido na manhã de 12 de outubro de 1798 no Palácio de Queluz, entre Lisboa e Sintra, veio a morrer na mesma cama onde nasceu, aos 36 anos de idade, como Dom Pedro IV, Rei de Portugal. Naquela manhã do verão de 1808, quando desembarcara no Rio de Janeiro, junto de seus pais e irmãos, exatamente diante do que é hoje o Paço Imperial, ele era apenas um menino de nove anos. Assim, viveu no Brasil uma parte da infância e toda adolescência e juventude. E orgulhava-se da sua pronúncia mais brasileira do que portuguesa.

Então, por que, depois de ter proclamado a nossa Independência e lutado por sua consolidação através das armas e de tratados diplomáticos que guardaram a imensidão territorial do Brasil, Dom Pedro I está praticamente sozinho no Palácio da Quinta da Boa Vista, abandonado até por sua Guarda Imperial, na noite terrível de 7 de abril de 1831? Muito por seu temperamento absolutista e pela maneira brutal com que tratou a Princesa e depois Imperatriz Leopoldina, obrigando-a até a aceitar sua amante vivendo quase como rainha no mesmo palácio. Porém, mesmo depois da morte da esposa que nunca honrou e de seu casamento com Dona Amélia, antecedido pelo repúdio à Marquesa de Santos, nunca recuperou a confiança do povo brasileiro. Principalmente porque todos nós desconfiávamos, e com razão, que seu coração ainda era português.

E foi a *colônia* portuguesa do Rio de Janeiro que teve a ousadia de recebê-lo com as ruas comerciais engalanadas, inclusive com luminárias, na volta do Imperador de Minas Gerais, onde passara alguns meses para tentar *esfriar* o ambiente hostil da Corte. A insatisfação popular se agravara com o misterioso assassinato do jornalista italiano radicado no Brasil, Líbero Badaró, em 20 de novembro de 1830. Além disso, havia o permanente receio de uma *recolonização* lusitana no país, àquela ocasião uma possibilidade e posição pessoal nem sempre bem definidas por Dom Pedro I, quer nas atitudes, quer nos pronunciamentos. Assim, os estudantes se juntaram aos liberais e passaram a agredir alguns portugueses com pedaços de pau e garrafas, começando a pancadaria no justo momento em que a carruagem dourada de Imperador desfilava pelas ruas do Rio de Janeiro.

O conflito inicial, que parecia apenas uma arruaça localizada, degenerou numa verdadeira batalha sem armas de fogo, e se estendeu praticamente por quatro dias, de 11 a 15 de março de 1831, ficando conhecido por seu primeiro momento: a *noite das garrafadas*.

A oposição ao monarca atinge seu auge. De forma mais veemente por parte de Odorico Mendes e pelo Padre Diogo Feijó. E, de maneira um pouco mais moderada, por Evaristo da Veiga e Nicolau Vergueiro. Mas ninguém prega sua abdicação. Apesar de alguns excessos verbais e pela imprensa, o que todos esperam é que, ao menos, o Imperador obedeça à própria Constituição que outorgou, ou procure com algum gesto ou palavra se aproximar do povo.

Com o mesmo temperamento impulsivo herdado da mãe, e apesar da clara visão política demonstrada ao nomear o Brigadeiro Francisco de Lima e Silva como Comandante das Armas, Dom Pedro I não seguiu os conselhos para limitar seus poderes absolutistas. Ao contrário, numa teimosa demonstração de insensatez, não demitiu o dito *Ministério dos Marqueses*, simpático a Portugal.

Meu pai, ciente da gravidade da situação e buscando manter unidas as forças armadas, convocou os militares de serviço no Rio de Janeiro para uma concentração de tropas no Campo de Santana. Atenderam todas as unidades, inclusive a minha, a Guarda Imperial.

Até hoje sinto remorso em não ter ficado junto do Imperador, mas, para fazê-lo, já que não recebêramos instruções de seus próprios lábios, eu estaria desobedecendo às ordens do meu comandante, o meu próprio pai. Assim, acompanhei o batalhão que guardava o Palácio e marchei com ele até o local do encontro. Ali, impressionei-me com o número de camaradas fardados, inclusive da Marinha de Guerra. Nenhuma balbúrdia, como mais tarde as *más-línguas* quiseram nos acusar. Mas o povo estava presente, manifestando-se com muito barulho e aplaudindo a chegada de cada unidade, inclusive a nossa, o que me fez sentir mais confortável.

Buscando chamar Dom Pedro I à razão, ou seja, a nomear um novo ministério ou tomar outra atitude capaz de garantir a concórdia com o povo brasileiro, o Brigadeiro Lima e Silva decidiu enviar um emissário para saber de sua decisão. E, para isso, instruiu meu querido amigo Miguel de Frias, então major como eu, que imediatamente deslocou-se a cavalo, com pequena guarda, até o Palácio da Quinta da Boa Vista.

Miguel contou-me muitas vezes sobre essa experiência única que marcou sua vida e as atitudes que tomou, nos meses seguintes.

Dom Pedro I, contrariando seu conhecido temperamento, pareceu-lhe demasiado tranquilo. Somente seus cabelos revoltos e os olhos algo avermelhados podiam atestar um pouco do turbilhão que fervilhava em sua cabeça. Ali de pé, impoluto, no vasto salão de audiências, tendo sentada a seu lado apenas a Imperatriz Amélia, que chorava, e dois ou três camaristas mais afastados, falou com uma voz estranhamente serena:

– Diga a seu comandante que segui o conselho que me deu, em nossa última audiência, e tentei localizar o sr. Nicolau de Campos Vergueiro para confiar-lhe a presidência de um novo Conselho de Ministros. Mas esse homem, certamente o mais indicado para devolver a tranquilidade a todos nós, não foi encontrado em sua casa, nem em lugar algum.

E pronunciou estas palavras inacreditáveis:

– Aqui está a minha abdicação; desejo que sejam felizes! Retiro-me para a Europa e deixo um país que amei e que ainda amo.

Num gesto altivo, entregou ao Major Miguel de Frias, para que o levasse imediatamente às mãos do Brigadeiro Lima e Silva, o documento redigido em apenas oito linhas, no qual abdicou ao trono brasileiro em nome de seu filho Pedro de Alcântara:

Usando do direito que a Constituição me concede, declaro que hei mui voluntariamente abdicado na pessoa do meu mui amado e prezado filho o sr. D. Pedro de Alcântara. Boa Vista, sete de abril de mil oitocentos e trinta e um, décimo de Independência e do Império. D. Pedro I.

Sem saber desse ato intempestivo que mudou a História do Brasil, o futuro Dom Pedro II, um menino de apenas cinco anos, dormia o último sono tranquilo da sua existência em um quarto nos fundos do palácio da Quinta da Boa Vista.

Pensando nisso, Caxias boceja, pega o candelabro com a mão direita, caminha alguns passos e o coloca sobre a mesa de cabeceira. Com gestos lentos, veste sua roupa de dormir e se ajoelha no genuflexório para fazer suas orações.

XII
Montevidéu,
2 de dezembro de 1828

Ajoelhado na primeira fila de bancos junto do altar, Luiz não conseguia concentrar-se em nenhuma das orações que decorou desde a infância. A imensa nave da Catedral estava praticamente vazia. Mas ele escutava em surdina um canto gregoriano que parecia brotar das entranhas do templo.

Certamente a litania religiosa não vinha da *Plaza Matriz*, ali em frente, onde manifestantes ainda comemoravam a eleição de José Rondeau como novo Presidente. A votação acontecera no dia anterior na *Asamblea General Constiuyente y Legislativa,* órgão encarregado de debater, redigir e votar a Constituição destinada a dar ordenamento jurídico à nascente República Oriental do Uruguai.

Naquele dia, o jovem oficial recebera duas notícias que o fizeram vir rezar em agradecimento e meditar sobre o seu futuro. Duas horas antes, o Comandante das Armas, General Francisco de Paula Magessi Tavares de Carvalho, que substituíra o famoso General Lecor, entregara-lhe o documento de sua promoção a major por atos de bravura, assinado pelo Imperador Dom Pedro I.

E comunicara na cerimônia aos oficiais promovidos o que corria *de boca em boca*, mas agora era oficial: todas as unidades do Exército Brasileiro, acantonadas em Montevidéu, deverão preparar-se para retornar ao Rio de Janeiro. Caberá à Armada, sob o comando do Almirante Pinto Guedes, determinar o dia do embarque. Retiradas as forças de terra, a Marinha ainda ficará responsável pela segurança naval da nova nação, auxiliando, nos próximos dois anos, a organização da flotilha e treinamento dos marinheiros uruguaios.

Depois de quatro anos longe de casa, tendo participado de muitos combates desde o cerco de Buenos Aires, Luiz não entendia por que tão boas notícias não o deixavam feliz. Uma das razões lhe parecia mais clara. Não será como vencedor que o Exército Imperial voltará para o Brasil. A decisão tomada por Dom Pedro I, concertando com as Províncias Unidas do Rio da Prata a criação de um país independente no território da Província Cisplatina, evitara, talvez, um mal maior. Certamente a fronteira com o Rio Grande do Sul estará mais segura depois desse tratado. Os oficiais uruguaios, com os quais conviveu nos últimos meses, sabem muito bem que o futuro de sua nação depende de uma sólida aliança com o Brasil. Graças a ela, Buenos Aires, ali tão próxima, na outra margem do Rio da Prata, não poderá mais, impunemente, tentar a anexação da Banda Oriental do Rio Uruguai.

Sim, mesmo com a promoção que acabara de receber, e talvez por isso, Luiz sentia na boca o *gosto amargo* da derrota. Até aquele momento, tudo o que planejara desde criança, a partir da longínqua manhã em que embarcara com o pai no barco *Estrela do Rio*, superara todas as suas expectativas. Sentara praça aos cinco anos; recebera a dragona dourada de alferes, bordada por sua mãe, aos quinze; fora promovido a tenente aos dezoito, capitão aos vinte, o mais moço do Brasil e, agora, chegara ao posto de major com apenas 25 anos de idade. Mas não poderá desembarcar vitorioso no Rio de Janeiro, como depois das campanhas da Bahia e de Pernambuco.

Dezessete anos de lutas na Cisplatina só serviram para enriquecer alguns comerciantes portugueses e brasileiros, ao custo do sacrifício de milhares de vidas, de ambos os lados. Uma ocasião, na casa do Corregedor Miguel Fuerriol, que frequentava ultimamente pelo menos duas noites por semana, Luiz conhecera o General Juan Antonio Lavalleja. Ou melhor, ouvira-o falar longamente sobre o futuro do seu país, com o orgulho de um legítimo vencedor.

Em outra ocasião, na mesma casa, prestara continência, mas evitara apertar a mão do General Fructuoso Rivera, em quem os brasileiros não confiavam. Qual desses *caudillos* conquistaria o poder, momentaneamente nas mãos do civil José Rondeau?

Na *conversa* consigo mesmo, Luiz entendeu ter assumido definitivamente seu destino de soldado, aquilo que os franceses chamam de *santo ferimento*. E que isso vai lhe trazer a eterna inquietude de sujeição ao dever: a mortificação da carne, as grandes privações e fadigas, os aborrecimentos da vida gregária, a reincidente saudade dos seus... E se fez as mesmas perguntas que há milênios cavam fossos profundos na alma dos militares.

Ao ver que alguns acólitos começavam a preparar o altar para a próxima missa, o jovem ergueu-se e contemplou a imagem de Nossa Senhora da Conceição, padroeira da Catedral. Pensando em sua mãe, conseguiu rezar, finalmente, uma *Ave Maria*. Um pouco mais tranquilo, fez o sinal da cruz, flexionou o joelho direito diante do altar, virou-se e caminhou pela longa nave em direção ao portal do templo. Não conseguira concentrar-se nas orações, como muitas vezes acontecera nos *terços obrigatórios* que os soldados imperiais, por antigo regulamento, rezavam juntos logo após a alvorada. Mas, diante da linda imagem da santa, tinha identificado a segunda razão pela qual a próxima partida não o fazia feliz. E decidiu que iria, mais uma vez, naquela noite, à casa de *Don* Miguel Fuerriol.

O longo pôr de sol de verão ainda tirava reflexos cor de púrpura das águas do Arroio *Pantanoso*, a poucas milhas de sua foz na baía de Montevidéu. Luiz pagou o cocheiro e desceu do fiacre diante do imponente portão de entrada da residência do Marquês de Montes Claros. Título que *Don* Miguel deixara de usar em respeito à nova República, mas que sua esposa, *Doña* Magdalena, revelava o tempo todo no brasão estampado nas louças originárias da Espanha e nos bordados dos guardanapos.

Um funcionário uniformizado acabara de acender os dois lampiões da entrada e foi fazendo o mesmo, um a um, como plantando enormes vagalumes ao longo da alameda. Luiz aproximou-se de um deles, sentindo o forte cheiro de óleo de baleia. Retirou o relógio do bolso do uniforme e verificou que faltavam cinco minutos para as oito horas. Perfeito. Era o tempo de que necessitava para chegar à porta da mansão exatamente na hora aprazada.

Antes de passar pelo portão de ferro, que acabara de ser aberto para a entrada de uma carruagem puxada por duas parelhas de cavalos tordilhos, o Major correspondeu à continência do soldado da guarda e prosseguiu em passos firmes. No final da alameda, iluminado em todas as portas e janelas, o casarão atraiu seus olhos e fez acelerar seu coração. Dentro em pouco iria encontrar-se com ela. Com a jovem Angela, a moça morena cuja separação próxima era a segunda razão de não estar feliz.

Subiu a escadaria de mármore róseo e, cumpridas a formalidade de identificar-se e deixar seu chapéu bicórneo com o mordomo, passou rapidamente as mãos pelos cabelos e atravessou o vestíbulo. Logo depois, entrou no salão que reverberava com centenas de velas acesas nos candelabros dependurados no teto e colocados sobre balcões envernizados. Cumprimentou com gestos de cabeça alguns convidados que se acomodavam nas mesas em torno à pequena pista de danças, mas manteve-se de pé. Logo seus olhos identificaram o vestido branco com detalhes em azul da jovem Angela. Mas foi ela quem avançou, depois de fechar o leque num gesto muito seu, e sorrir como só ela sabia fazê-lo.

– *Mi estimado amigo, muy buenas noches, y no me diga nada, porque ya lo sé todo.*

Luiz apertou-lhe a mão macia, protegida por uma *mitaine* rendada, evitando deter os olhos no decote que revelava parte dos ombros e o colo moreno, ornado por um colar de pequenos diamantes. E sorriu, demonstrando surpresa:

– Boa noite, srta. Angela. Desculpe-me, mas sabe de tudo... o quê?

– *Pués de la promoción firmada por su Emperador... Mayor Lima, es como tengo de llamarlo ahora?*

O oficial respirou o perfume floral, que parecia nativo daqueles cabelos negros, e tocou nas insígnias recentemente bordadas em seu uniforme de gala.

– Como ficou sabendo, minha amiga?

– *Mui simple, por su comandante que llegó temprano y ahorita está hablando con mi padre, bajo siete llaves, en la biblioteca.*

– E foi só isso que meu General lhe disse?

Angela ergueu as sobrancelhas e arregalou um pouco os olhos negros:

– *Hay algo más que yo tenga qué saber?*

Não, não será ele a contar a Angela que deverá partir a qualquer momento. Que talvez esta noite seja uma despedida. Melhor pedir-lhe para que me conceda a primeira dança... Sim, e ainda bem que será uma *polonaise,* que aprendi a dançar no Rio de Janeiro.

Alguns minutos depois, ao som vibrante da música polonesa, a grande novidade trazida da Europa pelos oficiais marinheiros da França e da Inglaterra, Luiz e Angela entraram na pista encerada, que refletia as luzes como um espelho. Com a mão esquerda, a jovem abanava o leque, em movimentos estudados, enquanto a direita, erguida bem alto, apenas tocava a mão esquerda do par. Atrás deles, mais quatro duplas os seguiam obedecendo à mesma coreografia. O vestido branco e azul de Angela harmonizava-se com o uniforme azul e branco de Luiz.

Una pareja perfecta, como sussurrou uma amiga para *Doña Magdalena,* a Marquesa de Montes Claros, mãe da jovem uruguaia, que erguia aos lábios uma taça de *champagne*. A resposta veio imediata: *Sin duda, pero solamente para este baile.*

Sim, um casal perfeito, mas só para aquela dança. A última que uniu os dois enamorados, mas que ficará para sempre, com seu *charme* intacto, na memória de Luiz Alves de Lima e Silva.

XIII
Fazenda Santa Mônica,
18 de maio de 1878

O Duque de Caxias instruíra a filha Aniquinha para proibir as arrumadeiras de passarem os *famosos* espanadores no tampo de seu *bureau*. Há meses vem selecionado cartas, das muitas que escrevera a sua mulher e que ela guardara com cuidado; além de outras, como a que pedira de volta ao genro Manoel Carneiro, para *esporear* sua memória.

Agora, relendo uma carta que mandara para Anica, do Paraguai, depara-se com estas palavras que o deixam emocionado:

Eu tenho o coração maior do que o mundo. Tu bens sabes. E nele, só tu cabes! Que te parece? Até estou poeta.

Sim, posso *estar* poeta em alguns momentos, mas não o sou realmente. Nem Osório, que se arrisca mais do que eu na palavra rimada. Poeta de verdade foi aquele moço baiano, Antônio Frederico de Castro Alves, de quem a Princesa Isabel me ofereceu um livro. E certamente o nosso Dom Pedro II, quando seu coração está apaixonado. Uma única vez escrevi um madrigal que me surpreendeu pela sua oportunidade e beleza.

Fica pensativo por alguns instantes, até tomar a decisão. Levanta-se, caminha até junto de uma das grandes canastras, abre sua tampa e tateia dentro dela até encontrar o pequeno cofre de madeira. Pega-o com a mão esquerda, fecha a tampa do baú e dirige-se até a porta do quarto. Verifica se está chaveada e volta a sentar-se em frente à escrivaninha. Coloca as duas mãos pintalgadas de *ferrugem*, como costuma dizer, uma de cada lado do cofre. Anica nunca ignorou seu conteúdo, apenas me pediu para não o mostrar às nossas filhas. Sim, até hoje elas têm ciúme de mim, temem até que eu me case de novo, um absurdo.

Quase sem pensar, ergue a pequena tampa de madeira cinzelada e localiza um envelope com seu nome e endereço escritos numa letra parelha e arredondada. Abre-o, retira duas folhas de um fino papel de cartas e desdobra-as com cuidado. Coloca o *pince-nez* e lê todo o texto em espanhol com a mesma emoção das outras vezes que o fizera, nos últimos dezesseis anos. Datada de 10 de dezembro de 1862, a carta de Angela fora enviada de Montevidéu para expressar seus sentimentos pela morte de Luizinho, seu filho querido, com apenas catorze anos de idade.

Caxias deposita a carta sobre o *bureau*, retira o *pince-nez*, procura o lenço nos bolsos e o passa nos olhos. Apoia o cotovelo no tampo do *bureau* e segura a testa com a mão esquerda. Então, com extrema clareza, sua mente retorna à última vez que encontrara Angela, depois da guerra contra Oribe e Rosas, exatamente no verão de 1852.

Montevidéu estava em festa. Depois de nove anos cercada pelas tropas do General Oribe, apoiado por Rosas, Presidente das Províncias Unidas do Rio da Prata, ambos os caudilhos tinham sido derrotados graças à intervenção do Brasil, que dera apoio ao General Urquiza e tivera papel de destaque na batalha de Buenos Aires. Sim, desta vez, muito diferente do que acontecera em 1828, Luiz irá deixar a capital do Uruguai como vitorioso.

Em verdade, fora uma campanha relâmpago. Nomeado pelo Imperador Dom Pedro II como Comandante das Armas e Presidente da Província de São Pedro do Rio Grande do Sul, o Conde de Caxias partira para Porto Alegre no dia 30 de junho de 1851. Sua missão era a de organizar as forças terrestres e, primeiramente, marchar em direção a Montevidéu para libertá-la do cerco do General Manuel Oribe. Isso fora feito pelo seu aliado argentino,

General Urquiza, rebelado contra Rosas, que avançou primeiro com suas tropas oriundas de Entre-Rios e obteve a rendição do ex-presidente uruguaio.

Derrotado Oribe, o maior responsável pelas invasões da nossa fronteira, assassinatos de muitos brasileiros e roubo de milhares de cabeças de gado, Caxias coordenou com Urquiza o ataque a Buenos Aires, onde o caudilho Juan Manuel Rosas concentrara um contingente de trinta mil soldados. Mantendo-se em território uruguaio, na antiga Colônia do Sacramento, com seu estado-maior, por exigências diplomáticas, enviou para a frente de combate um Regimento de Cavalaria, comandado por seu subordinado do tempo da Guerra dos Farrapos, Tenente-Coronel Manuel Luiz Osório.

A valentia de Osório fora decisiva na vitória e na deposição de Rosas, que foi comemorada nas ruas pelo povo *porteño*. Os lances de audácia do intrépido rio-grandense já corriam entre a soldadesca. Eram *causos* e *anedotas* que o farão temido pelo inimigo, admirado pelos companheiros de farda e praticamente venerado pelos subordinados, e que lhe trarão no futuro bem próximo o solene aposto de *O Legendário*. Na Batalha de Monte Caseros, no dia 3 de fevereiro de 1852, os cavalarianos rio-grandenses foram dignos de sua fama: serviram de ponta de lança para romper a resistência dos soldados *rosistas*, abrindo caminho para a infantaria e a artilharia desbaratarem o inimigo. Dois dias depois, Caxias desembarcou em Buenos Aires, do vapor Dom Afonso, de nossa Armada, a tempo de conseguir impedir a condenação à morte de alguns oficiais de alta patente, já que Rosas havia fugido, abrigando-se num navio inglês.

Caxias não entendia como necessário qualquer tipo de *justiçamento* após uma vitória no campo de batalha. Para ele, matar sem que o oponente pudesse se defender não era só desonroso, mas uma covardia, e não era atitude digna de soldados. Sua convicção do trato humano e reconciliador para com os vencidos sempre prevalecia, o que não foi uma exceção na vitória contra Rosas e Oribe. Embora, a respeito de ambos, corressem nos bivaques os seguintes versos populares:

Cuando la naranja
Se vuelva a pepino
Dejará Rosas
De ser asesino.

Cuando la naranja
Se vuelva a limón
Dejará Oribe
De ser um ladrón.

Voltando a Montevidéu, após tomar todas as providências para o retorno das nossas tropas ao Brasil, Caxias tomou conhecimento, pelo chefe de seu Estado-Maior, o Coronel Miguel de Frias, da morte repentina do General Eugenio Garzón, de quem se tornara amigo naqueles últimos meses. Garzón era um dos mais brilhantes militares uruguaios, tendo sido grande responsável pela derrota de Oribe. Aliado do Brasil, fora o primeiro *oriental* de alta patente a escrever uma carta ao Conde de Caxias, datada do dia 26 de julho de 1851, a qual ele releu, traduzindo o último trecho para Frias, encarregado de redigir as condolências oficiais:

Posso assegurar ao sr. General Conde de Caxias meu grande desejo de que as operações de guerra liguem mais nossos quartéis generais, para então poder manifestar-lhe pessoalmente a distinta estima que dedico a Vossa Excelência. Pois não é de hoje que sou admirador de seus honrosos antecedentes e heroicos feitos militares.

Assim, naquele dia 22 de março de 1852, armou-se de coragem para fazer uma visita de pêsames a sua viúva.

Angela, vestida de preto, inclusive com uma mantilha espanhola sobre os cabelos grisalhos, recebeu-o como a um velho amigo. A seu lado, a filha Paulita parecia uma réplica da mãe aos vinte anos de idade. E foi ela quem provocou o poeta, pedindo ao visitante, do qual sua mãe sempre falava com admiração, que deixasse uma mensagem no seu álbum de recordações.

Enquanto a *muchacha* foi buscá-lo, Caxias lamentou não ter conhecido pessoalmente Eugenio Garzón no tempo em que esteve em Montevidéu, nos últimos meses de 1828. E Angela sorriu pela primeira vez naquela tarde.

– *Por supuesto que usted lo conoció en nuestra casa del Pantanoso.*
– Eu o conheci? E quando, minha amiga?
– *Cuando bailamos juntos por la última vez.*
– Quando do baile da *polonaise*?
– *Si, en aquella ocasión el también estava a bailar con mi prima Olga, justo detrás de nosotros. Tenia su uniforme de Coronel, el mas joven del Uruguay.*

Imediatamente, Caxias recordou o som vibrante da música polonesa e voltou a entrar com Angela na pista encerada, que refletia as luzes como um espelho. Sentiu em sua mão esquerda, erguida bem alto, o toque suave da mão direita da jovem e admirou-se como usava a outra mão para abanar-se com o leque, em movimentos estudados.

– *Aqui está mi álbum, Señor Conde, perdonad si le pido que me escriba algunas palabras, como para un recuerdo... un souvenir.*

O velho Duque despertou das profundezas de suas lembranças, remexeu no cofrezinho e tirou dele outra folha de papel. Ali estava uma cópia do poema que escrevera para a filha de Angela:

Lindo botão, bem conheço
A rosa de onde procedes:
Olha... e verás que ainda hoje
Em beleza não lhe excedes.

No Pantanoso eu a vi
Ainda tão bela e viçosa

Hoje o pampeiro da vida
Dobra-lhe a fronte formosa.

Não importa, inda eu a vejo
Com toda nobreza e graça
Que só o sepulcro extingue
Beldades que são de raça.

Lindo botão, deves ter
Justo desvanecimento
Por nasceres de uma rosa
De tanto merecimento

Saberás que as flores têm
Sucessiva dinastia
E pertenceu sempre a rosa
À mais nobre hierarquia.

Os espinhos que te cercam
Não são para te ferir,
Simbolizam as virtudes
Que deves sempre seguir.

Servem para defender
Tua angélica beleza
De ímpia mão, que pretenda
Manchar a tua pureza.

Batidas na porta acordam Caxias de seu devaneio. Guarda cuidadosamente os papéis no pequeno cofre, levanta-se com alguma dificuldade e coloca-o bem no fundo da canastra de muitas guerras.

XIV
Rio de Janeiro,
12 de abril de 1832

Chegando próximo ao Campo de Santana, tomado pelos rebeldes, Luiz sente seu coração acelerar-se. No comando do batalhão do Corpo de Guardas Municipais Permanentes, tentara negociar através de um parlamentar com bandeira branca, e fora rechaçado a tiros para o alto e algazarra generalizada.

Gente da pior espécie fora libertada da Fortaleza de Santa Cruz pelo Major Miguel de Frias, ali prisioneiro em consequência dos distúrbios acontecidos no Teatro São Pedro de Alcântara, no dia 28 de setembro de 1831, que resultaram em algumas mortes. Seu velho amigo mudara muito desde aquela madrugada terrível de 7 de abril, em que o Brigadeiro Lima e Silva o escolhera, um Major com apenas 28 anos, como o emissário *de toda a sua confiança* para saber as intenções do Imperador. De lá voltara com o documento da abdicação e nunca mais fora o mesmo. Aliando-se aos exaltados que pregavam a volta de Dom Pedro I, chegara ao cúmulo de criar seu próprio jornal, *A Voz da Liberdade*, revelando abertamente suas ideias de repúdio à Regência. E o pior, antes de ser preso, fora aclamado pela turbamulta, com archotes diante de sua casa, que o promoveu aos gritos a *general* do povo brasileiro.

Formando os soldados de infantaria num quadrado, eriçado de pontas de baionetas, Luiz monta o velho cavalo negro que foi de seu pai, animal de guerra de toda a confiança. E tenta localizar com seu óculo de alcance o único canhão inimigo. Sabe que o roubaram da fortaleza e o trouxeram no barco de que desembarcaram na Praia de Botafogo, algumas horas antes, e certamente o haviam tracionado até ali.

Antes que localizasse a peça de artilharia, ouve o estrondo do primeiro obus que atinge uma casa à esquerda de sua vanguarda. E não espera mais. Tira a espada da bainha e manda o corneteiro dar o toque de avançar. Desmancha-se imediatamente o quadrado e os infantes atacam, disparando os fuzis e os recarregando pela boca do cano, em sucessivas linhas.

Assustados com a fuzilaria e vendo alguns companheiros tombando varados de balas, os revoltosos, em sua maioria, fogem em debandada, abandonando até o canhão. Iludidos de que teriam o apoio do povo, são apenas em torno de cem os desesperados que jogam as armas no chão e correm à procura de abrigo.

Entre os poucos que resistem e entram no combate corpo a corpo com os infantes, Luiz localiza finalmente o comandante revolucionário. Mesmo vestido com farrapos e empunhando apenas uma espada, o Major Miguel de Frias luta como um bravo, enfrentando as pontas das baionetas. Luiz esporeia o cavalo e parte a galope em sua direção, quando o animal, atingido por uma bala, se plancha e arrasta com ele o cavaleiro, que consegue cair de pé no último momento.

Luiz soltara a espada, ao apoiar-se na sela quando o cavalo tombou, e, sem perder tempo em procurá-la, tira a pistola da cinta e avança em direção aos inimigos em debandada.

Cessado o rápido combate, procura em vão localizar seu comandante entre os muitos prisioneiros; interroga alguns, mas ninguém sabe onde se escondeu o Major Miguel de Frias. Sem sucesso na busca, e como sempre o faz ao término de cada embate, passa a se preocupar com as baixas, verificar como estão sendo atendidos os feridos, de ambos os lados, e dar ordens para a retirada dos mortos.

Agora, o local está tomado por muitos curiosos da própria vizinhança. Luiz surpreende-se ao ser aplaudido por alguns deles, mas não desmancha do rosto a *carranca* herdada do pai. Aliás, fora contra ele, para derrubar o Regente Francisco de Lima e Silva, que buscava manter o Império intacto até a maioridade de Dom Pedro II, que tinham lutado aqueles insensatos.

– Nenhum morto entre os nossos, sr. Major. Apenas oito feridos sem maior gravidade.

As palavras com leve sotaque alemão do jovem Tenente custam a fazer sentido em sua cabeça, enquanto olha para o rosto sardento, ainda com espinhas, e conclui que ele certamente acabara de receber seu *batismo de fogo*. E volta a pensar que o responsável por tudo aquilo é o mesmo oficial que lutara a seu lado no Recôncavo Baiano e reivindicara ao capitão que os comandava a primeira medalha que Luiz recebeu por atos de bravura.

– E do lado dos rebeldes?

– Cinco mortos e dezessete feridos, senhor. Além deles... além deles...

– Além deles, o que? Prossiga, Tenente Schultz.

– ...morreu o seu cavalo, sr. Major.

Embora contrariado com a notícia, Luiz mantem o rosto impassível.

– O que fizeram com ele?

– O Capitão Saraiva mandou retirar o freio e a sela... que está encharcada de sangue, senhor.

– Agiu certo. E o que mais?

– O sr. Capitão mandou que o carroção que levou os feridos nossos e deles para o hospital volte aqui e leve os mortos para identificação e entrega dos corpos aos parentes, se possível. Quanto ao seu cavalo, sr. Major... eu ... eu...

– Você o que, Tenente?

– Eu acho... acho que não é certo colocá-lo no mesmo carroção dos mortos. Mas aguardo as suas ordens, senhor.

Luiz respira fundo e lhe diz:

– Deixe dois soldados junto com meu cavalo, até que o carroção volte e o leve para o quartel. Ele é a nossa única perda deste combate absurdo. Providencie que seja enterrado ainda hoje. Pode ser entre a horta e o muro dos fundos. E que cavem um buraco bem fundo. Não quero que cães vadios o desenterrem.

Luiz aproxima-se do cavalo morto e o contempla por alguns momentos. De imediato, recorda-se daquele mesmo lugar, o Campo de Santana, decorado com uma profusão de pirâmides luminosas. De cada uma delas sobem fogos coloridos para o céu tomado de fumaça. Ninguém mais controla o povo que espera a chegada de Suas Majestades, o Rei Dom João VI e a Rainha Carlota Joaquina, que se aproximam numa carruagem dourada. Militares e civis formam uma massa compacta entre os cavalos montados ou arrastando canhões. Muitas bandas tocam ao mesmo tempo, numa dissonância ensurdecedora.

Seu pai aproxima-se à frente de um batalhão. O espocar próximo de foguetes agita seu cavalo, que avança em pequenos corcovos.

– É ele sim, Miguel, e está montado no Jaraguá-Pichuna, o *jaguar negro*.

E agora, depois de quinze anos de serviço militar, o bravo cavalo Andaluz está ali imóvel, os grandes olhos vidrados, atingido no coração por uma bala certamente destinada a ele próprio, que o cavalgava. E o responsável por este combate em pleno Campo de Santana é o mais querido, o mais antigo de seus amigos. Assim, ignorando os aplausos das pessoas nas janelas e nas calçadas, procura entender as razões que levaram Miguel a tanta insensatez.

Luiz sabe que existem muitos outros oficiais do Exército e da Armada que pregam o retorno de Dom Pedro I. Existem até alguns republicanos, mas que não costumam se manifestar abertamente. Entre eles seu próprio tio, embora dois anos mais jovem, o Major João Manuel de Lima e Silva. Leal ao irmão Regente, João Manuel jamais cometeria uma traição como aquela, mas sua amizade com o Coronel Bento Gonçalves da Silva o colocara em suspeição junto ao Ministro da Justiça, Padre Diogo Feijó. Segundo ele, o famoso Coronel que comandara a cavalaria brasileira na Batalha do Passo do Rosário, tendo evitado nossa derrota frente ao General Alvear, estaria agora mancomunado com seu compadre, o General Lavalleja, para fazer uma revolução republicana no Rio Grande do Sul. Boatos que levaram seu pai a convidar João Manuel a vir de Porto Alegre, onde comanda o 8º Batalhão de Caçadores, acompanhado do Coronel Bento Gonçalves, para darem pessoalmente suas versões dos fatos. E a chegada dos dois ao Rio de Janeiro deve acontecer a qualquer momento.

O entardecer se faz rápido, com o sol tombando de súbito atrás do Corcovado e de outros montes que formam um paredão do lado do poente. Por isso, o Major Lima decide aproveitar a última hora de claridade para cumprir sozinho uma missão. Com a volta do Capitão Saraiva e dos soldados que fizeram a última batida nos arredores, é informado de que ninguém sabe do paradeiro de Miguel de Frias. Com todo o Batalhão reorganizado e em forma à sua frente, ele pede ao Capitão que lhe empreste seu cavalo. Em seguida, já montado, com sua maneira calma, mas firme, de falar, emite suas ordens:

– Capitão Saraiva, com exceção dos dois soldados que devem ficar de guarda ao cavalo morto, quero todos os demais recolhidos agora ao quartel, inclusive os prisioneiros.

Por alguns instantes, volta o silêncio e a tensão no ar, consequência natural do combate que há pouco se acabara. E Luiz prossegue:

– O senhor se encarregue de verificar pessoalmente que sejam pensados ainda hoje, e que todos recebam ração dobrada pela ceia. E cuide de não permitir que se faça qualquer ato de violência ou maldade contra os nossos prisioneiros. São brasileiros como nós, e não devem sofrer mais do que já sofreram por terem tomado uma decisão errada.

Dito isso, Luiz responde com solenidade a continência do capitão, gira sua montada para a direção contrária e, ao passo, adentra uma rua estreita, calçada com pedras irregulares. Como não perdera tempo em ajustar os estribos, cavalga sem apoiar os pés, estranhando também a sela. O cavalo é um mestiço *Percheron*, animal forte, geralmente usado na tração das carretas de canhões, com patas peludas e maiores do que o comum. Seus cascos ferrados tiram até pequenas faíscas das pedras quando o cavaleiro o estimula com as esporas e o faz trotar.

Alguns minutos depois, já numa parte mais alta da cidade, enxergando o morro Pão de Açúcar e as águas da baía a sua direita, Luiz puxa as rédeas e faz o cavalo parar diante de uma casa onde estivera muitas vezes, no passado. É uma entre outras do mesmo estilo, térreas, caiadas de branco e com os telhados altos. Apeia e amarra as rédeas na cerca de sarrafos de madeira, abre o pequeno portão e atravessa o jardim de muitas flores. Bate à porta com a aldraba de bronze, em forma de um punho cerrado, e fica à espera.

Silêncio completo. Luiz vai erguer outra vez a aldraba, quando a porta é entreaberta. E ouve uma voz que lhe diz, educadamente:

– A senhora manda perguntar o que o senhor deseja.

– Preciso falar com ela. Apenas uns minutos. Venho como amigo.

A porta é fechada e, depois de alguns momentos, aberta para sua passagem. Luiz limpa as solas das botas no capacho, retira o chapéu bicórneo e entra na sala de visitas. Nada mudara ali, desde a sua infância. Apenas a viúva do Tenente-Coronel Joaquim de Frias está agora com os cabelos quase brancos. Mas o rosto continua sem rugas e seus olhos parecem tranquilos, só revelando ansiedade na voz:

– Boa tarde, Luiz. A que devo o prazer de sua visita?

Mas não lhe estende a mão.

– Boa tarde, minha senhora. Venho dizer-lhe o que certamente já sabe. Miguel fugiu da prisão.

– Sim, eu sei. Mas ele não está aqui.

– Acredito na sua palavra. Mas sou obrigado, como militar, a revistar a casa.

– O sr. Major é a autoridade... e está armado. Cumpra com o seu dever.

Imediatamente, Luiz desafivela o cinturão e coloca-o, com a espada e a pistola sobre a poltrona ao lado. Sem dizer nada, inclina a cabeça e dirige-se ao corredor que leva aos quartos. Abre a porta do primeiro, o de casal, e passa os olhos rapidamente pela cama em forma de dossel e pelo oratório iluminado com algumas velas. Fecha a porta com cuidado e caminha mais alguns passos. Diante da porta seguinte, com a mão na maçaneta, sente a respiração curta e prepara-se para o pior. Mas abre-a completamente.

De pé junto à cama de solteiro, um jovem alto e magro, vestindo apenas calça e camisa, olha-o com a mesma expressão tranquila da mãe. Por alguns segundos, Luiz ainda pensa em dar-lhe voz de prisão. Mas logo recua um passo, fecha a porta e volta para a sala.

– Eu não lhe disse que ele não está aqui em casa?

Luiz inclina a cabeça, com os olhos ardendo, lutando para dominar as lágrimas.

– De fato, minha senhora, ele não está.

Num gesto automático, coloca o cinturão e o afivela. Entrara naquela casa como um amigo. Sua honra permanece imaculada.

Naquela noite, o Major Miguel de Frias buscou abrigo num navio cargueiro norte-americano, ancorado no porto do Rio de Janeiro, que levantou âncoras ao amanhecer. O seu desejo era o de unir-se às tropas do futuro Dom Pedro IV, em Portugal, mas o destino o levou em direção ao exílio em Nova Iorque.

XV
ESTRADA DE FERRO DOM PEDRO II,
13 DE JUNHO DE 1878

Não foi fácil chegar aqui. O velho Duque pensa nisso e trata de aproveitar aquela pequena viagem. Sempre gostara de trens, desde a inauguração do primeiro trecho desta linha.

Recorda que foi dois anos depois da sua volta da campanha contra Oribe e Rosas. Não tendo que dispender nenhuma verba dos cofres públicos com esforços de guerra, Dom Pedro II, estimulado por Irineu Evangelista de Souza, autorizou-o a construir o primeiro *caminho de ferro* do Brasil, concluído em apenas dois anos. E, no mesmo dia da inauguração, outorgou-lhe o título de Barão de Mauá.

– Sua passagem, por favor, meu sr. Duque.

Caxias ergue os olhos para o chefe de trem, uniformizado corretamente, que tirara o quepe antes de falar. Procura no bolso do *redingote* o pequeno bilhete de cartão amarelado e o entrega ao funcionário, que o pega na ponta dos dedos e o picota com um pequeno instrumento metálico. Devolve-o com cuidado e, antes que se afaste, Luiz lhe pergunta:

– O senhor pode me satisfazer uma curiosidade?

– Com todo o prazer, se for do meu conhecimento, Excelência.

– Recorda a data da inauguração de nossa primeira ferrovia?

O chefe de trem sorri:

– Dia 30 de abril de 1854, meu sr. Duque. Mais fácil esquecer do dia do meu próprio aniversário.

– Assistiu a essa cerimônia?

– Não, meu senhor, há 24 anos eu era ainda um adolescente.
– Eu também não assisti, foi uma pena.

E a imagem de uma cachoeira com água caindo sobre sua cabeça surge-lhe tão nítida, que chega a sorrir. Sim, eu estava em processo de cura, lá em São João del Rei, com Anica, Luizinho, Luiz Alves e Manoel. Os únicos meses de descanso da minha vida.

– Fico-lhe grato. Pode prosseguir no seu trabalho.

O funcionário inclina-se, caminha alguns passos no ritmo do trem e solicita as passagens a um casal que também embarcara na Estação Desengano. Nesse momento, ouve-se um longo apito e Caxias olha pela janela, lembrando do dia em que Baal se assustou com aquele som. Foi até bom o *deus diabo* ter disparado comigo. Provei a mim mesmo que ainda não estou acabado, como muitos pensam, começando por minhas duas filhas. É claro que eu as entendo; sei que me cuidam desse jeito porque perderam a mãe e, sem mim, ficarão completamente órfãs. Quando minha mãe morreu, no dia 10 de novembro de 1841, as minhas irmãs fizeram o mesmo com o meu pai, cuidando-o como *se fosse de porcelana*, como ele dizia, até sua morte, em 2 de dezembro de 1853.

Sim, meu pai faleceu poucos meses antes da cerimônia de inauguração da nossa primeira ferrovia. Retirado há muitos anos das atividades militares, cumpria seu mandato vitalício no Senado, fato que nos uniu ainda mais depois que fui eleito senador pelo Rio Grande do Sul. Aos 68 anos, ainda ereto e forte, ninguém imaginaria que...

– Meu sr. Duque, com a sua permissão, trouxe-lhe algo que acredito vai interessá-lo.

E o chefe de trem, num gesto respeitoso, estende-lhe um folheto impresso em papel acartonado.

– Ainda tenho alguns poucos exemplares na minha cabine. Foi distribuído nos vinte anos de inauguração da nossa linha original. Pode ficar com este, se interessar a Vossa Excelência.

Caxias agradece, dispensa o funcionário e hesita um pouco antes de tirar o *pince-nez* do bolso e colocá-lo sobre o nariz. Nunca o usava em público, mas sua curiosidade foi aguçada. Tem alguma dificuldade em concentrar a leitura, mas logo adapta-se ao balanço do trem.

VINTE ANOS DE INAUGURAÇÃO DE NOSSA PRIMEIRA FERROVIA IMPERIAL, DITA O CAMINHO DE FERRO DE MAUÁ

Origens do novo engenho:
Desde que James Watt patenteou a primeira máquina a vapor, em 1769, ocorreu o pensamento de adaptá-la a um veículo. Em 1802, depois de várias experiências anteriores, Richard Trevithick, engenheiro inglês, conseguiu ajustar a máquina a vapor a uma diligência e encantou seus conterrâneos quando percorreu uma distância de cerca de 100 milhas entre Londres e o porto de Plymouth. Prontamente surgiram ideias de atrelar à máquina a vapor uma série de vagões como os das minas de carvão, porém movidos à tração humana ou animal.

Passados catorze anos do invento do sr. Trevithick, coube a George Stephenson criar a primeira locomotiva a vapor. Em setembro de 1831, contando com a presença do General Wellington, o vencedor de Napoleão, então chefe do gabinete inglês, o engenheiro Stephenson deu partida a sua locomotiva, percorrendo o trajeto Manchester-Liverpool. Estava definitivamente inaugurada uma nova era nos transportes terrestres.

Acontecimentos do dia 30 de abril de 1854:
Vinte e três anos depois desse feito, em data histórica, o sr. Irineu Evangelista de Souza revolucionou nosso transporte de cargas e passageiros, colocando a serviço do Brasil a locomotiva a vapor do engenheiro George Stephenson. O objetivo inicial foi o de interligar três modais para diminuir em muitas horas a viagem entre o Rio de Janeiro e Petrópolis. O primeiro percurso ligava de barco a vapor o Porto da Prainha (hoje Praça Mauá) ao Porto de Estrela...

Sim, foi próximo da fazenda onde nasci que surgiu nossa primeira ferrovia. E, por alguns instantes, Luiz reviu o porto em sua meninice. Voltou a aproximar-se do barco *Estrela do Rio*, que se assemelhava a um velho galeão em miniatura, e escutou a voz longínqua do Tenente Francisco:

– *Cuidado com o trapiche, meu filho. Está escorregadio.*

Sim, papai... Por mais que seja órfão há muitos anos, minha mãe e meu pai continuam vivos dentro de mim. Por alguns momentos, seu olhar perde-se nos cafezais que desfilam pela janela. Mas logo volta à leitura:

A partir dali começava o caminho de ferro até a Raiz da Serra de Petrópolis. Naquela histórica viagem a composição, formada por três carros de passageiros e o exclusivo Vagão Imperial, foi puxada pela locomotiva batizada com o nome de Baronesa, em homenagem à Dona Maria Joaquina Machado de Souza, esposa do homem que trazia para o Brasil a extraordinária invenção. Em carruagens, os passageiros subiram do Pé da Serra até Petrópolis, completando o último trecho do percurso.

Notícia extraída do jornal Correio Mercantil, *datado do dia 2 de maio de 1854:*
Todos se houveram dignamente nessa festa; a locomotiva correu sem tropeçar 18 milhas em 43 minutos; o público compreendeu a transcendência do espetáculo a que foi chamado; e o Monarca, que realçou com sua presença esta solenidade, deu uma nova prova de atilada inteligência e dedicação à causa dos progressos do país, escolhendo este ensejo apropositado para conferir o baronato ao sr. Irineu, a quem cabem as honras e a glória...

Um solavanco interrompe a leitura, fazendo com que Caxias se apoie no banco da frente. O trem diminui a marcha e, após três longos silvos, começa a parar diante de uma pequena estação.

O Duque retira o relógio da cava do colete e abre sua tampa. Antes de ver as horas, contempla por alguns momentos a imagem *photographica* de seu filho Luizinho, uma pequena cópia do retrato que mantém emoldurado em sua casa na Tijuca.

Como será que vou enfrentar a minha casa vazia? Acredito que muito bem. Por mim, nunca a teria deixado, até porque Manoel e Luiz Alves conhecem todas as minhas *manias*. Juntos, os três formamos as raças do Brasil: um branco, um preto e um índio. E quem não acredita na força dessa união é porque não esteve na Guerra do Paraguai.

O trem se move em alguns arrancos e, pouco a pouco, vai ganhando velocidade. Caxias fecha os olhos para que pensem que está dormindo. Mas seu pensamento está no palacete da Tijuca, numa manhã chuvosa, há dezoito anos. E ouve a voz de Anica, sempre suave com ele:

– Vamos tomar café, Luiz? E, pela sua fisionomia, vai ter que botar mais açúcar.

O Marquês abaixa o jornal e tenta sorrir.

– De fato, são muito ruins as notícias da guerra. Depois da nossa derrota em Curupaiti, ninguém mais confia em Mitre no comando das tropas. Como presidente da Argentina, como político, ele é até muito habilidoso, mas como general não penso que o seja... Com Osório recuperando-se da sua doença, lá no Rio Grande do Sul, estando Tamandaré também doente, e esse Ferraz de novo como Ministro da Guerra...

Ana Luiza senta-se a seu lado e toma-lhe a mão.

– Desculpe, querido, mas eu sei que não foi isso que você leu no jornal.

Por alguns momentos os dois apenas se olham com carinho. Depois, Caxias sacode a cabeça, concordando:

– Sim, eles estão insistindo no assunto, outra vez. Mas com Ferraz eu não me entendo, você sabe. E não é só pelas divergências políticas, mas por uma velha antipatia mútua. Desde a viagem até Uruguaiana, quando ele contrariou todas as medidas de segurança que eu recomendei para proteger a vida do Imperador, que era de minha responsabilidade, nós não podemos nos encontrar sem que haja um atrito.

– Ainda bem, meu querido, porque, se não fosse assim...

– Se não fosse assim, não vou lhe mentir, eu certamente aceitaria assumir o comando das nossas tropas.

Dizendo isso, aponta para o jornal como quem o acusa.

– Diz aqui que o Zacarias, influenciado pelo Imperador, vai me convidar, assim mesmo. E o pedido para me visitar, aqui em casa, sendo ele o Presidente do Conselho de Ministros, só pode ser para isso.

Ana Luiza fica muito pálida e agasalha-se mais com o xale que lhe cobre os ombros.

– Deus queira que não seja assim.

– Fique tranquila, com Cândido Ferraz, o *Barão de Uruguaiana*, como Ministro da Guerra, mesmo que o Imperador em pessoa me convide, será uma insensatez aceitar.

Mas, foi dizer uma coisa e acontecer outra. No mesmo dia, naquela mesma casa, o Conselheiro Zacarias de Góis lhe disse, na sua maneira direta de falar:

– Eu comuniquei a Ferraz sem reservas: o General que o gabinete escolheu é o Marquês de Caxias. O Ministro da Guerra entendeu meu recado e, de imediato, apresentou sua demissão.

– Isso significa que contarei com a inteira confiança do sr. Imperador e de seu gabinete, e que terei completa autonomia no teatro de operações. Posso entender que esse convite é para ser comandante em chefe de nossas tropas?

– Sim, e Vossa Excelência terá completa autonomia como comandante. Sendo senador, conhece os recursos de que podemos dispor, atualmente. Mas o Imperador assegurou-me, ainda ontem, que nada lhe negará, mesmo à custa de novos empréstimos em moeda forte.

A partir desse momento, o velho Duque cai completamente no sono, só despertando nas paradas das estações. E não se dá conta que a paisagem rural foi substituída pelas casas dos subúrbios do Rio de Janeiro.

De repente, ouve-se um ruído de ferro contra ferro, e o trem dá um solavanco que joga os passageiros para frente. Logo se ouvem vários apitos, e uma lufada de fumaça com cheiro de carvão entra pelas janelas. Algumas pessoas tossem, mas não foi nada de extraordinário. Já dentro da cidade, há sempre algum maluco que não respeita as placas de:

Cuidado com os trens: parar, olhar, escutar.

A Estação da Corte está próxima. O edifício ocupa um grande espaço no Campo de Santana, no mesmo lugar onde fora demolida a igreja que lhe deu o nome. A manobra é lenta, até o estacionamento completo. Caxias ergue-se, e logo surge o chefe de trem para ajudá-lo. Pega sua maleta e lhe diz, inclinando a cabeça:

– Se me der o comprovante das bagagens que Vossa Excelência despachou, terei o maior prazer em mandar retirá-las.

Caxias aceita e lhe entrega o papel. Depois, sacode a cabeça, desconsolado. Só essa desmiolada da Aniquita para fazer viajar, a troco de nada, junto com as minhas canastras, uma inútil cadeira de balanço.

XVI
Quinta da Boa Vista,
22 de abril de 1832

— Major Lima, pode-se apresentar pêsames a alguém por causa de um cavalo?

Luiz olha surpreendido para o menino que cavalga a seu lado, mas lhe responde, sem hesitar:

– Sem dúvida, Vossa Alteza. No meu entender, existem cavalos que merecem essa prova de estima.

– Pois, então, queira receber minhas condolências pela morte do Jaraguá-Pichuna.

O jovem Dom Pedro fixa seus grandes olhos azuis nos olhos castanhos do professor de equitação. E, mais uma vez, o encanta com a semelhança da expressão do seu rosto com a do quadro pintado, dois anos antes, por Arnaud Pallière. Mais ainda, com a precocidade do seu raciocínio.

– De uma certa forma, meu senhor, fiz o mesmo ao comunicar sua morte ao meu pai, a quem ele pertencia.

– Sei disso, Major Lima, porque toquei no assunto com Sua Excelência, o Brigadeiro Regente, no dia seguinte aos distúrbios que o senhor enfrentou. Aliás, quero cumprimentá-lo pela rapidez com que derrotou os insurgentes... E pelo pouco derramamento de sangue.

Impressionado com a adequação dessas palavras, Luiz apenas inclina a cabeça. E trata de continuar a aula de equitação. Para tanto, convida o Príncipe a terminarem o passeio inicial, uma vez que o suor já brota nos pescoços dos cavalos. Haviam chegado a um espaço mais amplo, no limite oeste da Quinta da Boa Vista, onde o terreno é plano e gramado.

– Vou apear para verificar os loros dos seus estribos, Alteza. Talvez até seja melhor encurtá-los um pouco antes de exercitarmos o *trote inglês*.

– E do que se trata?

– Trata-se de um trote elevado em que o cavaleiro se apoia nos estribos, flexionando as pernas para erguer e baixar o corpo no mesmo ritmo da montaria.

– E para que serve?

– É a andadura mais indicada para deslocamentos em que se precise de velocidade e constância de passo. Serve para uma maior comunicação, um mais perfeito equilíbrio entre os nossos movimentos e os do cavalo, além de ser extremamente elegante.

– Elegantes, pelos que conheci na Corte, os ingleses costumam ser. Quanto à comunicação com eles, estou-lhes aprendendo a língua, bem mais simplificada do que o francês e o alemão.

Já apeado junto ao cavalo de Dom Pedro, Luiz ergue os olhos a partir das botas negras do menino, passando pelos seus culotes brancos, jaqueta azul, bem cinturada, até a cabeça coberta com um capacete de equitação.

– Firme bem os pés nos estribos e erga-se na sela.

– Erguer-me assim, Major Lima?

– Um pouco menos. Cerca de uma polegada... Sim, agora está perfeito.

– E, depois?

– Repita esse movimento algumas vezes, com seu cavalo ainda parado.

– Meu cavalo se chama Garrano.

– Sim, perdoe, Alteza, com o Garrano ainda parado. Depois que eu montar, coloque-o ao trote, enquanto faço o mesmo com o Algarve.

Alguns minutos depois, vendo que o aluno dominara a técnica do *trote inglês*, Luiz convida-o a pararem à sombra de uma árvore. Dom Pedro descobre a cabeça, seca o suor da testa com um lenço branco e sorri.

– Meu professor de botânica disse-me que eu sou mais precoce que esta espécie de mangueira, a *Mangifera indica*.

– E por que essa comparação, Alteza?

– Ele diz que ela só dá frutos depois dos sete anos, e eu, que só completo essa idade em dezembro, já comecei a *amadurecer*. E o senhor, o que pensa sobre as minhas habilidades na esgrima e na equitação?

– Em ambas, Vossa Alteza está fazendo muitos progressos. Para lhe ser sincero...

– Seja sempre sincero comigo, Major Lima. Detesto elogios fúteis.

– Então, penso que Vossa Alteza será melhor cavaleiro do que espadachim. Isso porque me parece que a esgrima não é sua arte preferida. Vossa Alteza esgrime para cumprir sua educação marcial, enquanto cavalga mais por prazer do que por obrigação.

– *Tout à fait d'accord, monsieur le professeur*. Sem dúvida, amo muito mais os cavalos do que as espadas. E se estiver escrito nas estrelas que assumirei meu destino como Imperador do Brasil, esteja seguro que sempre lutarei pela paz.

– Concordo plenamente, Alteza, mas nunca esqueça a máxima latina: *Si vis pacem, para bellum*.

– Traduza para mim, por favor.

– *Se queres a paz, prepara-te para a guerra*.

– Obrigado, Major Lima. Assim explicado, eu entendo melhor.

Nesse momento, um bando de fragatas de grandes asas passa bem alto sobre suas cabeças, voando em direção ao mar. E Luiz pensa em seu tio João Manuel que, por estas horas, deve estar perto do porto, no prédio do Ministério da Justiça, apresentando o Coronel Bento Gonçalves ao Padre Diogo Feijó.

Mesmo depois do jantar da véspera, *en petit comité*, na casa de seu irmão Francisco, o Major João Manuel de Lima e Silva ainda está inquieto em relação à entrevista com o Ministro Feijó. Finda a refeição, quando deixaram as mulheres e foram beber um cálice de vinho do Porto e fumar charutos *sevillanos* na biblioteca, a conversa fluíra muito bem. Estando apenas ele, Francisco e Luiz com o visitante, tudo havia ficado entre militares. E a discórdia do Coronel Bento com o Marechal Barreto Pinto, comandante das Armas da Província de São Pedro do Rio Grande do Sul, reduzida a sua verdadeira dimensão. O Marechal é um político e o Coronel um guerreiro. Fácil de explicar isso ao Brigadeiro Regente. Mas o Padre Feijó será, sem dúvida, *um osso duro de roer*.

Politicamente, Diogo Antônio Feijó é o homem forte da Regência e seu prestígio se pode contar pelo número de pessoas que buscam sua proteção e favores. Seu rosto quadrado é severo, desacostumado ao riso. Os cabelos negros e lisos, os olhos oblíquos e os zigomas salientes revelam o sangue indígena, do qual ele costuma se orgulhar. No conjunto, é compacto e imponente, embora de pequena estatura.

– Muito bom dia, sr. Ministro, tenho o prazer de apresentar-lhe o Coronel Bento Gonçalves da Silva.

– Bom dia, Major João Manuel. Muito prazer em conhecê-lo, Coronel Silva. Fiquem à vontade, sentem-se, por favor. Estarei convosco em um minuto.

Sentam-se nas cadeiras desconfortáveis e ficam em silêncio. Junto ao seu *bureau* coberto de papelada, o Ministro dá ordens a um secretário e assina os documentos mais urgentes. Finalmente, despacha o funcionário e senta-se diante dos militares corretamente fardados. Sua roupa preta e colarinho engomado, com gravata de laço, substituem a batina que não usa em atividades civis. Seus olhos cravam-se duros no Coronel e começa a falar lentamente, quase de boca fechada:

– Sr. Bento Gonçalves da Silva, sua fé de ofício é uma das mais louváveis da nossa Guarda Nacional. Não fosse pela acusação escrita do comandante das Armas da sua província, nada teríamos a tratar, neste momento, a não ser, talvez, recordar seus feitos heroicos na Cisplatina e na Batalha do Passo do Rosário.

– Obrigado, Excelência.
– Infelizmente, a acusação é grave. O sr. Coronel é tratado de rebelde, insubordinado, até de *indomável*, nas próprias palavras do Marechal Sebastião Barreto Pereira Pinto. E, na minha opinião...

O jovem João Manuel não se contém e interrompe o Ministro:
– O Coronel Bento Gonçalves só é indomável para os que querem devolver o Brasil aos portugueses!

Feijó fulmina o Major com um olhar frio e aponta-lhe o dedo indicador da mão direita:
– Peço-lhe que se mantenha em silêncio. Honro-me com sua presença, não só por seus próprios méritos, mas por ser irmão do sr. Regente do Império. Mas, como não se trata de um julgamento, podemos dispensar depoimentos de testemunhas. Assim, vou aproveitar o ensejo para conhecer as opiniões do Coronel Silva... pelos seus próprios lábios.

João Manuel fica rubro até a raiz dos cabelos e seu nariz adunco parece crescer no rosto afilado. Tenta levantar-se, mas um olhar de Bento, seu amigo e superior hierárquico, o faz ficar imóvel. Feijó volta a falar no mesmo tom confessional:
– O Marechal Barreto o acusa de desobediência civil e militar. Acusa-o de demagogia e insuflação dos ânimos populares contra o Presidente da Província. Oferece provas de suas ligações com o General Lavalleja, que ainda ontem foi um inimigo do Brasil.

– Se me permite, sr. Ministro, nada há de errado nas acusações do Marechal Barreto Pinto.
– Nada de errado?!
– Nada de errado sob o seu ponto de vista, uma vez que é abertamente um retrógrado do partido português. O Presidente Galvão foi um títere em suas mãos. Seu substituto, José Mariani, foi outro que caiu na rede de intrigas armada por ele e por seu comparsa, o português Visconde de Camamu. Esses inimigos do Brasil independente seriam donos da nossa província, se não soubéssemos desobedecer às suas ordens absurdas; essas, sim, capazes de fomentar uma sublevação do povo.

Feijó crava novamente seu olhar em Bento Gonçalves.

– Pois o Marechal o acusa de ser o líder dessa guerra civil em potencial.

Bento nega com um gesto de cabeça e continua a falar no mesmo tom moderado, articulando as palavras com um leve sotaque espanholado.

– Veja, sr. Ministro, nosso extremo sul, desde 1737, vem pagando caro para manter as fronteiras do Brasil. E nossos inimigos não são sertanejos que se valem de armas e estratégias rudimentares. Ao contrário, temos nos batido contra soldados profissionais, filhos da mesma raça ibérica, onde, há séculos, foi alimentada a rivalidade entre castelhanos e portugueses.

– Sim, isso é verdade, eu reconheço.

– Assim, nossa província, constantemente atacada por inimigos poderosos, necessita de um governo forte, capaz de manter o povo coeso. Em sua maioria, nossos comandantes militares são estancieiros, cujos peões se transformam em soldados, sempre que necessário, para protegerem a fronteira. No Rio Grande, ninguém se sente desonrado em obedecer ao chamamento das armas. Mas hoje, mais do que nunca, nosso povo está merecedor de paz e de justiça. Nossos filhos, na mais tenra idade, já sabem manejar as armas e suas mães raramente tiram o luto. Nossas feridas abertas não podem mais suportar o sal de governos provinciais incompetentes. Não podemos, além de tudo, pagar os impostos escorchantes que praticamente matam no nascimento nossa única indústria de exportação, que é a do *charque,* da carne seca.

– Mas, então, o que deseja, realmente, o sr. Coronel?

– Para mim, nada. Para o Rio Grande do Sul, defendo maior autonomia para tomada de decisões políticas e econômicas, que não firam a soberania do Império. Em termos imediatos, a substituição de Mariani por um novo presidente, rio-grandense de preferência, que saiba governar o nosso povo com suas virtudes e defeitos.

– O sr. Coronel estaria interessado nesse cargo?

– Em absoluto. Basta manter-me no comando da guarnição da fronteira uruguaia, onde sou mais útil para a minha pátria.
– A pátria brasileira ou a dos refugiados da Banda Oriental?
Bento ergue o busto e encara a fisionomia impassível do Padre Feijó.
– O senhor não ignora, sr. Ministro, que a minha esposa nasceu no Uruguai?
– Absolutamente, não ignoro. Dona Caetana Garcia, com meus respeitos, é seu nome de solteira. Nascida em Serro Largo, de pais espanhóis.
Malgrado seu, Bento fita o Ministro com admiração.
– Pois se está tão bem-informado, Vossa Excelência sabe que exerci funções administrativas na, então, Província Cisplatina, exatamente naquela região.
– Sim, sei disso. E o fez com muito zelo.
– Agradeço-lhe novamente. E preciso enfatizar que, naquelas plagas, rio-grandenses e uruguaios possuem terras e gado em ambos os lados da fronteira. Que convivemos muito intimamente, temos relações de família e sofremos das mesmas inquietações. Proteger o General Lavalleja como exilado no Brasil não é um crime de lesa-pátria. Perigo está na união dos seus maiores inimigos, Rivera e Oribe, com o caudilho Rosas, o tirano que domina as províncias que dependem de Buenos Aires.
– Mas Lavalleja lutou contra o Brasil, em nosso próprio território, na batalha do Passo do Rosário.
– Naquele momento, como oficial brasileiro, enfrentei sua cavalaria e não teria hesitado em matá-lo, se o tivesse encontrado frente a frente. Mas, depois que o Uruguai obteve sua independência, com apoio do Brasil, nada nos impediu de voltarmos a ser amigos. Somos até compadres, como deve saber Vossa Excelência.

Um súbito silêncio domina a sala. Pelas janelas abertas ouvem-se, nitidamente, risos de crianças e o longínquo bimbalhar de um sino. Um leve cheiro de comida, caseiro, conciliador, torna-se perceptível. Os três homens se entreolham. O Ministro consulta seu relógio de algibeira. Com voz quase afável, dirige-se ao Coronel:

– Confesso que estou impressionado. Para nós, homens do litoral, não é fácil entender a vida em regiões tão expostas, tão diferentes da nossa. Na sua fronteira, os hábitos se confundem, os idiomas se assemelham, os casamentos criam ligações afetivas binacionais. Mas posso lhe afirmar que, como sorocabano, sempre tive orgulho de meus conterrâneos que partiram para a fronteira selvagem e lá deitaram raízes.

– Paulistas como minha avó Antônia, mãe da minha mãe.

– Realmente?! Pois veja que não sou tão bom conhecedor da sua genealogia. E sabia preparar um bom café, a sra. Dona Antônia?

– Moído a adoçado à maneira de Sorocaba. Lembranças da infância que não nos esquecemos mais.

Sem aviso prévio, Feijó levanta-se e espicha a mão direita para o Coronel:

– Seja bem-vindo à cidade de São Sebastião do Rio de Janeiro. Enquanto aqui estiver, gozará da minha proteção pessoal. E quando quiser retornar à sua heroica província, poderá fazê-lo a seu livre-arbítrio.

– Obrigado, Excelência.

– Cuidarei, através de correspondência oficial, para que o Marechal Barreto não o remova do seu comando na fronteira uruguaia. O mesmo farei quanto à permanência do Major João Manuel no 8º Batalhão de Caçadores. Desde que politicamente possível, indicarei aos senhores regentes do Império um novo presidente para a Província de São Pedro, que não se subordine aos restauradores do colonialismo, que também considero detestáveis. Acredito em vossa lealdade ao Brasil e ao nosso futuro Imperador, Dom Pedro II.

Nesse exato momento, o menino Pedro galopa ao lado de Luiz, com o rosto suado e os olhos brilhando de felicidade. Diariamente cercado de professores e sob o controle do antigo Ministro José Bonifácio, seu preceptor, são poucas as ocasiões que lhe sobram para ser livre e feliz.

XVII
Rio de Janeiro,
23 de junho de 1878

O sol começa a se pôr sobre a Floresta da Tijuca. Pela janela da varanda, Caxias contempla o céu riscado por fogos de bengala e por rojões barulhentos. Alguns balões parecem flutuar, sumindo e reaparecendo atrás das nuvens esparsas.

– Vossa Excelência permite que lhe faça uma pergunta?

O Duque fixa por alguns instantes o rosto negro e os cabelos brancos do homem que olha o céu, a seu lado.

– Como não, Manoel. O que o preocupa?

– Pois, meu senhor, há pouco o Henrique me perguntou: por que todo mundo faz fogueiras na noite de hoje, se o Dia de São João é só amanhã? E eu fiquei devendo a resposta.

Caxias sorri, e sopra lentamente a fumaça do charuto, antes de responder:

– Diga a seu neto que, em regiões pouco habitadas da velha Palestina, para avisar as pessoas que viviam isoladas, as autoridades religiosas mandavam acender uma fogueira no alto da montanha mais próxima, na noite anterior à data de homenagem ao santo. Esses fogos de alerta se multiplicavam de montanha em montanha, segundo me contou Sua Majestade, o Imperador, um estudioso no assunto.

– Sim... meu sr. Duque. Se fosse hoje, mandariam um telegrama, não é verdade?

– Pura verdade, Manoel.

– Posso dizer ao Henrique que o próprio sr. Dom Pedro II lhe contou isso, Excelência?

– Sem dúvida, Manoel. Sua Majestade falou-me desse assunto, ao relatar-me a visita que fez a Jerusalém, no ano passado.

O velho serviçal ergueu as sobrancelhas e arregalou os olhos:

– Na mesma cidade onde Nosso Senhor Jesus Cristo foi crucificado? E não é perigoso viajar por lá?

– Muito perigoso. Até porque a religião dos turcos, que dominam todo o Oriente Próximo, é muito diferente da nossa.

– Como diferente da nossa? Desculpe, Excelência, eu pensava que... eu não sabia que...

Arrependido de ter entrado nesse assunto, Caxias encontra uma resposta simples:

– Se todos fossem cristãos, nosso Mestre não teria sido crucificado.

– Sim, sim, é verdade... Obrigado, Excelência. Vou explicar a razão das fogueiras para o Henrique. Depois que o senhor o colocou na escola, esse garoto me faz cada pergunta... Posso servi-lo, antes, em alguma coisa?

– Não, obrigado. A não ser... Sabe onde se meteu o nosso Luiz Alves? Não o vejo desde hoje de manhã.

Manoel sacode a cabeça, desconsolado.

– Acho que se sumiu no mato, outra vez. Índio parece que precisa disso, de vez em quando, com todo o respeito a ele, meu senhor.

– Tudo bem. Pode ir, Manoel, está dispensado.

Caxias volta a olhar para o céu, agora estrelado, e pensa que a floresta onde se refugiou seu filho adotivo é uma obra do Imperador. Em 1844, toda a mata nativa estava destruída naqueles arredores, obra dos plantadores de café. Houve uma grande seca e a falta d'água agravou-se porque as nascentes dos rios e riachos que banham a cidade estavam comprometidas. Foi quando Dom Pedro II, que tinha apenas dezenove anos, começou a incentivar a compra de terras nesta região, adquiriu algumas glebas com seus próprios recursos e fez replantar milhões de mudas das árvores que por aqui existiam na chegada dos portugueses. Alguns jornais consideraram tudo aquilo uma loucura, mas a verdade é que a Floresta da Tijuca está aqui, em grande parte recuperada, inclusive voltando a ser moradia dos pássaros de antigamente.

Um ser humano fantástico, o nosso Imperador, embora obrigado, muitas vezes, a submeter-se às injunções políticas. Mesmo para mim, que o conheço e admiro desde criança, suas atitudes seguidamente são surpreendentes. Quando terminou a Guerra da Tríplice Aliança, por exemplo, os deputados votaram uma verba enorme, que nosso Senado aprovou, para que fosse erguida uma estátua equestre de Dom Pedro II diante do Paço da Cidade. Uma homenagem ao *Primeiro Voluntário da Pátria*, título com que o povo o agraciou por ter arriscado sua vida indo até o campo de batalha, em Uruguaiana. Pois bem, Sua Majestade foi ao Parlamento, e disse estas palavras extraordinárias: *Aceito a verba votada por Vossas Excelências, mas não para erigir uma estátua em minha homenagem, e sim para ser empregada na construção de escolas públicas, das quais nosso povo foi privado, com tanto desperdício nessa guerra, que não deve ser lembrada.*

Nesse momento, um balão enorme, de cor alaranjada, eleva-se do pátio da casa vizinha. E Caxias parece ver diante de seus olhos um dos dois balões cativos que empregou na guerra contra Solano Lopes.

Estamos no início do ano de 1867. No comando das forças do Império do Brasil, assim como das demais tropas beligerantes contra o Paraguai, desde o dia 10 de outubro de 1866, o Marquês de Caxias está preocupado com que não se repita o desastre de Curupaiti. Na verdade, recebera do General Mitre o comando supremo das tropas aliadas, e a ele era atribuída grande parte da anarquia com que as encontrou. Havia falta de tudo: víveres, forragem, munição, equipamento, cavalos. Mas o principal era a necessidade de fazer voltar aos soldados a disciplina e a motivação para vencer o inimigo entrincheirado.

Caxias realizou um trabalho admirável de reorganização, ao ponto de ser notado pelo próprio General Mitre:

– *Pero, Mariscal, como ha podido Usted arreglar las cosas a punto de disciplinar esa tropa que yo veo ahora marchar garbosa, con perfección impecable.*

Buscando não ferir seu aliado, o Marechal respondeu, simplesmente:

– As tropas sob o meu comando, a partir do exemplo que lhes dou, sempre foram o meu orgulho de soldado.

Caxias não só redobrou os cuidados com a disciplina, como reconstituiu os efetivos e instituiu horários de instrução militar para a tropa. Além de melhorar a alimentação dos soldados, sistematizou a remonta e o forrageamento dos animais, para dar condições à Cavalaria de cumprir seu papel, uma vez que a encontrou quase toda a pé. Reforçou a artilharia com peças que haviam sido negligentemente estocadas e supriu de munição os batalhões.

Ao percorrer os acampamentos, inspeciona todos os detalhes e age sem perda de tempo. Improvisa hospitais de sangue, põe os vencimentos em dia, o que ajuda a reerguer o moral das tropas e prepara a estratégia para envolver e derrotar as forças paraguaias.

Um dos seus grandes problemas é levantar as condições em que realmente se encontram os oponentes, localizar seus efetivos, avaliar seu material bélico, ou seja, conhecer melhor qual o poder de combate do inimigo. Caxias vê os paraguaios a sua frente em uma defensiva organizada, muito bem apoiados no terreno, tirando proveito dos extensos alagadiços da região, os *esteros,* ou estuários, como os chamam em sua língua, assim como nas muitas curvas do Rio Paraguai. Ele acredita que alguns milhares de combatentes do *Mariscal* Solano Lopes devem estar abrigados nas fortalezas de Curuzu, Curupaiti e Humaitá, esta última a mais poderosa, apenas esperando o ataque aliado.

Ali, exatamente, era o local que os paraguaios chamavam de *el gran charco,* uma vasta região de vegetação densa e intrincada, de solo quase sempre enlameado e que, nos períodos de chuva, se cobria com uma camada de até quatro metros d'água. O exército aliado devia se preparar para obter as melhores condições de prosseguir, seja contornando pelo flanco esses redutos fortificados, ou atacando-os um a um, em manobras muito bem planejadas. A primeira possibilidade seria a mais difícil, em razão do terreno totalmente desfavorável a qualquer desbordamento. A segunda opção certamente ocasionaria grande número de baixas. Assim, uma das alternativas para se avaliar a melhor linha de ação era o reconhecimento constante por meio de patrulhas, orientadas por engenheiros, que iam palmilhando o terreno com medições para fazer o mapeamento.

Foi quando surgiu a possibilidade de fazer esse trabalho sem o risco da aproximação por terra, com o uso de balões cativos.

– Por que os chama assim, engenheiro Thompson?

– *Because, my Lord,* nossos balões devem ficar sempre presos ao solo pelo cabo pendente. Se os libertarmos, *they would fly in the wind...*

– O senhor quer dizer que voariam ao sabor do vento...

– *Exactly, my Lord,* e nem sempre na direção que queremos. Mas *captives* esses Montgolfier prestaram grandes serviços na Guerra da Secessão em meu país.

– Tomei conhecimento disso, por esta razão os convoquei. Mas, se foram construídos na América, por que o chama de Montgolfier?

– *Sir, in fact,* foram os irmãos Montgolfier que construíram o primeiro balão cheio de gás, como este, capaz de transportar pessoas.

– Neste caso, seriam os pioneiros na França. Porque, em Lisboa, muitos anos antes deles, foi um brasileiro, o Padre Alexandre de Gusmão, quem fez subir um balão deste tipo diante dos olhos do próprio Rei de Portugal.

– Ignorava essa façanha, *Your Excellency.* No futuro, saberei honrar esse brasileiro.

– Fico-lhe grato. Mas o importante é saber: ficando os seus balões *cativos* presos ao solo, de que nos servirão como artefato de guerra?

– Servirão para inspecionar do alto, com auxílio de um óculo de alcance, as posições e manobras do inimigo.

E assim foi feito. Enquanto durou o estoque de oxigênio que os inflava, os dois balões norte-americanos, estacionados a mil pés de altura, foram preciosos em seu serviço de espionagem. Lá do alto, nossos oficiais engenheiros verificaram com suas lunetas as posições inimigas, sempre disfarçadas com *cortinas* de fumaça, ou ainda com a própria vegetação que os paraguaios usavam para cobrir trincheiras e a posição dos canhões. E, com a orientação atenta e experiente do Marquês de Caxias, eles esboçaram o planejamento daquela que será a mais surpreendente estratégia de toda a campanha: uma estrada para contornar as posições paraguaias pelo mais improvável dos caminhos, ou seja, por cima do terreno alagado dos pântanos.

Aparentemente, era uma ideia *maluca* e uma obra dificílima de se realizar, mas Caxias tinha em mente que a surpresa sempre fora o princípio de guerra mais efetivo quando o inimigo tem o domínio do terreno. *Audaces fortuna juvat* era o lema das legiões romanas. E, se *a sorte protege os audazes,* havia que ousar! A sua decisão, se bem executada, com certeza poderá influir a nosso favor em todas as ações seguintes da guerra.

Neste momento, enquanto Caxias ainda está com sua mente nos pântanos do Paraguai, um balão pega fogo, começando a cair do céu. E o velho guerreiro sacode a cabeça, desconsolado. Fora por essa possibilidade de incêndio, embora remota nos balões Montgolfier, que seus oficiais mais próximos, com exceção de Osório, que nada temia, o dissuadiram de subir num deles.

Assim, perdeu para sempre uma oportunidade que nunca mais se repetiu: contemplar a Terra a mil pés abaixo dos seus.

XVIII
Rio de Janeiro,
5 de outubro de 1835

De longe, Luiz reconheceu a carruagem diante de sua casa. Que estranho meu pai ter vindo para cá diretamente, antes do almoço. Deve ser por causa de Aniquinha. Ele não perde oportunidade de ver a neta.

Nascida no dia 5 de dezembro de 1833, a pequena Luiza, *a menina dos olhos* de Anica, era uma criança encantadora. Com um vestido cor-de-rosa cheio de babados, o cabelo castanho-dourado preso com fitas da mesma cor, a menina era alegre, falante, e já caminhava com facilidade. Agora, no entanto, estava no colo do avô, que a segurava com as pontas dos dedos.

– Bom dia, meu pai. Bom dia, queridas.

– Bom dia, Luiz.

– Bom dia, querido.

– Bom... dia... papai.

Luiza se desprendeu das mãos do avô e caminhou em direção a Luiz, que a pegou e ergueu até a altura do rosto. Quando chegava da rua, nunca a beijava sem antes lavar o rosto suado, mas apertou bem a filha contra o peito. Depois, a colocou novamente no colo do avô e foi abraçar Anica.

– O senhor vai almoçar conosco, não é verdade?

– Infelizmente, não. Tenho uma audiência com o Regente às treze horas, como ele diz. E o nosso Feijó é mais pontual que o seu próprio relógio.

– Por que tão cedo?

– Já te explico tudo.

Entendendo a frase, Luiz apressou-se a ir até o quarto livrar-se da túnica e lavar o rosto. Quando retornou, como esperava, o Brigadeiro Francisco estava só na sala de visitas. E pela *carranca* que exibia em seu rosto, sempre bem barbeado, mas já marcado por muitas rugas, o assunto a tratar com Luiz era realmente sério. Sua voz soou mais rouca do que de hábito:

– João Manuel foi enfeitiçado pelo Coronal Bento Gonçalves, eu já te disse.

– O que aconteceu, desta vez?

– Aconteceu que esses malucos invadiram Porto Alegre e derrubaram o Presidente Fernandes Braga.

Malgrado seu, Luiz ficou abalado e sentou-se em silêncio diante do pai.

– Quando... foi isso?

– No dia 20 de setembro. Mas a notícia custou a chegar, porque o Marechal Barreto Pinto achou que reverteria a situação, a partir do porto do Rio Grande, onde se refugiaram, imagina, sob a proteção de navios de guerra portugueses.

– Então, meu pai, com todo o respeito, esse Fernandes Braga estava dominado pelos *caramurus*.

– Um verdadeiro absurdo querer de volta os portugueses mesmo depois da morte de Dom Pedro I, que mal teve tempo de ser Dom Pedro IV de Portugal.

– Então tirar essa gente do governo não foi assim tão errado, não lhe parece? Até porque, como o senhor deve lembrar, eles fecharam a Assembleia Legislativa, ainda no mês de abril, e cometeram outras arbitrariedades, antes de o Padre Feijó assumir como Regente.

– Sim, nomeamos Fernandes Braga, um bacharel rio-grandense, diplomado em Coimbra, depois da visita de João Manuel e do Coronel Bento Gonçalves à Corte, mas de nada adiantou. Ele logo foi dominado pelo Marechal Barreto e entregou as tarefas policiais ao Visconde de Camamu, português mancomunado com o

próprio cônsul de Portugal, um tal de Vitório Ribeiro, sem a concórdia do qual o Presidente da Província nada fazia.
– E, agora, o que o senhor vai aconselhar ao Regente?
– Melhor você ler, primeiro, este manifesto do Coronel Bento Gonçalves. Ele chegou às minhas mãos através... da nossa irmandade.

Ciente de que os maçons, liderados no Rio Grande do Sul exatamente por Bento Gonçalves, Venerável Mestre da Loja Philatropia e Liberdade, estavam à testa do movimento, Luiz tomou das duas folhas de papel e leu-as de uma única vez. Depois de historiar as razões do movimento armado, que empossou na presidência da província o 4º Vice-Presidente, o liberal Marciano Pereira Ribeiro, o manifesto convocava o povo para a manutenção da ordem e da liberdade:

Cumprimos, rio-grandenses, um dever sagrado repelindo as primeiras tentativas de arbitrariedade em nossa querida pátria; ela nos agradecerá e o Brasil inteiro aplaudirá o vosso patriotismo e a justiça que armou vosso braço para depor uma autoridade inepta e facciosa, e restabelecer o império da lei.

Compatriotas, eu acrescentarei à glória de haver sido, em outros tempos, vosso companheiro nos campos de batalha e haver-vos conduzido contra nossos inimigos externos, a glória ainda mais nobre e perdurável de haver concorrido a libertá-la de seus inimigos internos e salvá-la da anarquia.

O governo de facção desapareceu de nossa cena política, a ordem se acha restabelecida. Com este triunfo dos princípios liberais, minha ambição está satisfeita, e no descanso da vida privada a que tão somente aspiro, gozarei o prazer de ver-vos desfrutar os benefícios de um governo ilustrado, liberal e conforme com os votos da maioria da Província.

Respeitando o juramento que prestamos a nosso código sagrado, ao trono constitucional e à conservação da integridade do Império, comprovareis aos nossos inimigos do sossego e felicidade que sabeis preferir o jugo da lei ao dos seus infratores, e que ao mesmo tempo nunca esqueceis que sois os administradores do melhor patrimônio das gerações que nos devem suceder. Que esse patrimônio é a liberdade, e que estais na obrigação de defendê-la à custa de vosso sangue e de vossa existência.

A execração de nossos filhos cairá sobre nossas cinzas, se por nossa desmoralização e incúria lhes transmitirmos este sagrado depósito desfalcado e corrompido. E suas bênçãos nos acompanharão no sepulcro se lhes deixarmos o da virtude e do patriotismo.

Porto Alegre, 25 de setembro de 1835

Bento Gonçalves da Silva

– O que você acha, Luiz? Diga sem rodeios.

– Para mim, o importante está nesta frase aqui... deixe ver... parece que o estou escutando dizer isto com aquele seu sotaque espanholado: *Respeitando o juramento que prestamos a nosso código sagrado, ao trono constitucional e à conservação da integridade do Império...*

– Concordo com você. E tenho certeza de que, a partir dessa assertiva, se eu ainda estivesse como Regente, conseguiríamos fazer um acordo digno com o Coronel Bento e seus seguidores, entre eles o nosso João Manuel. Mas o Padre Feijó jamais aceitará uma solução que não passe pela força.

– Mas... por quê?

– Porque já estamos com aquela enorme sedição no Grão-Pará, que só podemos combater, e com razão, a ferro e fogo.

– Pelo que eu sei, esses *cabanos* lá do Norte não prometeram respeitar nenhum juramento em relação ao Império do Brasil.

– Concordo novamente. Lá no Sul, depois da fuga de Fernandes Braga e do Marechal Barreto, sem defender a cidade, sabemos que os liberais entraram em Porto Alegre sem dar um único tiro e foram recebidos como libertadores. Para tanto, em muito contou a adesão dos oficiais e soldados do 8º Batalhão de Caçadores, ainda

fiéis a João Manuel, que fora novamente afastado de seu comando. Houve até dança nas ruas, no dia 20 de setembro, após a posse desse Marciano Ribeiro.
– Quem é ele, exatamente?
– Segundo as informações que recebi, ainda esta manhã, trata-se de uma pessoa de bem. É médico conceituado e mestre maçom.
– Neste caso, sendo ele um dos vice-presidentes, e tendo o presidente e os demais abandonado seus postos, por que não negociar com ele, ao menos provisoriamente?
– É o que pretendo recomendar daqui a pouco ao Padre Feijó. Mas quis antes conhecer a sua opinião, até porque tenho certeza que João Manuel, seu amigo desde criança, deve ter-lhe falado mais sobre suas opiniões políticas.
Luiz alisou o bigode, que há poucos meses deixara crescer, depois que os oficiais do Exército foram autorizados a usá-lo, e fixou os olhos no pai:
– Nós dois sabemos das suas ideias republicanas, aliás, apoiadas pela Maçonaria...
– ...que foi totalmente liberada após a abdicação de Dom Pedro I. E que se mantém fiel ao trono constitucional. Aliás, não sem razão, todo este manifesto foi escrito em linguagem maçônica.
– Isso eu não sei, meu pai. Mas se for seu desejo e importante para o Brasil, não terei dúvidas em iniciar-me, sob sua orientação
Francisco sorriu pela primeira vez, naquela manhã. Depois, recolheu as duas folhas do manifesto, dobrou-as e as colocou no bolso interno da túnica. Levantou-se ao mesmo tempo que o filho e lhe disse, suspirando:
– O Padre Feijó considera-se traído porque, na qualidade de Ministro da Justiça, foi ele quem nos recomendou confiar no Coronel Bento Gonçalves, após sua visita ao Rio de Janeiro. Assim, mesmo que Fernandes Braga, por nós nomeado para neutralizar os retrógrados colonialistas, tenha mantido o Marechal Barreto no comando das Armas e fechado *manu militari* a Assembleia recém-eleita e empossada...

– Da qual o Coronel Bento Gonçalves foi o deputado liberal mais votado...

– Exatamente. Mesmo assim, e com o agravante relatado por João Manuel, na última carta que me mandou, de que o irmão de Fernandes Braga e seu tesoureiro, um tal Pedro Chaves, é notório corrupto, nada foi feito por nós para dar mão forte ao Coronel Bento. E agora...

Por uns instantes, a fisionomia impenetrável do Padre Feijó surgiu diante dos olhos de ambos. Não foi necessário mais nada para adivinharem o futuro próximo.

Na mesma tarde, o Regente tomou a decisão de enfrentar os *farroupilhas* do Rio Grande do Sul da mesma maneira como estava combatendo os *cabanos* do Grão-Pará. Ou seja, sem nenhuma negociação, apenas pelas armas.

Conhecendo o seu irmão, vinte anos mais moço, o Brigadeiro Francisco de Lima e Silva, no silencioso casarão da Rua das Violas, não conseguiu dormir naquela noite. O Major João Manuel, certamente de volta ao comando de seu Regimento, deverá ser o primeiro a enfrentar as tropas que serão enviadas para neutralizar o Coronel Bento Gonçalves. Com sua biblioteca tomada pela fumaça de mais um *sevillano*, Francisco não bebeu uma única gota do vinho do Porto, seu complemento habitual. Jamais bebia quando estava infeliz. E a possibilidade, no momento afastada, de ele próprio e de Luiz serem enviados para *restabelecer a ordem* na Província de São Pedro parece quase certa de acontecer no futuro.

Enquanto isso, Ana Luiza, deitada na cama de casal, ao lado do marido, invejava seu sono tranquilo. Como ele nada lhe escondia dos perigos da sua profissão, ela fora informada da razão da visita do sogro. Nada ignorar sobre os perigos que corria, fora uma promessa feita por Luiz pouco antes do nascimento da filha, logo depois que ela rasgara seu pedido de demissão do Exército. Seja no extremo norte ou no extremo sul, Luiz poderá ser chamado a combater a qualquer momento. Há dois anos tinham terminado as rondas noturnas do *Batalhão Sagrado*, no qual ele liderara oficiais voluntários, até de patente superior a sua, para eliminar os focos de arruaceiros que infernizavam a cidade. Restabelecida a ordem no Rio de Janeiro, cujo Corpo de Guardas Municipais Permanentes está agora sob seu comando, tudo transcorria em paz, até este momento.

Sentindo calor, Luiza tomou do leque sobre a mesa de cabeceira e abanou-se por alguns momentos. Ainda um pouco sufocada, levantou-se com cuidado e caminhou de pés descalços até uma das grandes janelas do quarto, onde uma tênue luz filtrava-se pelas venezianas. Pensou em abrir a janela, mas desistiu da ideia porque certamente faria ruído. E não queria ainda contar a Luiz a outra razão pela qual sua possível partida para o Grão-Pará ou para o Rio Grande do Sul ainda mais a afligia. Sempre pontual em seus incômodos mensais, estava, há dois meses, sem o menor sinal deles.

Com os olhos adivinhando as estrelas e tentando aspirar, pelos mesmos espaços das venezianas, um pouco de ar mais fresco, Ana Luiza levou a mão ao ventre, por dentro da camisola, e controlou-se para não chorar. Certamente estava esperando mais um filho, o que, em outras circunstâncias, seria uma linda notícia a dar a Luiz. Talvez o herdeiro homem, que todos os pais aspiram, já estivesse a caminho. Caso fosse uma outra menina, seria até melhor para companheira da irmãzinha, apenas dois anos mais moça.

Um galo cantou bem próximo, tirando Ana Luiza de seu devaneio. Pé ante pé, retornou para a cama e aconchegou-se a Luiz, mas sem tocá-lo. Se o fizesse, ele poderia acordar e tomá-la em seus braços, com o mesmo ardor de quase todas as noites... e madrugadas. Um homem sempre apaixonado, o seu marido, depois de três anos de amor. E pensou, entre orgulhosa e penalizada, em sua prima Lucy, que depois de cinco anos de casamento não ficara grávida uma única vez.

XIX
Rio de Janeiro,
29 de agosto de 1878

— Como está se sentindo, papai?
– Um pouco mais aliviado. Acho que poderei me levantar e ir à missa. Seria uma vergonha pedir ao Monsenhor Meirelles para rezá-la e não comparecer.
– Francisco e eu podemos representá-lo muito bem. E o Monsenhor é seu amigo, ele saberá entender que o senhor está doente.
– Acontece, Aniquinha, que eu não estou doente, eu *sou* doente do fígado desde os trinta e poucos anos de idade. E se até em combate eu já entrei sem poder apertar a túnica e provocar ainda mais a dor, não será agora que eu iria deixar de cumprir com o meu dever.
– Faz uma semana que o senhor está sofrendo sem necessidade. No início, Ana e eu pensamos que só estava querendo evitar as visitas no seu aniversário. Afinal, iria aparecer muita gente nos seus 75 anos.
– Já falamos sobre isso. Esta casa continua de luto.
– Concordo. Mas, agora, a decisão de ir ou não a essa missa pela alma do tio João Manuel já não é mais sua.
O velho Duque ergue o peito e apoia as costas contra a guarda da cama. Seus olhos castanhos, sempre jovens, fixam-se com autoridade no rosto da filha.
– E de quem é a decisão, *ainda que eu mal pergunte*?
– Do médico que chamamos para examinar o senhor.
– E quem é esse doutor? Certamente não estava entre os *cinco sábios* que trataram da sua mãe.

– É um médico jovem, o dr. Barcellos. Foi-me recomendado pela Maria Eufrásia, filha do Visconde de Tamandaré.

– Pelos menos, meu velho amigo Lisboa é tão desconfiado como eu com esses tratamentos inúteis. Pegamos malária lá no Norte, quase ao mesmo tempo. Da última vez em que falamos, ele me contou que queriam tratar-lhe a febre malárica, que vai e volta quando a gente menos espera, com sangrias e ingestão de café...

– Deixe de ser pessimista, papai. A medicina evoluiu muito nos últimos anos.

– Pois, para mim, o único tratamento que conseguiu desinchar o fígado foram os banhos de cascata, recomendados pelo Manoel.

Luiza leva a mão direita ao peito, no gesto característico que é também de Ana:

– Pelo amor de Deus... ou de algum orixá... Só falta ele trazer um *pai de santo* aqui para *afumentar* o senhor.

Caxias fica pensativo por alguns momentos. Depois, olha com carinho para a filha e lhe diz:

– Vou te propor um acordo de paz. Sou conhecido como pacificador, até entre meus inimigos, você sabe.

– E quais são os termos, *ainda que eu mal pergunte*?

– Vocês dispensam o médico, eu não vou à missa, e você vai me representando.

Agora é a vez de Luiza ficar pensativa. Mas logo sorri, concordando:

– Está bem, mas com uma condição. Quero saber mais sobre esse tio João Manuel, do qual ninguém falava em nossa família. Só sei que ele morreu em combate, contra o Brasil, na Guerra dos Farrapos.

– Não, quem morreu em combate, na Batalha do Avaí, foi seu filho Francisco, então tenente-coronel, e morreu como um herói. Infelizmente, não foi combatendo que João Manuel morreu; foi assassinado dentro de uma igreja.

– Dentro de uma igreja?! Então, foi por isso que vovô e o senhor nunca nos contaram nada sobre ele.

— Não contamos, quando essa tragédia aconteceu, porque você tinha três anos e a Aniquita um aninho. E eu mesmo só fiquei sabendo dos detalhes da sua morte em 1865, quando visitei seu túmulo em Caçapava. E, logo depois, pelo General Canabarro, antigo farroupilha, que lutou conosco contra os paraguaios.

— Foi na igreja dessa cidade que...

— Não. Foi em São Luiz Gonzaga, muito longe dali. Mas o seu amigo Bento Gonçalves, logo que foi possível, mandou transladar os restos mortais do João Manuel para a cidade que era, naquele momento, a capital da República Rio-Grandense. E rendeu-lhe muitas homenagens.

— Que tristeza, um tio-avô abandonado lá no fim do mundo.

— Abandonado, não. Seu túmulo é digno do general que ele foi... E, agora, Aniquinha, fale para o seu marido dispensar logo esse médico. E não vá se atrasar para a missa. A igreja é perto, e até eu poderia...

— Nada disso! Já aceitei as condições do seu armistício.

E Luiza sai do quarto para tomar as providências. Enquanto isso, contente por poder ficar na cama, Caxias acomoda-se sobre o lado esquerdo do corpo e concentra seu pensamento em João Manuel de Lima e Silva.

Como meu pai previu, depois do 20 de setembro de 1835, seu irmão mais moço passou a ser um dos mais ativos militares do movimento revolucionário. Foi ele quem tomou Pelotas, a segunda cidade mais importante da província, e a que mais escravos tinha, trabalhando nas charqueadas. Libertou a todos e propôs que lutassem ao lado dele, engajando-se no exército liberal. A maioria deles aceitou, formando o primeiro núcleo do que seria, mais tarde, o Batalhão dos Lanceiros Negros, o mais aguerrido de todos os que lutaram naquela revolução.

Infelizmente, depois de promovido a general, em novembro de 1836, após a proclamação da República Rio-Grandense, João Manuel foi ferido em combate, um balaço no rosto, que o deixou desfigurado. Tiveram que levá-lo para Montevidéu em busca de melhores médicos, onde sua esposa, Maria Joaquina, e o Sargento Cosme, um lanceiro negro, ficaram cuidando dele por muitos meses. Recuperado, voltou ao comando do Exército, conquistando mais algumas vitórias, principalmente sobre as tropas do Coronel Santos Loureiro.

Homem rude e vingativo, esse típico *caudillo* rio-grandense, finda a Revolução Farroupilha, teria recebido em sua fazenda o jovem Francisco Solano Lopes, filho do presidente do Paraguai, dando-lhe informações preciosas sobre a nossa fronteira na região de São Borja, exatamente por onde os paraguaios nos invadiram em 1865.

E foi Santos Loureiro quem prometeu a patente de capitão ao soldado Roque Faustino, que descendia de índios missioneiros, para que assassinasse o General João Manuel. E é claro que não a concedeu depois que o crime foi cometido.

Admirador de seu tio e colega desde a Academia Militar, Caxias recompôs em detalhes as suas últimas horas de vida. Uma página que poderia ser extraviada pelos descaminhos da História.

Na praça da antiga redução de São Luiz Gonzaga, a lua brilha em cheio sobre a igreja. Diante dela, mantêm-se de pé algumas casas de pedra, com alpendres na frente, todas iguais. Servem agora de residência aos brancos que habitam o local. Os poucos índios sobreviventes da época em que a cidade missioneira abrigava mais de seis mil almas vivem agora em ranchos de barro cobertos de capim. Oitenta anos depois da invasão dos Sete Povos das Missões pelos exércitos português e espanhol, nada mais resta do passado.

Corrompidos pela cachaça, pelas doenças e pela maneira de viver dos brancos, os guaranis sobreviventes perderam toda a identidade cultural. As moças, devido aos traços orientais do rosto, são chamadas de chinas e usadas, desde a puberdade, como prostitutas. Algumas poucas encontram homens brancos que as protegem, mas só reconhecem as filhas. Os jovens saem cedo a gauderiar pelas estâncias, não possuindo mais do que o cavalo, as boleadeiras e as roupas do corpo. A eles, os estancieiros chamam de gaúchos, os empregam como peões, mas os desprezam e temem. Junto com os negros e os índios, esses mestiços formam a escória social da Província de São Pedro. Porém, temperados pela vida ao ar livre, domando potros, tropeando gado xucro, guerreando do lado que a guerra os encontra, são eles o povo verdadeiro destas plagas. Matéria prima moldada pelo vento Minuano, pela carne gorda assada em espetos de pau, pela seiva da erva-mate. Famintos de liberdade, seriam temíveis se tivessem consciência coletiva. Mas são individualistas ao extremo. E tão orgulhosos de sua valentia que sacrificam a vida pela mais fútil razão.

– Será que não vão mudar nunca?

O Sargento Cosme olha de soslaio para o General João Manuel.

– Eu mudei muito. Eles podem mudar. Quando criança, tudo era ódio no meu coração. Eu tinha oito anos quando mataram o meu pai e me obrigaram a ver o suplício. Eles ataram o meu pai num poste e foram moendo seu corpo a chibatadas. Uma, dez, cem, mil... Quando um assassino cansava, vinha outro. Até que ele virou numa pasta imunda. Uma massa morta de pele e sangue.

– Onde foi isso, Cosme?

– Em Porto Alegre, na praia do Arsenal. Na frente de uma igreja.

– Ele tentou fugir?

– Nunca. Era calmo como um boi de canga. Todo mundo gostava dele. Até que deixou cair do trapiche um saco de sal. Uma mixaria. Mas o sal derrete na água. E o dono do meu pai se acordara de mal com a vida.

João Manuel desvia os olhos do rosto do Sargento. Ele provocara o assunto e agora estava arrependido. A república pouco fizera para acabar com tantas injustiças. Mas ele estava lutando por isso. Enquanto alguns só aderiram à revolução para defender suas fortunas.

Agora, em silêncio, o General e o Sargento prosseguem na ronda. Passam pelas sentinelas postadas no fundo do pomar e cortam caminho pelo meio das laranjeiras. A maioria delas secara e não fora substituída por novas mudas. Algumas ainda teimam em dar frutos. O vento volta a soprar, e a lua, muito branca, está no ponto mais alto do céu.

Diante do prédio do Cotiguaçu, a antiga casa das viúvas e dos órfãos, agora abandonada, João Manuel despede-se de Cosme.

– É melhor que me chame amanhã cedo. Não quero dormir demais.

– A que horas saímos para São Borja?

– Logo depois do batizado. Boa noite, Sargento.

– Boa noite, General.

João Manuel empurra a porta e entra no prédio meio em ruínas, onde irá dormir num catre coberto de pelegos. Cosme afasta-se alguns passos e para. Sente outra vez uma presença junto a si. Começara a senti-la quando atravessaram a praça. Depois, desaparecera, e agora volta com toda intensidade. Homem ou animal, ele sabe que dois olhos estão cravados nas suas costas. Vira-se de repente e não vê nada. Intrigado, decide passar a noite montando guarda junto à porta do General.

A manhã de 29 de agosto de 1837 nasce ensolarada, sem nenhum vento a levantar a poeira vermelha. João Manuel respira profundamente e seus olhos devoram cada detalhe da cidade antiga. Seu cavalo pisa firme sobre a grama amarelada da praça. É um picaço graúdo, negro, com a testa e as patas brancas. Diariamente amilhado e escovado, tem a pelagem fina em pleno inverno. Bem diferente do rosilho peludo do Sargento Cosme, que cavalga logo atrás, fazendo caretas para não bocejar.

– Não vai comer nada, General?

– Depois do batizado. Acho que já estão esperando por mim.

– E os homens? Quer que eu...

– Já foram liberados para o rancho.

Apeiam. O Sargento fica atando os cabrestos dos cavalos em dois frades de pedra. Um grupo de pessoas, lideradas pelo padre, recebe João Manuel nos primeiros degraus da escadaria.

No seu esconderijo numa trave de madeira do batistério, o índio Roque Faustino engatilha a garrucha e mira o general em pleno peito. Mas ele confunde-se entre os familiares da criança, e fica apenas o cavalo negro, com toda a prata de seus arreios, a lhe atrair o olhar. Logo a seguir, seu rosto fica sombrio. O negro gigantesco sobe a escadaria.

O Sargento Cosme sente, outra vez, que alguém, como na sua infância, lhe crava no corpo um olhar de ódio. Tira o chapéu de copa alta e passa a mão pela testa. Está suando. E faz frio nesta manhã de sol. Olha para o alto da igreja, desconsolado. Depois, entra, faz o sinal da cruz e dirige-se ao batistério.

Velas acesas desenham silhuetas nas paredes descascadas. A criança morena, vestida de branco, está nos braços de João Manuel. Seus dedinhos inquietos procuram escabelar o padrinho. Os pais sorriem. O padre pronuncia palavras em latim, herdadas dos primeiros cristãos das catacumbas.

O sacerdote cala-se e faz um sinal com os olhos para o General. O padrinho inclina a cabeça e avança um passo. A menina assusta-se com a água e o sal. Começa a chorar. João Manuel vira-se e a entrega nos braços da mãe. No mesmo instante, Roque Faustino atira.

A primeira bala atinge o General em pleno peito. A segunda raspa na cabeça do Sargento Cosme e arranca uma lasca da pia batismal. No meio do tumulto, o índio salta para o chão e corre para a porta da igreja. O cavalo picaço está com a cabeça erguida, alertado pelos disparos. Roque Faustino desata-lhe o cabresto e monta de um só pulo. Atravessa o povoado a galope, gritando palavras em guarani a plenos pulmões. Quando os lanceiros saem a seu encalço, é tarde demais. O cavalo negro desaparece, lá longe, nas dobras das coxilhas.

Nos braços do Sargento Cosme, estranha Pietá esculpida em ébano, João Manuel de Lima e Silva recebe a extrema-unção. As lágrimas do antigo escravo são as primeiras a cair pelo general farroupilha, de apenas 32 anos. Alma singela e límpida como sua última manhã de sol.

XX
Porto Alegre,
4 de abril de 1839

— Com o perdão de Vossa Excelência, sr. Ministro, sua própria fé de ofício prova que os jovens podem cometer erros... e depois remediá-los pela força do caráter.

Luiz olhou para o General Eliziário, que acabara de pronunciar essas palavras, e depois para o rosto de Sebastião do Rego Barros, cuja barba negra não esconde o rubor. Sim, todos sabiam que Rego Barros, ainda adolescente, aliara-se ao movimento republicano de 1817, inclusive tendo sido preso e trazido de Recife ao Rio de Janeiro no porão de um navio. Anistiado em 1822, ele lutou pela consolidação da Independência do Brasil, soube mostrar seus dotes militares e, a seguir, muita competência política, méritos reconhecidos por Araújo Lima, substituto de Feijó como Regente do Império, que o nomeou Ministro da Guerra.

– Sr. General Eliziário – contestou o Ministro, depois de alguns segundos de estupefação –, admiro a vossa franqueza, mas um erro não justifica outro. Até porque não exerço aqui uma autoridade em meu próprio nome. E como seu superior hierárquico, caso repita uma desconsideração semelhante, não terei outra alternativa que não seja a de levá-lo preso para o Rio de Janeiro *no porão do meu navio*.

Desta vez, foi o Comandante das Armas da Província quem ficou com o rosto cor de púrpura. Depois de gaguejar algumas palavras como desculpas, prestou continência ao Ministro e sentou-se na poltrona de onde se erguera de forma intempestiva.

– *Ipso facto,* vamos prosseguir nosso trabalho, eu e meu ajudante de ordens, o Tenente-Coronel Luiz Alves de Lima e Silva, a quem passo a palavra para suas considerações.

Luiz ergueu-se e começou a falar com voz pausada, sem consultar os papéis que tinha em mãos:

– Sua Excelência, sr. Ministro; Sua Excelência, sr. General, depois de cumprida minha missão de análise dos fatos e de interrogar os jovens oficiais em pauta, posso adiantar que acredito na sinceridade do depoimento do Capitão Manuel Luiz Osório quanto ao maior motivo pelo qual pede sua exoneração do Exército Brasileiro. Digo aos senhores que o Capitão Osório deixou bem claro, e por escrito, que não é levado a essa decisão apenas por razões de ordem familiar, mas sim pelo tratamento preconceituoso que a ele vem sendo dispensado, e não somente a ele, pelo Comandante das Armas, no momento em que a Província de São Pedro do Rio Grande do Sul se encontra quase toda nas mãos dos sediciosos republicanos.

Desta vez, sob o olhar autoritário do Ministro da Guerra, o General Eliziário manteve-se sentado, mas disse com voz cavernosa:

– O Capitão Osório foi aliado dessa camarilha quando tomaram o poder e ocuparam à força este mesmo Palácio, em setembro de 1835.

Entendendo o sinal de cabeça de Rego Barros para prosseguir, Luiz olhou para Eliziário, nascido em Portugal, que ainda conservava a pronúncia lusitana, e lhe disse:

– Sim, ele reconhece esse fato, Excelência. Como tenente, Manuel Luiz Osório apoiou seu superior, Coronel Bento Gonçalves, na deposição de autoridades que desejavam a volta do Brasil ao domínio de Portugal. E não foi o único oficial a fazer isso; foram raros os que, naquela ocasião, ficaram contra os liberais, como o Tenente-Coronel João da Silva Tavares. Porém, quando os revolucionários não aceitaram o novo presidente da Província, indicado pelos Regentes, o então Tenente Osório apresentou-se a Silva Tavares e passou a servir novamente ao Império. E se portou com

tamanha bravura que fez jus não só à sua promoção, mas a muitas citações elogiosas de seus superiores imediatos.
– Neste caso, qual é a sua recomendação?
– Na opinião de nossos oficiais, considerando a recente mudança da capital dos revolucionários de Piratini para Caçapava, uma vila situada em posição central na província, que apresenta maior facilidade de ser defendida por sua posição elevada e suas escarpas naturais, essa mudança significa que os rebeldes, neste momento, dominam de fato a maior parte do território rio-grandense.
– Situação momentânea, exatamente! Se me forem oferecidos os meios de que necessito, varrerei esses...
– Já lhe ordenei, sr. Eliziário, que se mantenha em atitude de respeito aos representantes da Regência do Império, caso contrário...
– Perdão, Excelência. Deseja que me retire?
– Muito pelo contrário! Desejo que escute atentamente as palavras do Tenente-Coronel Lima, uma vez que terá direito ao contraditório, ao final delas, em encontro reservado comigo. Prossiga, Coronel!
Com sua tranquilidade habitual, Luiz retomou o fio da explanação:
– Os rebeldes que dominam, no momento, a maior parte deste precioso território do Brasil, e o fazem sob a égide do que chamam de República Rio-Grandense; esses rebeldes, segundo o Capitão Osório, que representa o grupo de oficiais que pretende exonerar-se, acreditam-se fortes o suficiente para levar mais longe a revolta republicana. Dessa possibilidade informou verbalmente a Vossa Excelência, durante nossa passagem pela Ilha do Retiro, o General Francisco de Andrea, Comandante das Armas de Santa Catarina.
– Desculpe, sr. Ministro, Vossa Excelência me permite fazer uma pergunta?
– Permissão concedida, sr. Comandante das Armas.
– Como o General De Andrea, lá em Santa Catarina, tem conhecimento de fatos da província sob minha responsabilidade militar que eu ignoro?

– Segundo o General De Andrea, as informações agora confirmadas pelo Capitão Osório, em nome dos oficiais já mencionados, indicam que Bento Gonçalves pode estar planejando o envio de tropas para dar apoio aos republicanos catarinenses.

– Esse Capitão Osório ultrapassou todos os limites hierárquicos, como diz Vossa Excelência, e sua palavra passou a valer mais do que a minha. Impossível, a não ser que esteja mancomunado com os rebeldes, que tenha conhecimento de fatos dessa relevância.

– Se o Comandante das Armas de Santa Catarina não nos tivesse prevenido dessa gravíssima possibilidade de invasão, a confirmação dada pelo Capitão Osório, no dia de ontem, diante de Vossa Excelência, nem teria sido considerada. Mas, exatamente neste momento, em que necessitamos de todos nossos recursos humanos e materiais, aceitarmos a demissão de alguns dos mais capacitados oficiais sob o seu comando seria, no mínimo, uma insensatez.

– Neste caso, *data venia*, Vossa Excelência já tomou sua decisão a respeito desse Capitão Osório e dos demais insubordinados?

Sebastião do Rego Barros, famoso por sua fleuma nos debates parlamentares, precisou dominar-se antes de responder:

– Tomarei essa decisão, como já lhe disse, em reunião privada com Vossa Excelência, após o Coronel Lima, se lhe for possível, terminar a sua explanação.

– Perdão, mais uma vez, Excelência.

– Prossiga, Coronel!

Impassível, Luiz retomou sua fala do ponto em que fora interrompida.

– Frente à gravidade dos fatos, minha recomendação, posta por escrito ao final deste relatório, é de que não aceitemos a exoneração do Capitão Osório e dos demais oficiais que representa, uma vez que sofreram humilhações exatamente por dizerem a verdade.

O silêncio embaraçoso foi tão completo que chegou até eles o canto dos pássaros na praça fronteira ao Palácio do Governo. E o bater de cascos de cavalos, ao passar de uma carruagem pela Rua da Igreja. Mas logo o Ministro deu a palavra final:

– Muito obrigado. Pode deixar comigo o seu relatório. E fique, por obséquio, na sala ao lado, caso eu necessite do seu concurso para mais alguma explicação.

Luiz entregou os papéis ao Ministro, inclinou levemente a cabeça diante dos dois superiores e retirou-se, fechando a enorme porta atrás de si. Imediatamente, um oficial se levantou para saudá-lo. Era da sua estatura, tinha os mesmos ombros largos, e seu rosto mostrava-se sereno.

– Bom dia, Coronel Lima.

– Bom dia, Capitão Osório, e obrigado por ter vindo. Como estamos sozinhos, quero aproveitar para fazer-lhe uma pergunta de camarada de farda. Nada oficial, uma vez que já entreguei meu relatório ao sr. Ministro.

– Às suas ordens, senhor.

– Vamos nos acomodar neste sofá perto da janela. Confesso que não sou um oficial palaciano, e este céu de outono do Rio Grande conquistou-me desde que o vi pela primeira vez.

– Sim, Coronel, compartilho seu sentimento. Eu nasci numa fazenda, como o senhor, e como me contou, também próxima do mar.

Luiz ficou saboreando o sotaque espanholado de Osório, que lhe recordava os companheiros do tempo da Cisplatina, e lhe disse, sorrindo:

– No entanto, sua pronúncia é igual à dos rio-grandenses da fronteira do Uruguai.

– É verdade, embora tenha nascido em Conceição do Arroio, um pequeno burgo povoado por açorianos, fui cedo para Caçapava, com os meus pais.

– Pois é exatamente sobre Caçapava que preciso fazer-lhe mais uma pergunta.

– Estou a sua disposição.

– O senhor acredita nessa invasão de Santa Catarina a partir de Caçapava em direção a Lajes, a região indicada pelo General De Andrea como o maior foco republicano?

Osório correu dois dedos por sobre o amplo bigode e pensou um pouco antes de responder.

– Pelo menos é o que deixa antever o jornal *O Povo,* publicação oficial dos farroupilhas, cujo material de imprensa foi transferido para sua nova capital no mês de fevereiro. O texto que eu li, assinado pelo próprio Presidente Bento Gonçalves, saúda *os bravos republicanos de Lages*. Isso pode parecer ingênuo demais, se a intenção realmente é de enviar tropas em seu auxílio, mas anunciar a audácia é bem do feitio de meu antigo comandante.

– Segundo o General De Andrea, outro local de agitação seria Laguna, mas, sem apoio por mar, lhe parece um absurdo a possibilidade de os farroupilhas tentarem atacá-la.

Neste momento, os sinos da Igreja Matriz começaram a tocar, e os dois oficiais mantiveram-se calados até voltar o silêncio.

– Diga-me, Capitão Osório, qual a sua opinião sobre as tentativas do Almirante Grenfell, o ano passado, de discutir a paz com Bento Gonçalves?

– Além do que já lhe disse ontem?

– Sim. Abstraindo o boicote feito pelo General Eliziário, que levou o Almirante a ser destituído pela Regência do comando naval desta província, o que hoje me parece um grande erro, o que mais concorreu para que essa paz não fosse alcançada?

Desta vez, Osório pensou um pouco mais, antes de responder:

– Contaram-me de uma fanfarronada do Coronel Antônio de Souza Netto, que me parece muito de acordo com seu temperamento, uma vez que foi ele quem proclamou, em 11 de setembro de 1836, uma data fatídica, a República Rio-Grandense. Instado por Bento Gonçalves a dar sua opinião sobre a paz proposta pelo Almirante Grenfell, Netto teria dito: *Enquanto eu tiver mil piratinienses e dois mil cavalos, a resposta é esta,* e bateu seguidas vezes na empunhadura da espada.

– Isso significa que o boicote não foi somente do nosso lado.

– Sim, mas os farroupilhas, no meu entender, têm *outra carta na manga*: estão construindo barcos sob a orientação de Garibaldi.

– Aquele italiano foragido? Pelo que sei até agora, não passa de mais um desses mercenários aventureiros.

– Não é o que pensa o Tenente-Coronel Abreu. Segundo ele, Garibaldi montou um estaleiro na foz do Rio Camaquã com a Lagoa dos Patos para reforçar sua flotilha, que já nos deu muitos aborrecimentos. Se isso for verdade, talvez ele tente apoiar o ataque a Laguna por mar.

– Passando pelo Porto do Rio Grande? Impossível. Nossa Armada tem controle absoluto sobre o acesso ao oceano.

– Concordo com o senhor, Coronel. Mas acredito que atacar o estaleiro e destruir esses barcos imediatamente seria uma boa estratégia, por via das dúvidas. Esse italiano sabe fazer guerra. Deixá-lo sem ser importunado e com toda a iniciativa é sempre mais arriscado.

– Concordo plenamente. E darei conhecimento dessa situação ao sr. Ministro.

– Fico-lhe grato mais uma vez, Coronel Lima.

– Eu que lhe fico grato. Graças a sua coragem em dizer a verdade, acredito que será encontrada a melhor solução para este impasse. Assim, Capitão Osório, quero estar presente, ainda hoje, quando, por iniciativa do Ministro Rego Barros, o senhor rasgar o seu pedido de exoneração do nosso Exército.

XXI
Rio de Janeiro,
7 de setembro de 1878

Apoiado em uma janela do seu quarto, Caxias corre o óculo de alcance pelas imediações. E demora-se admirando um esquadrão de cavalaria, com as lanças apoiadas nos cachimbos dos estribos, que segue em trote de desfile, acompanhado por uma fanfarra montada, quase inaudível na distância.

Convidado por Sua Majestade o Imperador para os festejos do Dia da Independência, escusara-se em razão da crise hepática, quase superada. E, agora, arrependido, murmura os versos de Lamartine, que Anica adorava: *O tempo não passa, ele corre, nós é que passamos.*

Cinquenta e seis anos, dia por dia, desde que o Príncipe Dom Pedro ousou arrancar da espada para libertar o Brasil. Foram muitas as campanhas de que participei, e os cargos desempenhados desde o 7 de setembro de 1822, para consolidar a nossa Independência. A expulsão do General Madeira de Salvador, com todas suas tropas; a luta contra a Confederação do Equador, em 1824; a defesa de nossa fronteira Sul, de 1825 a 1828; o ataque desesperado ao Rio de Janeiro por Miguel de Frias, em 1832; a pacificação do Maranhão, em 1840 e 1841, de São Paulo e Minas, em 1842, do Rio Grande do Sul, de 1842 a 1845; a vitória contra Oribe e Rosas, em 1852; a primeira vez como Ministro da Guerra, em 1855; Presidente do Conselho de Ministros em 1856 e 1861; Comandante em Chefe das Tropas da Tríplice Aliança, de 1867 a 1869; Presidente do Conselho de Ministros de 1875 a 1877. E, agora, um velho *démodé*, passado de moda, que só vive de verdade quando olha para trás.

O convite para participar dos festejos foi assinado pelo Marechal Osório, como Ministro da Guerra, em nome do Imperador. Porém, desde que assumiu esse cargo, o *meu velho amigo* nunca mais me procurou. Até sua Majestade foi me visitar na Fazenda Santa Mônica, em caráter particular, quase matando do coração a minha Aniquinha. Conheço a política o suficiente para saber o quanto Osório deve estar sendo envenenado contra mim pelos liberais. Os conservadores fizeram o mesmo comigo, em relação a ele, mas fiz ouvidos moucos. Eu continuo um admirador de Osório e sei que ele não esqueceu das campanhas de que participamos, e menos ainda de tudo que passamos juntos como súditos do mesmo Imperador. Sei que ele pensa como eu quanto ao critério de avaliação dos homens: *depois dos primeiros combates numa guerra, forma-se nos exércitos a aristocracia da bravura*. Para nós, não importa quem tenha saído vitorioso do Paraguai, qual é a espada mais importante do Império, mas sim que o Brasil e todo o sul da América tenham se livrado de Solano Lopes. Um tirano que extraiu a última gota de sangue de seu povo, até das mulheres e crianças, apenas por orgulho pueril, sabendo que estava derrotado desde a queda de Assunção.

Caxias afasta-se da janela e vai inspecionar a bandeja do seu desjejum. Melhor tomar este café com leite, antes que esfrie de um todo. E lembrar de coisas boas, como da viagem ao Extremo Oriente que me contou Dom Pedro II na visita que me fez, quando conseguimos conversar longamente, só os dois, sem responsabilidades políticas, como no tempo em que o ensinei a cavalgar. Impressionantes os detalhes daquela travessia por um mundo tão diferente do nosso. Parece que vejo nosso Imperador contando aquela façanha, quando montou a cavalo na cidade de Beirute.

E é a mim que algumas pessoas, pelas costas, chamam de *maluco*...

O homem alto e pesado apoia o pé esquerdo no estribo de prata e monta com agilidade. Acomoda-se na sela, enquanto o palafreneiro coloca seu pé direito no outro estribo. Estarão do comprimento ideal? Muito curtos, só para o manège, o trote inglês e outros exercícios hípicos de breve duração. Muito longos, virão as dores no costureiro, este nervo maldito que já me deixou com as pernas fora de combate. Pensa nisso, enquanto seus olhos, por sobre as orelhas do cavalo, buscam os primeiros clarões da madrugada. Cavalo, não. Uma égua branca escolhida pelas qualidades que Alá conferiu à raça Árabe, como reza a lenda, ao soprar o vento Simum na areia e oferecer esse magnífico animal ao ser humano: A virilidade do homem, com a beleza e elegância da mulher.

– C'est bien comme ça, Majesté?
– C'est parfait, merci.

Sim, está tudo bem, tudo como planejei lá no Rio de Janeiro, durante os últimos cinco anos, debruçado num mapa maior do que a minha mesa. Mas vou pedir que ele fale comigo em árabe e não em francês. Depois daquela viagem ao Egito, em 1871, tenho trabalhado muito essa língua e até me atrevi, em segredo, a traduzir alguns contos das Mil e uma noites. *Aliás, é dentro de um deles que pareço estar, neste momento.*

Dezenas de homens com turbantes e longas vestes movem-se como vaga-lumes, portando lâmpadas de azeite, algumas certamente do mesmo feitio do tempo de Aladim. É impressionante. Mil anos depois do reinado do Califa Haroun Al Rashid, parece que muito pouco mudou por aqui. É claro que Beirute, a cidade das fontes, no idioma fenício, teve altos e baixos, atingindo seu cume cultural quando ocupada pelos romanos, pouco antes do nascimento de Cristo e até a queda de Roma, cinco séculos depois. Aqui foi instalada a primeira Escola de Direito do Império Romano, no tempo em que a cidade ganhou o nome de Julia Augusta Felix Berythus. Apagada do mapa pelo maremoto do ano 552, só conseguiu sobreviver pela qualidade do seu porto de águas profundas, o único seguro quando o Mediterrâneo esbraveja entre Istambul e Alexandria.

Por isso, preferi fazer por terra a partir daqui o trajeto até Jerusalém, como o fazem milhares de peregrinos. Sim, sou apenas um peregrino em busca da Terra Santa, nesta viagem em que dispensei todos os protocolos diplomáticos, as hospedagens em palácios, pagando os hotéis e tudo o mais do meu próprio bolso. Mesmo assim, sem nada gastar do tesouro do Brasil, imagino as caricaturas humorísticas dos jornais do Rio de Janeiro, como as que fizeram sobre a minha viagem ao Egito. Até usando meu rosto numa nova concepção da Esfinge de Gisé, o que, em verdade, só me divertiu, não me ofendeu em absoluto.
– Tout est prêt, Majesté, nous attendons l'ordre de partir.
Sim, vamos partir. Eu poderia dizer simplesmente: En avant! *Mas essa ordem, eu vou dá-la em árabe, mesmo arriscando arranhar a frase com minha pronúncia bastarda:*
– Alee alaman!
Exatamente às quatro horas da madrugada a caravana inicia a primeira etapa da longa viagem de quinhentos quilômetros até o porto de Jafa, na Palestina, passando por Damasco e Jerusalém.
De Beirute a Baalbek, no Vale de Bekaa, seguem por uma estrada bem conservada, subindo sempre em direção ao nascer do sol. À frente da comitiva, um cavaleiro empunha a bandeira verde-amarela do Império do Brasil. Logo a seguir desfila o piquete de soldados do Império Otomano, encarregado da segurança. Um privilégio que Dom Pedro aceitou, após duas entrevistas com o novo Sultão, Abdul Hamid II, em Istambul. Graças ao Tratado de Amizade, Comércio e Navegação, firmado entre os dois impérios, em 1858, Brasil e Turquia mantêm excelentes relações econômicas e culturais.
Neste momento, enquanto seus olhos ainda não conseguem desvendar a paisagem, Dom Pedro II, que cavalga logo após os soldados, preocupa-se mais em adaptar-se com a marcha em passos curtos de sua montaria, no pescoço da qual bate de leve com a mão direita espalmada, enquanto lhe diz, em voz baixa, algumas palavras em árabe. Aprendeu a falar com os cavalos desde criança, na Quinta da Boa Vista, com seu professor de equitação, o Major Lima, hoje o Duque

de Caxias, herói da pacificação das rebeliões provinciais. Graças a ele e ao Visconde de Tamandaré, seus esteios no Exército e na Marinha, sente-se tranquilo em relação à segurança do Brasil durante a sua ausência. Com os dois patriotas ao alcance da voz, a Princesa Isabel está exercendo sem problemas sua tarefa de Regente do Império.

Pouco a pouco, a aurora começa a colorir os cimos do Monte Líbano. Impressionante como estão coroados de neve, o que justifica esta capa que a Tereza Cristina insistiu tanto para que eu vestisse. Como estará ela naquela carruagem? E vira-se para trás, fixando os olhos no veículo puxado por seis cavalos, o primeiro de uma série de outros mais, incluindo carroças tracionadas por mulas, que compõem sua enorme comitiva. Certamente tranquila, a minha Imperatriz, rezando ou fingindo que dorme, para que o façam sem pejo suas damas de companhia. Nunca deixa de acompanhar-me em todas as minhas viagens. Ao contrário de outras pessoas que eu gostaria que estivessem aqui e deram volta de Istambul, deixando-me na saudade.

E Dom Pedro II começa a esboçar na mente, sempre em ebulição, mais uma carta para a Condessa de Barral, ou anotações para seu diário, o que decidirá em Baalbek, na parada da noite:

14 de novembro de 1876
Partida de Beirute às 4 da madrugada para Baalbek e Damasco. Bela estrada de onde se vê do alto das montanhas (a cordilheira do Monte Líbano) a ponta onde está a cidade, estendendo-se de um lado a costa para o norte em direção de Trípoli e do outro para o sul na direção de Sidon e Haifa.

Chega disso. Preciso viver os acontecimentos, sem cansar-me em transformá-los em narrativas. Agora, o que me preocupa é imaginar como está conservado o Templo de Júpiter, em Baalbek, originalmente construído para o homenagear Baal, o deus fenício e cartaginês, que motivou o nome de Aníbal, o filho de Baal.

Sob uma chuva leve, que apenas faz o Imperador acomodar melhor na cabeça o chapéu de abas largas, a comitiva continua a subir a estrada, muito bem calçada, sem atoleiros, atravessando os vilarejos de Kahale, Aley, Bhamdoun, chegando finalmente a Mezher, o ponto mais alto, a mil e quinhentos metros acima do nível do mar. Ali a chuva para, e as nuvens se afastam, como se fossem as cortinas de um palco, revelando aos olhos ávidos de Dom Pedro o verdejante Vale de Bekaa, cortado por dois rios, o Litani e o Assi. Sim, por sua fertilidade, este vale – ou depressão do terreno, como seu nome significa – produz três colheitas anuais, tendo sido na antiguidade o celeiro do Império Romano.

Às dez horas da manhã, Dom Pedro II apeia-se da égua, que apelidara de Nevada, diante da Maison Brun, que lhe fora recomendada para o almoço. O atraiu a fama da vinícola Domaine des Tourelles, que abastece a adega da estalagem, situada em Chtaura, a novecentos metros acima do nível do Mediterrâneo. Antes de entregar as rédeas ao palafreneiro, faz questão de acariciar o pescoço do animal suarento e de lhe colocar na boca um torrão de açúcar.

Duas horas depois, a caravana toma a direção da cidade de Zahle, já no limite do Monte Líbano. Seguindo em sua cavalgada, Dom Pedro dedica alguns minutos de atenção ao engenheiro Bechara, que lhe conta que esta estrada, aberta e empedrada pelo governo turco, está quase pronta, apesar de só empregar o trabalho obrigado de cada homem durante quatro dias do ano e em épocas diferentes das ocupações agrícolas, informação preciosa que o Imperador trata de memorizar para colocar em seu diário. Antes da construção da estrada, levava-se três dias a cavalo para percorrer as vinte léguas entre Beirute e Damasco. Agora, o percurso pode ser feito em treze horas, ao ritmo de uma carruagem com seis cavalos.

Conquistada a atenção do monarca, Bechara lhe diz ter conhecido em Beirute o Almirante Joinville, casado com a Princesa Francisca, irmã de Dom Pedro II, quando seu marido era comandante da frota francesa no Mediterrâneo. Logo depois, com a queda do Rei Louis Philippe, pai do Almirante Joinville, ele e sua mulher ficaram muitos anos em exílio na Inglaterra. La belle Françoise, como ainda a chamam os amigos franceses, vive agora com seu marido, em Paris, ainda bela nos seus 53 anos de idade. Pensando em Francisca, o Imperador se emociona, dando-se conta de como está longe da Quinta da Boa Vista, onde foi criado junto da irmã.

A travessia de Zahle, à meia-tarde, por sua rua principal, fica na memória de Dom Pedro II pelo apelido que a cidade recebera, Escudo Cristão, após o terrível ataque sofrido em 1860. Povoada quase somente por católicos maronitas e greco-melquitas, Zahle resistira com muitas perdas ao assédio dos drusos, mas conseguira manter sua fé. Assim, receber um Imperador católico, mesmo de passagem, dezesseis anos depois, torna-se de imediato um fato histórico. Nem bem a poeira erguida pela comitiva volta a assentar-se, os moradores passam a chamar aquela rua de Avenida Brasil.

Ao pôr do sol, a comitiva chega à entrada das ruínas de Baalbek, a antiga Heliópolis dos gregos, a Cidade do Sol. Passam sob as arcadas monumentais iluminadas por fogueiras e avançam lentamente até o khan, pousada onde ficarão apenas as mulheres. Em extrema ordem e com pouco ruído, carroças são descarregadas e tendas erguidas, sendo a do Imperador localizada no centro das ruínas do Templo de Baco.

Antes de dormir, ele come apenas algumas tâmaras e bebe um cálice do vinho trazido de Chtaura. Depois de sete horas de cavalgada, seus músculos exigem repouso. Deita-se na cama de campanha, um leito militar que se arma e desarma rapidamente, e logo os seis guardas turcos que cercam a tenda e ali se revezarão durante toda a noite começam a ouvir seu forte ressonar.

Não dorme muitas horas. Meu Deus, Mon Dieu, Allah, *como está frio dentro desta tenda!, Dom Pedro diz isso em voz alta, levanta-se e faz suas abluções. Depois, ergue a chama da lamparina, pega seu diário e, ainda com os dedos rígidos, começa a escrever:*

15 de novembro de 1876
A entrada ontem à noite nas ruínas de Baalbek à luz de fogaréus, atravessando por uma abóbada de grandes pedras, foi triunfal, tomando as colunas dimensões colossais.

Como não tinha roupa para mudar, pela demora das cargas, meti-me na cama às 6 e meia. Quase sete horas de marcha contínua a cavalo dispõem ao sono e só acordei pela noite afora com algum frio. A barraca sempre deixa entrar vento e puseram na cama um cobertor algum tanto ralo e por cima uma manta acolchoada, porém bastante inteiriça, de modo que facilmente caía para um lado, como os travesseiros me fugiam da cabeça. Não dormi bem e cismei muitíssimo.

Antes das seis da manhã, ainda em jejum, o Imperador veste-se e sai da tenda espreguiçando-se, o que impressiona os soldados. Dirige-lhes algumas expressões cordiais em turco e inicia seu passeio pelas ruínas, começando pelo Templo de Baco. Sente-se descansado e, por isso, sorri. Nada mal para quem tem cinquenta anos de idade e parece mais velho com esta barba branca. E vou começar o segundo meio século de vida daqui a poucos dias, em 3 de dezembro, ainda nesta viagem maravilhosamente maluca...

XXII
Província do Maranhão,
últimos meses de 1840

— Com a palavra sua Excelência o sr. Governador e Comandante das Armas da Província, Coronel Luiz Alves de Lima e Silva!

Luiz levantou-se e contemplou por alguns momentos o público que lotava o Theatro União em toda sua plateia e galerias. Então decidiu deixar de lado o papel com os nomes das autoridades civis, militares e eclesiásticas, já nomeadas pelo mestre de cerimônias. Como a acústica era perfeita, ergueu a voz apenas o suficiente para ser ouvido desde o palco até o *hall* da entrada, também lotado, espalhando-se os retardatários e curiosos até a calçada e o meio da Rua do Sol.

Maranhenses!

Uma nova era abriu-se aos destinos da grande família brasileira!

No interior da Província, em Vargem Grande, no meio dos bravos que defendem vossas vidas, encontrou-me tão lisonjeira nova; e se os deixei para correr a vós, como por eles de São Luís me havia ausentado, é para confirmar o que sabeis, participar do geral regozijo e aumentá-lo, se possível, com a notícia da quase extinção da guerra civil, restando apenas da terrível tempestade uma nuvem da procela, que, apesar de ameaçadora, breve será dissipada.

Olhando o Coronel Lima e Silva pelas costas, como emoldurado pelas luzes de centenas de velas que ofuscavam seus olhos, o Capitão de Fragata Joaquim Marques Lisboa arrepiou-se ao ouvir a torrente de aplausos que se seguiu a essas palavras. Sim, ele é testemunha da veracidade do que seu superior imediato está dizendo. Seis meses depois da chegada daquele homem ao Maranhão, a guerra civil está praticamente sufocada. Lisboa, que estava lutando contra os *balaios* há quase um ano, ficara impressionado com as mentiras dos relatórios oficiais que eram mandados de São Luís para o Rio de Janeiro. Envolvidos na política provincial, os governadores que antecederam esse militar competente e incorruptível só pensavam em manter-se no poder. Por essa razão, Lima e Silva lhe dissera, já no seu primeiro encontro, no dia 4 de fevereiro, sobre o que a capital do Maranhão mais necessitava. Ele estava convicto que, depois de *desenterrar* os canhões que esconderam de medo de perdê-los para os *balaios,* o Maranhão precisava *desterrar* do poder esses políticos que haviam sugado seu próprio povo, empobrecido até a miséria pela crise econômica. Em lugar de buscar alternativas para o plantio do algodão, produto cujo comércio era agora dominado pelos Estados Unidos da América, os representantes dos grandes proprietários só pediram ajuda à Regência para combater os revoltosos, na sua maioria famintos, e desbarataram muitos dos recursos recebidos. Por isso, o Coronel Lima e Silva ressaltara aos maranhenses em sua primeira proclamação: *Em nome do Brasil, eu venho partilhar das vossas fadigas, fortificar vossas fileiras e não vos abandonar enquanto a paz não for conquistada.* E esta paz, há tão pouco tempo impossível, já se podia respirar na maior parte da Província do Maranhão.

Refeito o silêncio, Luiz prosseguiu em sua elocução:

Maranhenses!
Foi o povo brasileiro que exigiu nas ruas a maioridade do nosso Imperador! E seremos todos nós, súditos leais do jovem Dom Pedro II, que o iremos coroar com nossas próprias mãos!

Agora, toda a assistência levantou-se em uníssono, inclusive o Comandante Lisboa e as demais autoridades que estavam no palco. Enquanto os aplausos pareciam sacudir as paredes do teatro, o marinheiro pensava que certamente, em breve, poderia voltar para junto de sua mulher, que deixara há quase um ano no Rio de Janeiro, como o fizera para combater no Rio da Prata, apenas duas semanas depois do casamento. E recordou a carta recebida na véspera, em que Maria Eufrásia lhe contara sobre os versos que se diziam nas ruas, exigindo que o jovem Pedro, aos catorze anos de idade, assumisse o poder:

Queremos Dom Pedro II
Embora não tenha idade,
O povo dispensa a lei,
E viva a maioridade!

O Governador e Comandante das Armas retoma a palavra, embora o eco dos aplausos ainda reverbere até a Rua do Sol:

Maranhenses!
Amor à Pátria Brasileira!
Respeito à Constituição e esquecimento das vergonhosas intrigas que só têm servido para enfraquecer-vos é a palavra de ordem neste momento!
Porque, todos os brasileiros, conquistamos finalmente um único partido: o do nosso Imperador!
VIVA DOM PEDRO II!
VIVA O POVO BRASILEIRO!
VIVA A CONQUISTA DA PAZ NA PROVÍNCIA DO MARANHÃO!

Pela manhã, já fora oficiado um *Te Deum* em ação de graças. A exemplo de Vargem Grande, onde Luiz recebera as notícias da Corte com um mês de atraso, ele fizera as tropas desfilarem na capital em meio às salvas de artilharia. Agora munição não falta para seus soldados, nem soldos em dia, nem coragem para derrotar os rebelados. Os navios que o Comandante Lisboa solicitara, já no primeiro dia de sua chegada a São Luiz, foram entregues nos dois primeiros meses e constantemente mobilizados para levar suas tropas a todos os pontos do litoral tomados pelos *balaios*. Capitaneados pelo vapor *Fluminense,* que desembarcava os soldados exatamente nos locais e horas aprazados, por não depender da vontade dos ventos, os marinheiros lutaram ao lado deles em muitas vitórias.

Porém, depois da justa comemoração da maioridade de Dom Pedro II, neste lindo teatro, na noite de 28 de agosto de 1840, três dias depois de Luiz completar 37 anos de idade, falta ainda conquistar algo que não depende de si mesmo: a anistia aos revoltosos que depuserem as armas. E essa notícia, imprescindível para que a paz seja realmente obtida, só vai chegar dois meses depois, na cópia de um decreto assinado por Dom Pedro II para comemorar sua maioridade.

Dia 22 de outubro de 1840, na extremidade do trapiche, Luiz olha para a *bagarra,* a lancha de fundo chato, que o vai levar na subida do Itapecuru, o *rio que caminha entre as pedras*. E muitas delas estão à vista, já que as chuvas ainda não começaram. Antes de embarcar, troca algumas palavras com o Comandante Lisboa:

– Quero levar a notícia do decreto de Dom Pedro II à cidade de Caxias, a que mais sofreu e que ainda está ameaçada por alguns milhares de *balaios*. Mas sabemos que essa gente, depois de tantas derrotas, está desesperada, faminta, muitos morrendo de peste. Não quero que sejam dizimados. Sendo o final de um conflito entre irmãos brasileiros, e com a devida aquiescência do Imperador, entendo como justo oferecer-lhes o perdão de seus crimes e convencê-los a deporem as poucas armas que lhes restam.

– Pudesse eu acompanhá-lo, meu amigo.

Sim, ali no Maranhão o Comandante Joaquim Marques Lisboa e o Coronel Luiz Alves de Lima e Silva iniciaram uma amizade verdadeira, fruto de recíproca admiração.

– Seu destino é o de comandar flotilhas de muito maior calado, meu caro Lisboa. Desta vez, ficarei ausente de São Luís o tempo que for preciso para obter a paz. Necessito da sua presença aqui para manter a ordem e informar-me imediatamente das orientações da Corte.

Apertam-se as mãos. Luiz entra na *gabarra* da frente e ocupa seu lugar na proa. São soltos os cabos, e os tripulantes negros, dos dois lados da embarcação, apoiam as longas varas no fundo do rio. Melhor seria dizer no raso do rio. Em alguns pontos, a profundidade não ultrapassa dois palmos e meio. Mas as águas são claras e o timoneiro, que controla o leme na popa, conhece todas as armadilhas do Itapicuru. Quanto aos perigos de um ataque por terra, depois que o Tenente Sampaio desbaratou os rebeldes no Saco das Mulatas, nada mais devem temer. Mesmo assim, o Coronel ordenou que metade dos soldados, que estão na *nau capitânia* e nas outras pequenas embarcações que a seguem, mantenham-se atentos, com seus fuzis ao alcance das mãos. Apenas um por embarcação, alguns pequenos canhões são transportados, que passarão à tração dos cavalos na etapa final.

Os barqueiros que manejam as varas se revezam, não só pelo esforço, mas pelo calor. São verdadeiras máquinas humanas que, nos momentos de descanso, entram para refrescar-se nas águas que parecem chiar contra seus corpos seminus. Todos têm calos no peito onde apoiam a extremidade da vara, enquanto a ponta é empurrada contra o leito pedregoso. Trabalho feito em uníssono, o que mantém o ritmo da navegada. Às vezes, trocam frases curtas entre si, num idioma incompreensível para ele, língua africana, certamente. Luiz os contempla e pensa nos seguidores do quilombola Cosme Bento das Chagas, uns três mil escravos que pegaram em armas em apoio aos caboclos de Manuel Francisco dos Anjos Ferreira, um antigo fazedor de *balaios* a quem se uniram outros milhares de sertanejos aliciados pelo vaqueiro Raimundo Gomes.

Muitas vezes conversou com seu pai sobre a abolição da escravatura, em especial quando o Brigadeiro Lima e Silva fora um dos Regentes do Império. Segundo ele, primeiro devia-se *estancar a hemorragia*, ou seja, terminar com o tráfico dos navios negreiros. Em

1826, Dom Pedro I aceitara as imposições da Inglaterra para que o Brasil proibisse, dentro de três anos, o desembarque de novos escravos em nosso território. Como nada aconteceu, foi somente após a abdicação, em 1831, com total apoio da Regência, que fora aprovada a Lei Feijó, que proibia esse tráfico, considerando livres todos os africanos desembarcados no Brasil. Infelizmente, com a imensidão da costa, o poder econômico dos proprietários rurais e a cumplicidade de quem os devia fiscalizar, a multa de duzentos mil réis por escravo comprado dos traficantes nunca foi aplicada. O que fez o povo criar a máxima de que a lei fora feita apenas *para inglês ver.*

Muitos acham graça nisso, mas Luiz não. E acabara de enviar ao Imperador, na mesma correspondência em que o cumprimentara pelo Decreto da Anistia, a sugestão de que os escravos que a aceitassem fossem imediatamente alforriados. Caso contrário, certamente ocorreriam muitas vinganças ao voltarem às mãos de seus donos e feitores.

A viagem seguiu por vários dias, apenas interrompida durante as noites, até a chegada em Codó, o ponto de desembarque. Ali acamparam, aguardando dois esquadrões de Cavalaria, que se uniriam aos infantes do Tenente Sampaio e aos artilheiros que vieram pelo Itapecuru. No total, cerca de dois mil homens das três armas, indispensáveis para acompanhar o Coronel nesta marcha até Caxias; impor respeito ao inimigo é sua principal estratégia para obter a paz.

Dia de Todos os Santos. Como não havia igreja no povoado de Codó, a missa foi rezada na casa ocupada pelo padre, numa sala com as janelas abertas para o rio. Buscando concentrar-se nas orações, Luiz não conseguia desviar os olhos das folhas do missal, sacudidas pelo vento, que também apagava algumas velas. Sinal nítido de que a temporada das águas estava próxima. Findando o período das secas, aqui chamado de *brobro,* por se estender durante os meses com final *bro,* setembro, outubro, novembro e dezembro, toda atenção deverá ser redobrada. Com as enchentes, os rebeldes não mais poderão refugiar-se nas matas ribeirinhas. O que os obrigará a pegar em armas novamente.

A marcha até Caxias é feita pela margem esquerda do Itapecuru, através de uma região agradável, com água abundante em seus campos semeados de carnaubeiras e buritis. Enxergando novamente o mundo *por entre as orelhas* do seu cavalo, o Coronel Lima e Silva sente-se otimista em relação ao futuro.

A cidade de Caxias o recebe em triunfo. A primeira visão, ao entardecer, é engalanada pelas luminárias acesas em sua homenagem. Sendo a principal autoridade do burgo, o juiz de direito Francisco José Furtado é o primeiro a vir apresentar-lhe seus respeitos. Luiz fica sabendo que ele conseguiu, com apoio da guarnição ali estabelecida, dar nova ordem à cidade, inclusive com a reabertura da Câmara Municipal. Mas são muitas as mulheres de luto naquele local, uma imagem triste da resistência contra os revoltosos. O próprio pai do juiz Furtado fora morto pelos *balaios*.

Nos dias seguintes, Luiz, valendo-se da topografia e do aproveitamento tático do terreno, atua de forma precisa e consegue cercar um acampamento onde se abrigam novecentos revolucionários, sem que eles tenham qualquer chance de reação. Ali tem a oportunidade de mostrar toda a dimensão de seu enorme *tino tático*, uma forma única de bem organizar a sua tropa no terreno, deixando ao oponente sempre as piores condições de combate. Ato contínuo, ele oferece a oportunidade de anistia aos oponentes, em caso de rendição incondicional, procedimento que vai marcar para sempre sua forma de combater e tratar os vencidos. Assim, antes de vencer pelas armas, ele sempre busca a conciliação. Atuando como verdadeiro estrategista, consegue que os novecentos revoltosos aceitem seus termos e entreguem as armas.

Agora, além da lealdade ao Brasil, a cidade de Caxias simbolizará, para sempre, a volta da paz ao Maranhão.

XXIII
Rio de Janeiro,
19 de outubro de 1878

Na véspera de seu retorno à Fazenda Santa Mônica, onde pretende permanecer do Dia de Finados até meados de abril, se tiver forças para voltar, o velho Duque começa suas despedidas. A exemplo do Imperador, que passa os meses de maior calor em Petrópolis, ele está deixando o Rio de Janeiro. Desta vez, irá na carruagem do seu genro Francisco, embora, por seu próprio gosto, preferisse ir de trem.

Vem escondendo das filhas, que se revezam em visitá-lo assiduamente, que seu fígado voltara a doer, mas elas parecem que tudo adivinham. Ou talvez enxerguem alguma mancha amarelada no branco dos meus olhos. Bem, pelo menos nesta semana, graças às garrafas de água gasosa de Baependi, conseguidas pelo meu bom Manoel, consegui melhorar um pouco. E vou montar no meu velho amigo Douradilho.

O cavalo veterano de Itororó, transportado no mesmo navio a vapor que levou Caxias de Assunção a Montevidéu, e depois ao Rio de Janeiro, em fevereiro de 1869, passou a viver numa cocheira da casa da Tijuca. Desde então, foi cuidado pessoalmente por Luiz Alves, como uma relíquia. Todas as manhãs, ele esfregava bem o cocho antes de colocar a ração e lhe oferecia água limpa. Nos dias muito quentes, dava-lhe um banho. Nunca o montava, mas caminhava com ele puxado pelo cabresto, sempre que achava ser essa a sua vontade. Graças à rasqueadeira e à escova que passava na pelagem dourada, ninguém lhe daria seus quase vinte anos de idade.

Para um cavalo, é como se tivesse quase oitenta, como eu, pensa Caxias ao se aproximar dele. Já selado, Douradilho demonstra reconhecê-lo de imediato e o recebe com um relincho abafado, para alegria de Luiz Alves, que o mantém pela brida.

Caxias também sorri, mas para esconder sua preocupação. Chegada a hora de colocar o pé esquerdo no estribo e erguer o corpo até o alto da sela, precisa reunir toda sua coragem. Antes, troca algumas palavras amáveis com o filho, acaricia o pescoço do cavalo e dá-lhe um torrão de açúcar.

Disfarçando seu esforço, consegue repetir a *façanha* novamente. Mas não evita uma careta e um gemido quase imperceptível ao sentir uma dor aguda no lado direito do ventre. Pensa até em apear e ir outra vez para a cama, mas nunca foi homem de voltar atrás. Pouco a pouco, a dor cede. E ele cutuca levemente o cavalo com as esporas.

Luiz Alves abre o grande portão e fica olhando os dois amigos seguirem pela rua ainda deserta. Ele irá atrás deles, com seu passo suave, embora não tenha recebido ordem para segui-los. Até porque se dirigem para a Floresta da Tijuca e ali é seu habitat natural.

Já andando por uma pequena trilha entre as árvores, Caxias pensa numa expressão muito usada por sua mãe. *A dor ensina a gemer,* dizia ela, sempre que meu pai ou eu, e até os dois juntos, como na Confederação do Equador, partíamos em campanha. Mas *a alegria ensina a sorrir* e, felizmente, lhe demos muitas razões para isso. No meu caso, porém, nunca a vi tão feliz como no dia em que costurou no ombro esquerdo da minha túnica a dragona de Alferes. Nem quando, em 18 de julho de 1841, no dia da sua coroação, o jovem Imperador promoveu-me a Brigadeiro e me outorgou o título de Barão de Caxias.

A Capela Imperial, no Paço da Cidade, está outra vez iluminada com uma profusão de círios. De pé, numa extremidade da Tribuna Imperial, em cujo centro estão as Princesas Francisca e Januária, Luiz mantém-se ereto, vestindo o fardamento de gala de

Brigadeiro. De sua posição privilegiada, contempla com admiração o adolescente, de apenas quinze anos, já com a coroa na cabeça, que está sendo sagrado Imperador pelo Arcebispo Primaz do Brasil, Dom Romualdo Antônio de Seixas. Dom Pedro II está ajoelhado, como que concentrando as luzes em sua vestimenta majestática. Com os olhos enevoados, seu antigo professor de esgrima parece vê-lo empunhando um florete e escutar, ecoando nas paredes da Sala d'Armas da Quinta da Boa Vista, a promessa que lhe fizera, oito anos antes: *Se depender da minha espada, ninguém impedirá o encontro do povo com o seu Imperador. En garde!*

Recorda-se de uma manhã, muito mais distante, em que recebeu de Dom Pedro I, naquela mesma capela, a primeira bandeira verde-amarela do Império do Brasil. E as duas imagens se fundem em sua cabeça, baralhando as cores de dois famosos quadros que reproduzem aquelas cenas. Um deles o retrata como um jovem tenente do Batalhão Imperial. O outro o imortaliza com a farda de brigadeiro, com 37 anos, o mais jovem do Brasil. De 1822 a 1841, fora sempre promovido por atos de bravura. E o título de Barão de Caxias, que Dom Pedro II acaba de lhe outorgar, vai unir seu nome para sempre com o daquela cidade símbolo da fidelidade ao Brasil, assim como à paz duramente conquistada na Província do Maranhão.

Um bem-te-vi canta alto, acordando o Duque de seu devaneio. Aspira o perfume da mata e sente-se em paz consigo mesmo. Bate levemente com a mão direita no pescoço do Douradilho, que começa a suar. Sente com prazer seu cheiro acre, e pensa em como este cavalo é diferente de Baal, que ele voltará a montar, se suas pernas deixarem, quando se instalar, com seus baús, na Fazenda Santa Mônica. Como as pessoas, os cavalos podem ser muito bons e com temperamentos diferentes. *Não mal comparando,* como dizem os rio-grandenses, Dom Pedro I foi sempre como Baal, corajoso, inquieto, imprevisível, pronto a disparar com o freio nos dentes, como o fez no dia da abdicação. Já Dom Pedro II é como o Douradilho, tranquilo, confiável, valente sem espalhafato, jamais tropeçando por mais áspero que seja o caminho. Caxias sorri com este pensamento, que certamente não ofenderia seu antigo aluno de equitação. Mas conversas íntimas como esta, de amigo para amigo, raramente estão ao alcance dos reis.

Quando, em 1842, poucos meses depois da coroação de Dom Pedro II, o Padre Diogo Feijó se aliou ao Brigadeiro Rafael Tobias de Aguiar na sedição paulista, o Imperador mandou chamar o Duque ao Palácio e deu-lhe plenos poderes para enfrentá-los. Foi então, que...

De repente, a trilha, como um túnel na mata, desemboca num espaço aberto, totalmente iluminado pelo sol. E esta cena remete o velho Duque a um momento único em sua vida, acontecido naquele mesmo ano de 1842, pouco antes de enfrentar os revoltosos de São Paulo. Nesta noite, na loja maçônica São Pedro de Alcântara, depois de o neófito cumprir o longo ritual com os olhos vendados, seu *padrinho*, Ministro da Guerra *na vida profana*, o deixa contemplar a verdadeira luz. Vinte anos após o ato intempestivo de Dom Pedro I que se apoiara na Maçonaria para proclamar a Independência e depois tornara a Ordem proscrita em todo o Brasil, Luiz está recebendo o avental branco de Aprendiz e sendo preparado para *trabalhar a pedra bruta*.

Todos os revolucionários que enfrentei em São Paulo, naquele mesmo ano, o Brigadeiro Tobias, o Padre Feijó, os irmãos Antônio Carlos e Martim Francisco de Andrada, eram maçons. Também eram maçons os líderes revolucionários de Minas Gerais, começando por Theófilo Ottoni. O mesmo com os farroupilhas do Rio Grande do Sul, Bento Gonçalves, David Canabarro, Gomes Jardim e o *mazzinista* Giuseppe Garibaldi, hoje uma lenda como o patriota que conseguiu unificar a Itália. Por isso, nossa Irmandade foi definitiva para que eu conquistasse a paz nessas três Províncias.

De todos eles, o que mais me doeu enfrentar foi o Padre Feijó, então velho e doente, que se refugiou em Sorocaba e chegou a me propor uma anistia absurda, em seus próprios termos. Acontece, meu cavalo Douradilho, que eu nunca concedi anistia antecipada, nem para os irmãos maçons. Anistia é para quem se rende sem impor condições e depõe as armas.

    Olha lá o Luiz Alves me seguindo novamente... Se quisesse, ele saberia se esconder na mata, como os seus ancestrais. É incrível como conseguiu, embora educado entre nós, manter intacta sua cultura indígena. Fisicamente, temos a mesma estatura, minhas roupas lhe cabem como se fossem suas. Vou lhe dizer que escolha as que quiser, no meu guarda-roupas, antes de eu partir do Rio de Janeiro. Aquelas que vou levar nas duas canastras acho que me bastarão... afinal, esta poderá ser minha última campanha.

XXIV
Província de São Paulo,
meses de junho e julho de 1842

Impressionado com seus termos, Luiz relê a carta que acaba de lhe ser entregue:

Sorocaba, 14 de junho de 1842

Ilustríssimo e Excelentíssimo sr. Barão de Caxias,

Quem diria que, em qualquer tempo, o sr. Luiz Alves de Lima seria obrigado a combater o Padre Feijó? Tais são as coisas deste mundo. Em verdade, o vilipêndio que tem o governo feito aos paulistas, e as leis anticonstitucionais da nossa Assembleia, me obrigaram a parecer sedicioso. Eu estaria em campo com minha espingarda na mão, se não estivesse moribundo; mas faço o que posso. Porém, alguns choques têm já produzido o espírito de vingança, e temo que o desespero traga terríveis consequências! E como me persuado que Sua Majestade Imperial há de procurar obstar as causas que deram motivo a tudo isso, lembra-me procurar a V. Exa. por este meio e rogar-lhe a seguinte acomodação, que é honrosa a S.M.I. e à Província de São Paulo; e vem a ser: 1º) cessem as hostilidades; 2º) retire-se da Província o Barão de Monte Alegre e seu vice-presidente, até que Sua Majestade nomeie quem lhe parecer para a presidência de São Paulo; e a Província pede a V. Exa. que interceda perante o mesmo senhor, para que não nomeie sócio, amigo ou aliado de Vasconcelos; 3º) que a lei das reformas fique suspensa até que a assembleia receba

a representação que a Assembleia Provincial dirigiu à mesma sobre esse objeto; 4º) que haja anistia geral sobre todos os acontecimentos que tiveram lugar e, sem exceção, embora seja eu só o excetuado, e se descarregue sobre mim todo o castigo.
Exmo. sr., V. Exa. é humano, justo e generoso: espero que não duvidará cooperar pelo bem desta minha pátria. Eu asseguro que exigirei a execução desse tratamento por parte do governo atual da Província, e, como comandante de forças, pode concluir definitivamente esta capitulação.
Deus felicite a V. Exa. como deseja quem é de V. Exa. amigo obrigado e venerador.
Diogo Antônio Feijó
P.S.: O portador lhe entregará alguns exemplares de um periódico que eu redijo.

Malgrado seu, Luiz começa a sorrir. Mesmo dizendo-se *moribundo*, o Padre Feijó mantém-se, por escrito, com a mesma autoridade de seus tempos de Ministro da Justiça e Regente do Império. A única diferença é que agora, como sedicioso, apesar de seu passado respeitável, nada o diferencia de mais um líder *balaio* a neutralizar, se possível, poupando-lhe a vida.

Assim, Luiz não perde tempo em responder-lhe a carta *sur le champ*, expressão outrora muito usada por Feijó, ou seja, imediatamente.

Ilustríssimo e Excelentíssimo sr. Diogo Antônio Feijó,

Respondo a V. Exa. pelas mesmas palavras da sua carta hoje recebida. Direi: Quando pensaria eu em algum tempo que teria de usar da força para chamar à ordem o sr. Diogo Antônio Feijó? Tais as coisas do mundo! As ordens que recebi de Sua Majestade o Imperador são em tudo semelhantes às que me deu o Ministro da Justiça em nome da Regência, nos dias 3 e 17 de abril de 1832, isto é, que levasse a ferro e fogo todos os grupos armados que encontrasse, e, da mesma maneira que então as cumpri, as cumprirei agora. Não é com as armas na mão, Exmo. sr., que se dirigem súplicas ao Monarca, e nem com elas empunhadas admitirei a menor das condições que V. Exa. propõe na referida carta. Dispondo de forças quádruplas daquelas que hoje apoiam o partido da desordem desta Província, e sobre a posição em que V. Exa. se acha, marcham elas em todas as direções e, dentro em pouco, a cidade de Sorocaba será cercada e obrigada pelos meus canhões e baionetas a render-se.

Nenhuma resposta recebo que não seja a pronta dispersão e submissão dos rebeldes.

O portador entregará a V. Exa. uma porção de exemplares da proclamação que dirijo aos verdadeiros e leais paulistas; e bem assim da que, no mesmo sentido, fez publicar o sr. Barão de Monte Alegre, legítimo Presidente desta Província.

Sou de V. Exa. atento venerador e obrigado criado.

Barão de Caxias

Mantendo a coerência de sua estratégia, desde que desembarcara no porto de Santos, no dia 21 de maio, à frente de apenas quatrocentos homens, denominados de *quatrocentos cadáveres* por Antônio Carlos de Andrada, cujos espiões estavam atentos, Luiz mandara preparar rações para dois mil no primeiro bivaque no caminho para a capital paulista. E essa notícia certamente foi levada aos sediciosos, que acreditaram que nenhum comandante, a não ser que estivesse louco, mandaria jogar 1.600 rações fora. Assim, valendo-se de um artifício bastante conhecido de quem domina a História Militar, fazendo crer ao oponente ser muito mais poderoso do que realmente é, o dito Exército Pacificador sob seu comando neutralizou rapidamente a pouca resistência encontrada. Assim, sem revelar sua verdadeira força, conseguiu consolidar a posição de José da Costa Carvalho, o Barão de Monte Alegre, na presidência da Província.

O Brigadeiro Barão de Caxias irá atacar Sorocaba nos próximos dias e, por essa razão, exagerara na carta para Feijó em relação às tropas de que dispõe no momento, no máximo 1.500 homens.

E o *correio das baias* funciona novamente. Acreditando nessas *forças quádruplas*, e frente a deserções maciças de seus seguidores, o Brigadeiro Rafael Tobias d'Aguiar, ex-Presidente da Província e chefe das tropas revolucionárias, abandona Sorocaba, o último baluarte revolucionário, tomando o rumo do Sul para unir-se aos farroupilhas de Bento Gonçalves.

Decisão difícil para quem ateara fogo na Província, através do manifesto que assinara, há pouco mais de um mês, e fizera reproduzir em milhares de *folhas volantes*:

PAULISTAS!
Os fidelíssimos sorocabanos, vendo o estado de coação em que se acha reduzido o nosso Augusto Imperador, o sr. Dom Pedro II, por essa oligarquia sedenta de mando e riqueza, acabam de levantar a voz, elegendo-me Presidente Interino de São Paulo, para debelar essa hidra de trinta cabeças que, por mais de uma vez, tem levado o Brasil à borda do abismo, e libertar nossa Província desse procônsul que, postergando os deveres mais sagrados, veio comissionado para reduzi-la ao estado do mísero Ceará e Paraíba. Fiel aos princípios que hei adotado constantemente na carreira pública, não pude hesitar em dedicar mais uma vez minhas débeis forças na sustentação do Trono Constitucional.
PAULISTAS!
O vosso patriotismo já deu o primeiro passo precedendo, e seguindo os vossos representantes quando fiéis intérpretes de vossos sentimentos clamarão contra essas leis que, cerceando as prerrogativas da Coroa e as liberdades públicas, deitaram por terra a Constituição. O vosso valor e firmeza fará o resto. Mostraremos ao mundo inteiro que as palmas colhidas nas campinas do Rio da Prata não podem definhar nas do Ipiranga.
Os descendentes do ilustre Amador Bueno sabem defender os seus direitos a par da fidelidade que devem ao Trono. União, e a Pátria será salva.
VIVA A NOSSA SANTA RELIGIÃO!

VIVA SUA MAJESTADE O IMPERADOR!
VIVA A CONSTITUIÇÃO!

Rafael Tobias d'Aguiar

Depois que o Brigadeiro deixou Sorocaba, a *vox populi*, que nada perdoa, compôs a seguinte quadrinha que correu célere em seus calcanhares:

Tobias quando fugiu
Numa hora de incerteza
Abraçou os seus filhinhos
E casou com a marquesa

Havia muito de verdade na maledicência popular, porque era com a famosa Domitila, a Marquesa de Santos, antigo amor de Dom Pedro I e ainda uma linda mulher aos 45 anos de idade, que o Brigadeiro Tobias tinha se comprometido. Foi com ela, num lance teatral, que ele se casou três dias antes de *escafeder-se*. E também a deixou sozinha, como já fizera o Imperador treze anos antes, ao contratar casamento com Dona Amélia de Leuchtenberg.

Num gesto cavalheiresco para com a Marquesa de Santos, Luiz escreveu-lhe uma carta, pedindo que deixasse Sorocaba e viesse para São Paulo, onde lhe seria garantida completa segurança.

No dia 20 de junho de 1842, o Exército Pacificador tomou Sorocaba, onde apenas o Padre Feijó manteve-se fiel e digno a seus compromissos. Semiparalítico, aproximou sua cadeira de rodas da janela e gritou para os fugitivos: *Correi, corja de sem-vergonhas; eu aqui fico para vos defender!*

Mostrando uma preocupação não muito comum em situações como aquela, em particular com a honra e a dignidade do Padre Feijó, Luiz não permitiu qualquer ato de violência ou desrespeito, mantendo-o sob a custódia de um tenente até o término das operações. Ao final, mostrando-se magnânimo, aceitou entrevistar-se respeitosamente com ele, antes de voltar à cidade de São Paulo.

Lá chegando, escreveu uma longa carta a Anica, relatando-lhe os principais acontecimentos. No dia seguinte, por um portador que irá entregá-lo em mãos, enviou-lhe um bilhete rabiscado às pressas:

São Paulo, 5 de julho de 1842

Meu Bem, ontem te escrevi uma carta pelo Ministro da Guerra, remetendo-te duzentos mil réis para fazeres um vestido muito bonito com que deves ir comigo no primeiro baile que aí houver depois da minha chegada; porém, indo agora o José Leite, não quero te deixar de dizer que estou bem, e danado para me ir embora. Vou dar um passo até as vilas do norte, enquanto não chega quem me renda.

Beijos às nossas filhas.
Teu, Luiz

Na verdade, essa quantia era correspondente ao total de seus vencimentos de Brigadeiro, quando em comando das tropas. Quanto ao baile, ficou para muito depois. Inspecionando *as vilas do norte,* o Barão de Caxias, na cidade de Guaratinguetá, recebeu a notícia de que fora encarregado pelo Imperador de assumir o comando do Exército Pacificador que marcharia em direção a Minas Gerais.

Juntava-se a essa correspondência um exemplar do *Jornal do Commercio* com destaque à notícia de que Suas Altezas Imperiais tinham ido ao teatro, onde foram recebidas com vivas pela pacificação de São Paulo.

Luiz precisou retornar à capital da Província para reorganizar os efetivos, garantir o cumprimento de suas ordens e desestimular os excessos de violência, naturais de final de campanha. Assim, não só conseguiu manter seu corpo de tropa com igual estrutura, como levaria para Minas o mesmo Estado-Maior que o acompanhou a São Paulo.

Embarcaram em Santos no vapor *Amélia,* no qual também levaram prisioneiros os senadores Feijó e Vergueiro, que irão cumprir exílio no Espírito Santo. Nesse trajeto, o antigo Ministro da Justiça, em conversa com o Barão de Caxias, confidenciou-lhe que não suportava mais as lamúrias do seu colega. Quando fora perguntado sobre o futuro que os aguarda: *O que vai ser de nós?!,* respondeu secamente: *Se eu fosse governo, o menos que faria era cortar a cabeça aos chefes da sedição.*

Chegando ao Rio de Janeiro no dia 24 de julho, Luiz mal tem tempo de abraçar Anica, Aniquinha e Aniquita. Convidado para jantar no Palácio, recebe das mãos de Dom Pedro II sua nomeação para ajudante de campo do Imperador. E a garantia de que disporá de todos os meios que necessitar para a pacificação de Minas. Aproveita, então, para pedir ao Imperador a integração às suas tropas de seu irmão, o Coronel José Joaquim de Lima e Silva Sobrinho, na ocasião em licença, cuidando de sua fazenda, exatamente em Minas Gerais. O Barão deverá partir no dia seguinte com o Exército Pacificador, de navio até o Porto de Estrela e dali subindo a serra por caminhos bastante seus conhecidos desde a infância.

Deram-lhe apenas 48 horas para desfrutar do aconchego da família. E foi assim que ouviu das meninas, um mês antes do dia 25 de agosto de 1842, a pergunta que deixou sem resposta:

– *Papai, o senhor voltará antes do seu aniversário?*

XXV
Fazenda Santa Mônica,
6 de janeiro de 1879

O velho Duque desperta de um sono tranquilo e, ainda deitado, pensa no seu epitáfio. Consequência da longa conversa que teve, na véspera do Dia de Reis, com Monsenhor Meirelles. Depois da confissão, disse-lhe, sem rodeios, no curso de uma conversa casual, que já estava se sentindo preparado para a morte. Então, seu velho amigo lhe perguntou, suavemente:

– Já pensou nas palavras a serem colocadas na sua última morada?

Não. Nunca pensara nisso. E considera que não é de sua responsabilidade. Se Anica fosse viva, certamente encontraria as palavras certas. Como fizera a viúva do Marechal Ney, que mandara gravar no seu túmulo a seguinte frase: *Uma vida de glórias e um dia de enganos.*

Sim, o mais competente e audaz dos generais de Bonaparte, conhecido como *o bravo dos bravos,* vencedor de muitas batalhas, era um comandante de Cavalaria que primeiro se apresentava para enfrentar o inimigo. Durante o combate, tornou-se referência pela fúria com que se batia e pela habilidade em se mover no campo de batalha, sendo seguido pela massa de combatentes, inebriada pelo seu exemplo. Mas Ney cometera um erro fatal em Waterloo, fruto de sua desmedida coragem. Ignorando que havia um fosso natural, aberto pelas enchentes diante da posição ocupada pelos ingleses, dera dezesseis cargas de cavalaria consecutivas, atulhando o fosso com cadáveres de homens e cavalos.

Walerloo! Waterloo! Waterloo! Morne plaine!
Comme une onde qui bout dans une urne trop pleine,
Dans ton cirque de bois, de coteaux, de vallons,
La pâle mort mêlait les sombres bataillons...

Li pela primeira vez esses versos quando o livro me foi presenteado por Dom Pedro II, na data em que meu filho Luizinho completou dez anos. De tanto querer que o menino os decorasse, quem os gravou fui eu. Foi em 1857, nos meses em que ocupei pela primeira vez, depois da morte do Marquês do Paraná, esse cargo que eu detesto de Presidente do Conselho de Ministros. Lembro-me que o Imperador me falou da correspondência que trocava com Victor Hugo, então exilado na Ilha de Guernsey, no Canal da Mancha. E que, a exemplo do pai, o *Général Hugo,* o poeta, embora republicano, mantinha-se fiel à memória de Bonaparte. Sim, prefiro seu nome militar ao de Napoleão, que assumiu depois, como Imperador. Um general com 24 anos de idade, a maior de todas as provas de que é *depois dos primeiros combates numa guerra que a aristocracia da bravura se forma nos exércitos.*

Bonaparte era supersticioso e tinha a mania de só promover os oficiais que, além da competência e da bravura, de alguma forma mostrassem que eram bafejados pela sorte. Os suspeitos de azarados pelo senso da tropa não tinham vez sob o seu comando, o que me faz pensar se o que aconteceu com o General Grouchy foi incompetência ou covardia, e não a força do destino.

Luiz ainda olhava o pai de baixo para cima, quando o Capitão Francisco lhe contou sobre os acontecimentos do dia 18 de junho de 1815, na última batalha travada pelo que restava da *Grande Armée.* Movendo peças brancas e pretas sobre um tabuleiro de xadrez, mostrou-lhe as posições dos exércitos em combate. E só revelou sua *carranca* de desagrado ao dizer, colocando um *peão* branco atrás das peças negras: *O General Grouchy estava nesta posição, de onde, seguramente, ouviu o canhoneio; mas não avançou para atacar o General Wellington pela retaguarda. Deixou-se ficar aguardando ordens, sem tomar a iniciativa que reverteria a sorte da batalha. Não agir por sua própria conta em tal oportunidade é pecado mortal para um soldado; esta é a lição.*

Pois o meu irmão José Joaquim, na campanha de Minas, ouviu o canhoneio e tomou a iniciativa de vir em meu auxílio. Sem o concurso de suas tropas, que caíram de surpresa sobre a retaguarda do inimigo, seguramente eu teria sido derrotado e, provavelmente, morto em combate.

Dia 21 de agosto de 1842. Um forte contingente de mineiros rebelados ocupa o arraial de Santa Luzia, à margem direita do Rio das Velhas. São mais de três mil homens bem armados e dispondo de um canhão que tomaram às forças legais, em Queluz. A peça de artilharia está colocada na parte mais alta, de onde se descortina a estrada para Sabará. Os rebeldes também tinham aberto trincheiras e disposto sentinelas avançadas pelo caminho por onde vinham as tropas imperiais.

Como de hábito, o Barão de Caxias organizara o ataque em três colunas. A primeira, comandada por seu irmão, com 1.200 homens, ocupava o flanco esquerdo; a segunda, com 350, se desdobrava no flanco direito; pelo centro, comandados por ele próprio, seguiam oitocentos homens pela estrada de Sabará. Assim, tentando subjugar o inimigo pelo ímpeto, Caxias realiza um ataque frontal com sua coluna, bem antes do que esperava. Pela tática planejada, o Coronel José Joaquim só deverá chegar àquela posição no dia seguinte.

Além de o canhão dos revoltosos fazer grandes estragos em suas fileiras, Caxias está obrigado a combater em condição bastante desfavorável, muito abaixo do inimigo para que sua artilharia seja efetiva. Assim, sua tropa vai sendo dizimada pelos rebeldes que, em maior número, avançam continuamente e parece que vão completar o cerco em pouco tempo.

Mas o Coronel José Joaquim de Lima e Silva Sobrinho não se porta como Grouchy. Logo que ouve o canhoneiro distante, aceita a responsabilidade de faltar às ordens recebidas e avança em marcha forçada para Santa Luzia. Chegando no local da batalha, valendo-se de um descuido dos rebeldes, toma uma posição mais elevada, agora menos guarnecida, e dali, com intensa fuzilaria, consegue dispersar os artilheiros revoltosos. Em seguida, decide reposicionar a sua peça de artilharia, colocando o inimigo entre dois fogos. Depois de renhido canhoneio, ele próprio, veterano de muitas campanhas, toma a frente de uma carga com baioneta calada.

Graças à intervenção do Coronel José Joaquim, Santa Luzia deixou de ser o Waterloo do Brigadeiro Barão de Caxias para transformar-se na derrota definitiva do chefe revolucionário Theófilo Ottoni. Ele é feito prisioneiro juntamente com outros líderes *ilustres*, como os senadores Dias de Carvalho e João Gualberto, sendo todos enviados para Ouro Preto e, depois para o Rio de Janeiro.

Nessa ocasião, temendo que sofram novas represálias por parte do oficial encarregado de comandar a escolta, após queixas recebidas dos próprios prisioneiros, Caxias envia um ofício de Sabará por um Capitão de sua inteira confiança, nos seguintes termos:

Ordeno ao Tenente-Coronel Marinho que retire as algemas dos presos e os entregue à sua guarda, e se porventura fizer alguma objeção, prenda-o incontinente à minha ordem, e conduza V. os presos ao seu destino, procurando todos os meios de tratá-los bem, significando-lhes, ao mesmo tempo, que muito me incomodou o procedimento do dito Tenente-Coronel Marinho, e que sinto não lhes proporcionar os meios para irem montados, por não dispor dessas cavalgaduras.

Já ainda em Santa Luzia, nos dias seguintes ao combate, Caxias teve de usar de toda sua autoridade para coibir assaltos à gente indefesa. O próprio Theófilo Ottoni depôs sobre esses fatos, no Rio de Janeiro:

O Major Carlos Miguel, o outro irmão do Barão de Caxias, chegou a quebrar sua espada espancando ladrões. A seguir, passeou pelas ruas da povoação armado de um tosco azorrague, com o qual dispersava os salteadores.

Meu irmão mais moço nunca esperou ordens minhas para tomar essas atitudes. *Vinhos da mesma pipa,* como ele dizia, rindo, nunca nos desentendemos, nem na guerra, nem na paz. Alguns liberais ainda o criticam por ter atacado de espada o dono daquele pasquim e seus asseclas que ofenderam a honra de nosso pai, quando era Regente; mas ele foi julgado e absolvido por unanimidade. E, quando voltou do desterro na Europa, que lhe foi imposto para evitar vinganças, foi para combater como um bravo em todas as campanhas em defesa do Brasil.

Hoje, Dia de Reis, minha amada Anica e eu estaríamos completando 46 anos de casados. Decerto foi por esta razão, somada à pergunta de Monsenhor Meireles, que me acordei esta manhã pensando no meu epitáfio. Outro motivo deve ser porque, há exatamente um ano, o Imperador aceitou meu pedido de demissão do cargo de Presidente do Conselho de Ministros. Tenho perfeita consciência de que nunca fui um bom político, um papel difícil de representar para homens de farda como eu. Por outro lado, considero que sou um razoável administrador da coisa pública. Como em Assunção, tive de tomar essa atitude por razões da doença que vem minando minhas forças. Mas, a verdade é que, depois da morte de minha idolatrada mulher, somente Sua Majestade conseguiu encontrar em mim as últimas energias para servi-lo.

Quando aceitei essa missão, na verdade por total imposição de Dom Pedro II, que se achava *atolado* na Questão Religiosa, pensei que duraria uns poucos meses. Porém, dentro desse período de 1875 a 1878, também me coube a tarefa de garantir a tranquilidade da Princesa Isabel, como Regente do Império, durante a longa viagem de seu pai aos Estados Unidos, Europa e Oriente Próximo.

Toda minha vida esteve ligada com a do Imperador. Nunca deixei de cumprir com as tarefas de que me incumbiu, mesmo quando representaram enormes sacrifícios de ordem pessoal, como naquele ano terrível de 1842. Retornando de Minas como vitorioso, mal tive tempo de *desfazer as malas* e fui convocado ao Palácio. E aconteceu o que eu mais temia desde que visitei a Província de São Pedro do Rio Grande do Sul com o Ministro da Guerra, em 1839. Naquela ocasião, poucos sabem que recusei o convite, não a ordem, que obedeceria sem pestanejar, para substituir o General Eliziário como comandante das armas. Achei e acredito, com razão, que demitir um general para nomear um tenente-coronel poderia agravar o litígio entre liberais e conservadores, que quase resultou na demissão de Osório e de outros preciosos oficiais do nosso Exército.

Em 1842, a situação era diferente. Tendo conseguido pacificar as Províncias do Maranhão, São Paulo e Minas Gerais; sendo agora Brigadeiro e Barão do Império, nada mais lógico do que ouvir de Dom Pedro II as palavras que ainda hoje ecoam na minha memória:

– Meus embaixadores estão inquietos com a política exterior do caudilho Rosas. As Províncias do Rio da Prata estão sendo novamente insufladas a uma guerra contra o Brasil. Os farroupilhas do Rio Grande de São Pedro já esgotaram todos os limites da nossa paciência. Mas não nos interessa derrotá-los, e sim oferecer-lhes uma paz honrosa quando sentirem que não conseguirão garantir as suas próprias fronteiras.

E, colocando sua mão direita no meu ombro esquerdo, aquele jovem louro, uns poucos dias antes de completar dezessete anos de idade, me disse com autoridade patriarcal:

– Vá lá e termine com aquela revolta, como terminou com as outras.

XXVI
Porto Alegre,
9 de novembro de 1842

Luiz acorda com a boca seca. Por alguns momentos, não se dá conta de onde está. Seu primeiro sono é sempre profundo. Move-se sobre o colchão duro e a cama estala. Ainda há um fiapo de esperança de que esteja em sua casa, no Rio de Janeiro. Goza esses segundos de dúvida. Também lá os grilos cantam forte. Mas, na Tijuca, ele não sente este cheiro de mofo. Nem ouve a correria dos ratos no forro... Ratos. Teias de aranha. Indisciplina. Tudo reunido no Palácio do Governo. Nome pomposo demais para este casarão que domina o ponto mais alto da Rua da Igreja, na *mui leal e valorosa* cidade de Porto Alegre.

Já desperto, Luiz tateia a mesa de cabeceira em busca da moringa. Cuidara bem para que o criado a colocasse ali. Desde a campanha do Maranhão, seu fígado o faz sofrer. Conseguira curar-se da malária graças a sua constituição robusta. Mas ainda é sujeito à volta dos acessos de febre, que surgem e desaparecem sem que nada possa fazer. Pega a garrafa de cerâmica e tira-lhe a tampa. Procura o copo inutilmente. O criado certamente esqueceu-se de trazê-lo. Dominando a irritação, respira fundo e apoia as costas na cabeceira da cama. Ergue a moringa e bebe diretamente no gargalo.

Água leve e fria. Nenhum gosto de barro. Volta-lhe um pouco do bom humor. Haverá de vencer também nesta província. Fará expulsar os ratos do telhado. Mandará varrer as teias de aranha. Dará disciplina e brio àquele exército desmoralizado. Mas não tanto como o que encontrara no Maranhão, onde somente a Armada mantinha-se disciplinada e coesa. Não fosse a partida de Giuseppe Garibaldi para o Uruguai, que deixara os farroupilhas sem nenhuma força naval, teria solicitado ao Ministro da Marinha que Joaquim Marques Lisboa o acompanhasse em mais esta missão.

Então seu pensamento retorna para a cidade de Caxias, cujo nome está, agora, unido para sempre ao seu. De lá voltando para São Luís, vitorioso em sua missão pacificadora, quase caíra numa emboscada que lhe custaria a vida. Por incrível que pareça, armada pelo velho Matroá, um republicano quase centenário, que dizia ter lutado ao lado de Frei Caneca em 1817 e certamente combatera pela independência do Brasil. Unindo-se aos últimos *balaios* de Raimundo Gomes, e sendo um conhecedor profundo da região, Matroá só não surpreendeu o Coronel Lima, fingindo render-se para colocá-lo entre dois fogos, porque o Comandante Lisboa conseguira, a tempo, impedir o ardil.

Mas, agora, na Província do Rio Grande de São Pedro, sabe que tudo será decidido em terra, como em São Paulo e Minas Gerais. E que seu amigo fora nomeado para uma tarefa de grande importância: será o imediato da fragata *Constituição*, que irá buscar em Nápoles a Imperatriz Tereza Cristina depois de seu casamento por procuração com Dom Pedro II.

Luiz estende-se novamente, tentando relaxar o corpo. Antes dele, doze homens tinham dormido nesta mesma cama desde o início da Revolução Farroupilha. Esse era o número de presidentes em sete anos de rebelião. Desde a fuga de Fernandes Braga, em 20 de setembro de 1835, mais onze civis e militares graduados afundaram este colchão. Que falhas terão cometido todos esses homens? Não se afundar nos mesmos erros deverá ser sua preocupação fundamental. Uma guerra não se vence somente com bravura, virtude de sobra em muitos oficiais que aqui combatem pelo Império, como os coronéis Silva Tavares e Francisco Pedro de Abreu, além do Major Manuel Luiz Osório, que conhecera neste mesmo palácio, em 1839. Uma guerra exige conhecer a natureza humana, saber distinguir as qualidades de amigos e inimigos, dar muita atenção aos detalhes. Uma guerra exige não deixar nada ao sabor do acaso.

Luiz pensa em Bonaparte e sorri. Até o acaso o corso tentou dominar. Por isso só promovia os oficiais superiores que tivessem sorte; os *caiporas* não faziam carreira à sua sombra. Mas essa preocupação era apenas um detalhe pitoresco do seu temperamento. Enquanto não se deixou amolecer pela lisonja, ninguém o superou na *leitura das possibilidades do inimigo*, na maneira de dispor tropas no terreno para uma batalha. E um dos seus maiores segredos era estudar a fundo a psicologia do adversário.

Quem é realmente o General Bento Gonçalves, o chefe dos rebeldes farroupilhas? Não lhe parece um gênio militar, mas certamente sabe combater e é um condutor de homens. E esses privilegiados têm o dom de obter o máximo dos outros, identificando-se com os grandes ideais para conseguir a adesão do povo. Bento Gonçalves é, certamente, um inimigo nobre, um homem de guerra, mas de princípios incontestáveis. Na única vez que o encontrou, há dez anos, na casa de seu pai, no Rio de Janeiro, pareceu-lhe ser muito experiente e equilibrado. Iniciando sua carreira na Cisplatina, como alferes, em 1811, fora sempre promovido por atos de bravura. É voz corrente que, no posto de coronel, seu desassombro na luta foi decisivo para evitar nossa derrota na Batalha do Passo do Rosário, em 1827. Oito anos depois, após expulsar deste palácio os retrógrados do partido português, com total apoio dos rio-grandenses, foi ele que buscou a paz com a Regência. A bem da verdade, não foi o responsável pela proclamação da República Rio-Grandense, um ato intempestivo, que não tinha o seu aval, perpetrado pelo Coronel Antônio de Souza Netto. Logo depois, em uma ação inexplicável para um homem que conhece tão bem a região, deixara-se surpreender pelo Almirante Grenfell na Ilha do Fanfa, ao tentar passar suas tropas para a margem direita do Rio Jacuí.

Levado para o Rio de Janeiro, ficara mais de um ano encarcerado, tendo sido eleito, a sua revelia, presidente da República Rio-Grandense, em Piratini, no dia 6 de novembro de 1936. Foi quando o Padre Feijó decidiu exilá-lo na Ilha de Fernando de Noronha, de onde, até hoje, nenhum prisioneiro conseguiu escapar. Na escala em Salvador, graças ao apoio da Maçonaria, os revolucionários do Doutor Sabino conseguiram resgatá-lo da Fortaleza do Mar e levá-lo para a Ilha de Itaparica. De lá, num navio inglês pago pelos *sabinos,* conseguiu retornar a esta província do Rio Grande para assumir o cargo de presidente e comandante em chefe do Exército Farroupilha. Mesmo não sendo um estrategista, como dizem os desafetos, conseguiu manter seu poder em mais da metade deste território e mandar tropas em apoio aos republicanos de Santa Catarina, como nos disse que o faria, em 1839, o General De Andrea.

O pior é que, exatamente neste momento, Bento Gonçalves está com sua capital instalada em Alegrete, a igual distância, umas poucas léguas, das fronteiras do Uruguai e da Argentina, podendo ser atraído a unir-se a Oribe e Rosas, notórios inimigos do Brasil. A votação de uma Assembleia Constituinte, segundo o relatório que recebi, ainda na Corte, provavelmente é o motivo para concentrar grande parte de suas forças naquele local. A premência de uma ordenação jurídica dessa malfadada República Rio-Grandense o está distraindo da tarefa mais importante, ou seja, manter o controle sobre o território que conquistou. Assim, partindo de Porto Alegre, me parece mais certo *comer esse mingau quente pelas beiradas.* Vou subir o Jacuí até Rio Pardo e dali jogar todo meu efetivo sobre Cachoeira. Tomada a cidade, antes de partir para a conquista de Caçapava, vou arengar a população sobre os sofrimentos que já passaram e deixar um comandante militar na praça, com homens suficientes para garantir-lhes a segurança. Penso em dar trabalho para as mulheres, as pessoas que mais sofrem nas guerras, entregando-lhes tecidos para que costurem uniformes para meus soldados, e pagando-as em dinheiro por esse trabalho. Assim, acredito poder evitar que elas enviem seus filhos, ainda adolescentes, para as hostes farroupilhas.

Sim, Luiz acredita no sucesso dessa estratégia, porém não lhe sai da cabeça uma frase pronunciada pelo, então, Capitão Osório, na longa conversa que tiveram há pouco mais de três anos. Tratavam da tentativa do Almirante Grenfell em propor a paz a Bento Gonçalves, que fracassara, do lado do Império, pela oposição do Comandante das Armas, General Eliziário, e do lado farroupilha pela fanfarronada do Coronel Antônio Netto, que teria dito: *Enquanto eu tiver mil piratinienses e dois mil cavalos, esta é a minha resposta para quem propuser a paz.* E bateu várias vezes com a mão direita na empunhadura da espada.

Mil combatentes de Piratini e de outras cidades sublevadas, o hoje General Netto pode dispor ainda com facilidade. Mas dois mil cavalos estão cada vez mais difíceis de obter, a não ser indo comprá-los do outro lado da fronteira seca, no Uruguai. Bento Gonçalves é o único líder rebelde que acredita na infantaria e na artilharia. Os demais comandantes, Netto, Canabarro, João Antônio, só sabem liderar cargas de cavalaria. A mobilidade e o conhecimento do terreno têm sido o segredo de suas vitórias. Os elevados custos para se obter armas e munições, a improvisação tática e a dificuldade de renovar a cavalhada justificam a maioria de suas derrotas. Cavalos! Milhares deles são necessários para o sucesso do Exército Farroupilha. É preciso, imediatamente, impedir-lhes a remonta. Um rio-grandense a pé não vale nem meio soldado. Assenhorar-se da maioria dos cavalos da província, mandar emissários para comprar todos os que estiverem disponíveis nas estâncias uruguaias próximas à fronteira será sua primeira iniciativa.

O dia começa a nascer. Luiz ouve o toque da alvorada, levanta-se, vai até um dos janelões e abre-o com dificuldade. Da sacada, corre o olhar sobre a praça fronteira, com poucas árvores, detendo-o no casario que se estende ladeira abaixo, com suas ruas estreitas começando a ganhar os primeiros passantes e carroças. A temperatura é amena. Uma brisa encrespa as águas do Rio Guaíba, semeadas ao longe por três ou quatro navios de guerra e muitas pequenas embarcações. O General aspira mais uma vez o ar perfumado e volta para dentro do quarto.

Alguns minutos depois, já fardado, dirige-se ao gabinete da presidência, o mesmo onde, em maio de 1839, expusera seu relatório ao Ministro da Guerra, e senta-se atrás da escrivaninha. Medita um pouco enquanto escolhe a melhor pena, mergulha-a na tinta espessa e escreve sua primeira mensagem ao povo da Província de São Pedro:

Rio-grandenses!

Sua Majestade o Imperador, confiando-me a presidência desta província e o comando em chefe do bravo Exército Brasileiro, recomendou-me que restabelecesse a paz nesta parte do Império, como a restabeleci no Maranhão, em São Paulo e nas Minas Gerais. A Providência Divina, que de mim tem feito um instrumento de paz para a terra em que nasci, fará com que eu possa satisfazer os ardentes desejos do magnânimo Monarca e de todo o Brasil.
Bravos rio-grandenses! Segui-me e a paz coroará nossos esforços.
Viva a nossa santa Religião! Viva o Imperador e sua augusta família! Viva a Constituição e a integridade do Império!

Palácio do Governo na leal e valorosa cidade de Porto Alegre, 9 de novembro de 1842.

Barão de Caxias

XXVII
Fazenda Santa Mônica,
30 de maio de 1879

Há quanto tempo eu não fazia isso? Montado a cavalo, junto ao curral cheio de vacas leiteiras, o velho Duque pega a caneca de alumínio que lhe oferece o peão. Encosta os lábios na espuma e bebe o primeiro gole do leite morno, *recém-tirado,* como fizera muitas vezes em sua infância. Mantém as rédeas firmes na mão esquerda, embora Baal esteja calmo. Saboreia mais um gole, olhando para o casarão de muitas portas e janelas por trás do qual o sol começa a nascer.

Só na parte superior, dezesseis janelas pintadas de azul, dando um lindo contraste com as paredes brancas. As palmeiras imperiais ultrapassam o alto telhado, e os sapotizeiros escondem boa parte da fachada, mas tudo está num conjunto harmônico nesta bela manhã.

O plano é o de encontrar na Estação Desengano o seu irmão, o Visconde de Tocantins, que chegará no trem de Juiz de Fora. O Coronel José Joaquim de Lima e Silva Sobrinho, agora na reserva e cuidando apenas de responsabilidades civis e de sua fazenda em Minas Gerais, é o engenheiro responsável pela construção da igreja Nossa Senhora do Patrocínio. Aceitou a tarefa, sem remuneração, para colaborar com Manoel Jacinto, o Barão de Juparanã, irmão de Francisco, genro de Luiz. Começadas as obras há quatro anos, tinham sido interrompidas com a morte do benfeitor. E, agora, passados alguns meses, o Barão de Santa Mônica, com apoio de Aniquinha, tinha decidido arcar com os custos de finalização da obra. Mandara até encomendar da França todo o material que ainda faltava para decorar o lindo templo neogótico.

Luiz agradece com uma leve inclinação da cabeça, devolve o copo vazio para o jovem sorridente e o segue a passo até que ele abra a porteira para a estrada. Dali em diante, resolve apressar-se para não chegar atrasado à estação. Sua filha e seu genro estão no Rio de Janeiro, o que lhe dará o prazer de encontrar sozinho o seu querido irmão, seis anos mais moço. O mesmo que salvara sua vida, na campanha de Minas Gerais, chegando a tempo para derrotar os rebeldes de Teóphilo Ottoni, em Santa Luzia do Rio das Velhas.

O Barão de Juparanã, até por ser solteiro, investira boa parte de sua fortuna naquela região, financiando tudo o que fosse necessário para que a estrada de ferro por ali passasse. Somente no prédio da estação ele dispendera, segundo lhe contara Francisco, a enorme quantia de duzentos contos de réis. Pagara também pela construção de duas pontes, *desenganando*, como o povo dizia, seus concorrentes de Vassouras, eternos rivais de Valença. Dizem até que fora por esta razão que escolhera o estranho nome *Desengano* para o povoado e para aquele prédio único em tamanho e beleza, comparado às outras modestas paradas da Ferrovia Dom Pedro II, com exceção da Estação da Corte, no Rio de Janeiro.

Em verdade, a Estação Desengano é formada por dois prédios de dois andares, separados por uma torre, o que dá ao conjunto a aparência de um pequeno castelo. De longe, porém, com suas cores amarela e branca brilhando ao sol, lembra essas lindas decorações de bolos feitas pelos *confiseurs de la pâtisserie française*. Seja como for, aquela obra arquitetônica não está ali por acaso. O sonho do Barão de Juparanã era que estivesse à altura da nova cidade que nascia a sua frente. Por essa razão, financiara também a construção da praça fronteira, com seu chafariz, além de uma escola e, naturalmente, a igreja. Também mandou construir o cemitério, onde pedira, em seu testamento, para ser enterrado.

Na base do vale da Serra da Concórdia, já são visíveis os trilhos da estrada de ferro. Caxias folga um pouco as rédeas de Baal e inicia um galope curto, cortando caminho por entre os cafezais. Muitos frutos já estão maduros, numa bela cor vermelha, devendo a colheita começar, como lhe disse Francisco, dentro de duas semanas. Aliás, é para tratar disso que seu genro está no Rio de Janeiro. Desde 1975, Dom Pedro II incentiva a imigração de famílias italianas para o Brasil e essa mão de obra vem sendo empregada com sucesso em diferentes regiões do sul.

Desta vez, o apito do trem não pega Caxias desprevenido. Segurando as rédeas com as duas mãos, mantém o cavalo sob controle, enquanto os vagões passam bem próximos. Chegará atrasado na estação, mas não importa. O Sargento Estácio foi para lá bem cedo com a carruagem. Não há razão para se apressar, arriscando um outro acidente.

Pouco mais adiante, vendo que o trem ainda está parado na *gare*, Luiz decide apear-se diante da igreja em construção. Melhor não submeter Baal ainda montado aos apitos da partida.

Protegida por andaimes de madeira bruta, a igreja já está em grande parte concluída, estando aberta sua única porta, ovalada ao estilo neogótico. Decerto alguém está lá dentro, esperando pela inspeção do engenheiro. Mas a obra continua parada, certamente. Como a distância é pequena, Estácio verá que estou esperando aqui.

Caxias ergue os olhos acima dos andaimes, admirando as cúpulas das pequenas torres laterais e da torre principal, que lembram a miniatura de uma catedral gótica. Imagina como ficarão lindas aquelas janelas longilíneas com os *vitraux* encomendados da França e...

– Calma, Baal! Também, para que tantos apitos e ainda o sino batendo? Pelo relógio da torre da estação, esse diabo está saindo no horário...

– Quer uma ajuda, sr. Duque?

O mestre de obras, seu conhecido, aproxima-se de chapéu na mão, os cabelos grisalhos divididos por uma raia perfeita, no meio da cabeça.

– Não carece, sr. Almeida. Veja... ele já se acalmou.

– E a carruagem está vindo da estação. Acredito que ele ficará mais tranquilo junto com os outros cavalos.

De fato, logo Estácio puxa as rédeas dos quatro animais e as amarra na boleia, antes de descer. Mas o Visconde de Tapajós, mais militar que nobre, abre ele mesmo a porta. E salta agilmente para o chão.

– Meu caro Luiz, que alegria!

– A alegria é minha, José Joaquim. Principalmente em ver que você está em grande forma.

– Talvez. Mas não sei se teria coragem de montar num cavalo xucro como esse aí...

– Meu Deus, como essas notícias correm o mundo. Mas vamos falar de assuntos agradáveis. Como está minha cunhada? E os sobrinhos?

Enquanto os irmãos trocam gentilezas, o Sargento Estácio pega as rédeas de Baal, o leva para próximo dos outros cavalos e puxa todos, junto com a carruagem, para o lado da sombra. Quando volta, os outros três homens já estão dentro da igreja em construção. Pensa um pouco e faz o sinal da cruz antes de entrar.

Uma hora depois, no caminho de volta para a fazenda, Caxias segue a carruagem a uma boa distância, para não engolir poeira. Está feliz com a presença do irmão, com o qual ficou ainda mais unido após a morte dos pais. Mas uma ruga de preocupação está outra vez instalada entre as sobrancelhas grisalhas. Depois de dispensar o mestre de obras, que o escutara atento, fazendo anotações a lápis numa caderneta, José Joaquim lhe dissera *en passant*: *Viajou no mesmo vagão que eu o administrador da fazenda da Princesa Isabel. Ele me disse que Sua Alteza e o Príncipe Gaston deverão vir para cá dentro de alguns dias, pois desejam assistir à colheita do café. Querem provar, mais uma vez, que sem nenhum escravo conseguem obter os mais altos rendimentos de safra em toda esta região.*

Sim, ele já esperava por isso. E, como a Fazenda Monte Scylene está apenas a quatro léguas de Santa Mônica, trajeto que a cavalo se pode percorrer em no máximo três horas, o correto é que ele não deixe de fazer uma visita à Princesa e... a seu marido. Ou dar-se por doente, como já comunicara em outras ocasiões, para desespero de Aniquinha. Mas o que posso fazer se ele simplesmente não gosta de mim? Como eu, que, a bem da verdade, também não o aprecio. Mas tenho veneração pela Princesa, que sempre me deu as maiores provas de confiança, até de afeto, posso dizer... Quando ocupou a Regência, nas duas viagens de seu pai, principalmente nesta última aos Estados Unidos, Europa e Oriente Próximo, ela me fez ir muitas vezes ao Palácio, e sei que não foi só pela minha condição de Presidente do Conselho de Ministros. Assim como eu, a Princesa desfrutava das nossas conversas, e acho até que tem uma afeição especial por mim, pela relação que construí com seu pai desde quando ele era um menino. Em uma das vezes em que estive no Palácio, contou-me, certamente para justificar mais uma vez a ausência do Príncipe Gaston, que durante o cerco dos paraguaios em Uruguaiana seu marido enviara uma carta ao pai, filho do antigo Rei Louis-Philippe, de França, dizendo-lhe que o Brasil só possuía um general capaz de derrotar Solano López, e que esse general seria eu.

Acredito, porque jamais duvidarei da palavra de minha augusta Princesa. Mas, assim, por que me esqueceu em seu livro sobre a longa viagem que fizemos juntos? Até os bigodes do Presidente do Uruguai ele descreve com perfeição. Mas, a mim, só faz duas referências e ambas sem a menor simpatia. E, cinco anos depois, quando ele assumiu em meu lugar o comando das tropas, em Assunção, parece ter esquecido que, naquela ocasião, a guerra já estava praticamente vencida. É difícil ter um mínimo de simpatia por quem, até hoje, sem qualquer escrúpulo, blasona o fato de que foram as *suas tropas* que acabaram com Solano López em Cerro Corá. Como se ele próprio e não o cabo ordenança do Coronel Jóca Tavares, um tal de *Chico Diabo*, tivesse empunhado a lança que derrubou aquele sanguinário.

Melhor pensar em outra coisa. Principalmente em mandar assar uma carne ao estilo uruguaio e rio-grandense, ao ar livre, em espetos de pau, como aprendi a gostar e sei que o José Joaquim aprecia. Aliás, ele me fez muita falta naquela campanha de pacificação dos farroupilhas. Como levar a paz a uma gente guerreira, capaz de duelar entre si? E sua mente volta à província de São Pedro, tentando *remontar* em detalhes o famoso duelo entre o General Bento Gonçalves e o Coronel Onofre Pires. Fato que, por incrível que pareça, o ajudara a terminar com uma guerra de quase dez anos. E recuperar o Rio Grande do Sul para o Brasil.

XXVIII

O DUELO E A PAZ

Foi no dia 27 de fevereiro de 1844, nas pontas do Arroio Sarandi, não longe de Sant'Ana do Livramento, fronteira com o Uruguai. Terreno plano. Uma várzea verde-amarelada a se perder de vista. O grosso das tropas farroupilhas se concentra em dois acampamentos. Num deles está Bento Gonçalves, comandando, agora, uma simples divisão. Desde agosto do ano passado não é mais presidente da República. Também abdicou da chefia do Exército. O assassinato, em Alegrete, do Vice-Presidente Paulino Fontoura foi a causa de tudo. Acusado do crime para perpetuar-se no poder, reagira com a melhor das respostas. Entregara a presidência a Gomes Jardim e o comando das armas a David Canabarro.

No outro acampamento estão Onofre Pires, Antônio Vicente da Fontoura e Manuel Lucas de Oliveira. Os três maiores adversários de Bento Gonçalves. O mais agressivo é o Coronel Onofre. Confiado na estatura e corpulência, vaidoso da sua valentia, nunca soube moderar a língua. Os outros dois, mais espertos, não perdem oportunidade de insuflá-lo contra o ex-presidente. Mesmo destituído do poder, ele continua a fazer-lhes sombra. Sua liderança não depende de cargos. O próprio Barão de Caxias reconhece essa verdade. E continua a enviar-lhe diretamente as propostas de paz, aproveitando os canais secretos da Maçonaria.

David Canabarro tivera a melhor das intenções ao reunir seu exército. O plano é de um ataque fulminante às tropas do General Bento Manuel Ribeiro. Mas a velha raposa, que trocara três vezes de lado desde 1835, sendo agora imperialista, conseguiu fugir mais uma vez.

A proximidade dos dois acampamentos reacende as divergências, facilita o trabalho dos intrigantes. Onofre Pires chama Bento Gonçalves de ladrão diante de testemunhas. Obrigado a suportar a falsa acusação de mandante de um crime, Bento não consegue engolir a nova ofensa. Legalmente, tenta processar Onofre por calúnia e obrigá-lo a apresentar as provas que disse possuir. Mas Onofre é deputado e goza de imunidade parlamentar. Resta apenas o recurso extremo. Antes de usá-lo, escreve uma carta ao desafeto, dando-lhe a última oportunidade de retratação.

A resposta não se faz esperar. Como Onofre não se dá bem com as letras, é redigida a seu pedido por Vicente da Fontoura. Mas o estilo mantém a marca do truculento coronel:

Ladrão da fortuna, ladrão da vida, ladrão da honra e ladrão da liberdade é o brado ingente que contra vós levanta a Nação Rio-Grandense, ao qual já sabeis que se junta a minha convicção, não pela geral execração de que sois credor, o que lamento, mas pelos documentos justificativos que conservo. Não deveis, pois, sr. General, ter em dúvida a conversa que a respeito tive, e da qual vos informou tão prontamente esse correio tão vosso. Deixai de afligir-vos por haverdes esgotado os meios legais em desafronta dessa honra, como dizeis; minha posição não tolhe que façais a escolha do mais conveniente, para o que sempre me encontrareis. Fica, assim, contestada a vossa carta de ontem.

Nada mais há para fazer. Bento Gonçalves manda encilhar o seu cavalo. O filho Marco Antônio quer acompanhá-lo a toda força. Ele o proíbe com firmeza. Trata-se de uma questão de honra, assunto totalmente pessoal. Desembainha a espada e corre um dedo pelo fio. Encurva várias vezes a lâmina de bom aço. Recoloca a espada na bainha. Como de hábito, está com a barba feita e fardado com esmero. Monta e dirige-se ao acampamento de Onofre. A cavalo, ninguém seria capaz de dizer que este homem, esbelto e flexível, se aproxima dos sessenta anos de idade.

Um soldado lhe identifica a barraca do Coronel, que está a sua espera. A carta surtiu efeito. Bento não apeia do cavalo e diz, sem esconder a emoção:
– Já sabeis para que vos procuro.
– Sim, senhor. Por isso almejava eu.

São primos e irmãos maçons. Juntos começaram a revolução. Estiveram presos também juntos na Fortaleza de Santa Cruz. Mas o tratamento cerimonioso faz parte da tradição do duelo. Todas as palavras ofensivas foram ditas. Agora é a vez das armas. Em completo silêncio, lado a lado, os dois homens dirigem-se a um lugar deserto, à margem do Arroio Sarandi.

Duas horas depois, o General Bento Gonçalves chega a galope de volta ao acampamento. Toma providências para que um médico vá ao local do duelo atender o Coronel Onofre Pires, que, ferido por dois golpes de espada, não conseguiu montar em seu cavalo. Cercado por vários oficiais que o olham com admiração, apresenta-se ao General David Canabarro. O Comandante das Armas, por tantos anos seu subordinado, ouve o relato de cenho franzido. E dá-lhe voz de prisão.

Bento cora até a raiz dos cabelos. Seu pulso treme ao desafivelar a espada. A tradição manda que a entregue ao General. Mas Canabarro recusa a arma.

– Guarde-a consigo. Para sustentar esta espada, só conheço um homem. E ele se chama Bento Gonçalves.

No amanhecer do dia 3 de março de 1844, o Coronel Onofre Pires morre de gangrena em sua tenda de campanha. Alguns dias depois, concluído o inquérito, Bento Gonçalves é posto em liberdade e reassume o comando de sua divisão.

Mas o duelo é *um verdadeiro toque de silêncio*, como Luiz afirma para o Tenente-Coronel Osório, que lhe relatou todos os detalhes. A revolução farroupilha está no fim. Apenas a coragem e a vergonha daqueles homens ainda os mantém lutando. O Barão de Caxias sente que o momento é oportuno para obter a paz. Pouco mais de um ano depois que escrevera o primeiro manifesto aos rio-grandenses, sua estratégia de evitar grandes confrontos diretos minando a resistência física e moral dos farroupilhas está obtendo os melhores resultados. O povo está cansado de guerra. Cada cidade, vila ou povoado que se rendeu aos imperiais recebeu um tratamento digno e generoso. Sua primeira ordem é de garantir a segurança da população, evitando saques e vinganças. Manda distribuir carne aos mais necessitados e, como planejara, contrata muitas mulheres para costurar uniformes para seus soldados. Deixa uma guarnição de infantes e artilheiros para defenderem o local conquistado. E segue em frente, como um libertador.

No dia 7 de setembro de 1844, pouco antes de se iniciar o décimo ano da revolução, o Barão de Caxias e o General Bento Gonçalves se encontram nas proximidades de Bagé. A discussão é árdua, mas os dois concordam em promoverem a paz. Alguns pontos fundamentais do acordo são postos por escrito. Os dois homens separam-se num clima de otimismo. Mas os inimigos de Bento Gonçalves não lhe querem permitir a glória de obter a pacificação honrosa. O General Canabarro mantém-se indeciso entre os dois grupos irreconciliáveis, mas não admite nenhuma tratativa com os caudilhos Oribe e Rosas, enviando-lhes uma mensagem definitiva:

O primeiro de vossos soldados que traspuser a fronteira fornecerá o sangue com que assinaremos a paz com os imperiais. Acima de nosso amor à República está nosso brio de brasileiros. Quisemos, ontem, a separação de nossa pátria, hoje almejamos a sua integridade. Vossos homens, se ousarem invadir nosso país, encontrarão, ombro a ombro, os republicanos de Piratini e os monarquistas do sr. D. Pedro II.

E também escreve a Caxias:

Note, sr. Barão, que não aceitamos o concurso estrangeiro, porque, primeiro de tudo, somos brasileiros.

Mesmo assim, Luiz começa a perder a paciência. Escreve ao Imperador relatando a total desunião dos rebeldes. Ele não sabe mais com quem negociar. O governo republicano perdeu o respeito dos oficiais em armas. Desmantelado, *está somente atento a fugir no lombo dos cargueiros.*

Ainda uma vez, Bento Gonçalves age com sabedoria. Afasta-se das negociações e deixa seus adversários tomarem as iniciativas em nome da república. No dia 6 de novembro de 1844, Luiz recebe, em Bagé, os emissários oficiais, Antônio Vicente da Fontoura e Padre Francisco das Chagas, o vigário apostólico dos farroupilhas, deputado constituinte com maior número de sufrágios. Por coincidência do destino, é o dia do aniversário da instalação solene da República Rio-Grandense, oito anos antes, em Piratini, quando Bento Gonçalves fora eleito Presidente, embora preso no Rio de Janeiro.

No acampamento farroupilha, montado no alto do Cerro dos Porongos, perto da fronteira do Uruguai, o clima é de festa. David Canabarro, até então sempre prevenido, relaxa completamente a vigilância do Regimento de Lanceiros Negros. A reunião de seus emissários com o Barão de Caxias foi um sucesso. A paz não tardará a dar descanso àqueles homens esgotados. Os Generais Antônio Netto e João Antônio também estão acampados nas proximidades. Até tarde da noite repicam as violas, passam de mão em mão as *guampas* de cachaça. Canabarro recolheu-se cedo para sua carreta toldada. Quer passar uma noite inteira com a sua *china*. Outras mulheres dançam sapateado ou aquecem os pelegos de oficiais e soldados.

Ao amanhecer, uma repentina fuzilaria estala. O acampamento desperta em pânico. Os primeiros soldados que se levantam, na sua maioria negros, são mortos ou feridos. Outros se arrastam, esgueirando-se entre as barracas em busca de uma arma. A cavalaria imperial entra a galope, pisoteando tudo, lanças e espadas rasgando as coisas e as gentes. A gritaria é infernal. São poucos os prevenidos que se preocuparam em carregar mosquetes e pistolas na véspera. Assim, apenas os mais valentes esboçam uma reação e lutam de arma branca para salvar a vida. Muitos fogem em completa desordem, abandonando armas e pertences. Saindo da carreta, o General Canabarro não perde tempo em vestir as calças. Embora pesado, salta em pelo no primeiro cavalo que encontra. E foge a galope solto, sem olhar para trás.

O Coronel Francisco Pedro de Abreu foi o autor da traição. Ambicioso e vingativo, quis vencer mais uma batalha, *e matar o maior número possível de negros libertos,* antes que fosse assinada a paz. O ataque ao Cerro dos Porongos foi planejado nos mínimos detalhes. Até os freios e barbelas dos cavalos tinham sido enrolados com trapos para não fazerem ruído. Os soldados de *Chico Pedro* marcharam em silêncio durante cinco noites, passando os dias escondidos. Rações de carne cozida foram distribuídas para que ninguém fizesse fogo. Uma centena de veteranos combatentes, em sua maioria negros, morreu sem a menor chance de defesa. Teria sido um plano maquiavélico para eliminar os antigos escravos?

Luiz jamais assumiu a iniciativa dessa traição, embora tenham atribuído a ele uma *ordem de operações* onde constava sua assinatura, documento este que logo depois comprovou-se falsificado. Como a paz ainda não fora assinada, também não poderia fazer mais do que fez: afastar o Coronel Francisco Pedro de Abreu e seu homens da região da fronteira, desautorizando-o a qualquer outra iniciativa de combate sem seu conhecimento e aprovação.

A verdade é que o *massacre dos Porongos* não interrompe as tratativas. Antônio Vicente da Fontoura já está a caminho do Rio de Janeiro. Ali, submete ao Imperador e a seus ministros a proposta de paz acertada com o Barão de Caxias. Sua missão obtém sucesso absoluto.

No dia 2 de janeiro de 1845, Luiz encontra-se com Fontoura em Piratini. E não esconde a profunda impressão que lhe causa essa pequena cidade de arquitetura açoriana, símbolo da república que está chegando ao fim. Tudo fica acertado, mas ainda falta uma manifestação oficial; David Canabarro a solicita por escrito. É o aval definitivo da paz. Sem ele, tudo poderá desmoronar outra vez. No dia 22 de fevereiro, Bento Gonçalves escreve uma carta com as palavras definitivas:

A paz é indispensável fazer-se; o país altamente a reclama, pois, infelizmente, vítima de nossos desacertos, nada tem a lucrar com os azares da guerra.

Poderia ter acrescentado também *os acertos* do Barão de Caxias, que cumpriu todas as etapas de seu papel de pacificador. Graças a essa conjunção de fracassos e sucessos, seis dias depois, a 28 de fevereiro de 1845, no acampamento do Ponche Verde, em Dom Pedrito, os remanescentes das tropas farroupilhas aprovam as condições estabelecidas para a pacificação. As assinaturas do documento são apressadas, até ilegíveis. Nenhum daqueles homens se orgulha de testemunhar um fracasso. Mas as condições, para um exército em petição de miséria, são a prova do respeito que ainda impõe ao Império.

1. *O indivíduo que for pelos republicanos indicado presidente da Província é aprovado pelo Governo Imperial e passará a presidi-la.*
2. *A dívida nacional é paga pelo Império, devendo apresentar--se ao Barão de Caxias a relação dos créditos para ele entregar à pessoa ou às pessoas, para isso nomeadas, a importância que montar a dívida.*
3. *Os oficiais republicanos que por nosso comandante em chefe forem indicados passarão a pertencer ao Exército do Brasil, no mesmo posto, e os que quiserem suas demissões ou não desejarem pertencer ao Exército não são obrigados a servir, tanto em Guarda Nacional, quanto em primeira linha.*
4. *São livres, e como tal reconhecidos, todos os cativos que serviram na República.*
5. *As causas civis, não tendo nulidades escandalosas, são válidas, bem como todas as licenças e dispensas eclesiásticas.*

6. *É garantida a segurança individual, e de propriedade, em toda a sua plenitude.*

7. *Tendo o Barão de organizar um Corpo de Linha, receberá para ele todos os oficiais republicanos, sempre que assim voluntariamente o queiram.*

8. *Nossos prisioneiros de guerra serão logo soltos, e aqueles que estão fora da Província serão reconduzidos a ela.*

9. *Não são reconhecidos em suas patentes os generais republicanos, porém gozam das imunidades dos demais cidadãos designados.*

10. *O Governo Imperial vai tratar definitivamente da linha divisória com o Estado Oriental.*

11. *Os soldados da República, pelos respectivos comandantes relacionados, ficam isentos de recrutamento de primeira linha.*

12. *Oficiais e soldados que pertenceram ao Exército Imperial e se apresentarem ao nosso serviço serão plenamente garantidos como os demais republicanos.*

O *indivíduo* indicado pelos republicanos para presidir a Província, como previamente acertado, é o Barão de Caxias. Esse é o compromisso diplomático e maçônico. Mas Luiz aprendera a respeitar a coragem e determinação dos farroupilhas. Além disso, necessita de sua lealdade para defender as fronteiras do Brasil.

Assim, as últimas palavras da *Guerra dos Farrapos* a ele pertencem. Com elas, num dos atos mais simbólicos da nossa história, consegue evitar uma terrível mutilação da nação brasileira. E selar em definitivo a Paz do Ponche Verde.

Naquele mesmo dia, Caxias marcha para Bagé, onde a população lhe havia preparado uma recepção festiva. Na chegada, vai ao seu encontro uma comissão encabeçada pelo vigário da paróquia. Convidado para os festejos, ele se recusa a participar. Os cidadãos ficam decepcionados e o sacerdote insiste:

– Ao menos venha a igreja para o *Te Deum* em ação de graças pela sua vitória.

De maneira firme, correndo os olhos por cima das gentes, ele fala, sem levantar o tom de voz:

– *Reverendo, este triunfo custou sangue brasileiro. As desgraças dos meus concidadãos não podem ser festejadas. A necessidade obrigou-me a combater dissidentes, mas os meus sentimentos de brasileiro fazem-me prantear as vítimas. Em lugar do* Te Deum *em ação de graças, reverendo, celebre uma missa pelos mortos em combate e eu irei assisti-la com meus oficiais e soldados.*

XXIX
FAZENDA SANTA MÔNICA,
4 DE JULHO DE 1879

Sentado diante da escrivaninha, o velho Duque está com uma das cartas que escreveu a Anica repousando entre suas mãos *manchadas de ferrugem*.

 Acampamento da Guarda Velha de Santa Maria, 2 de abril de 1844

 Meu bem,

 Para evitar que os rebeldes do Rio, que são piores do que os daqui, possam espalhar alguma notícia para afligir-te, quero te dizer que estou ganhando muito terreno na obtenção da paz.
 Quando escrevi aos concidadãos desta Província, em mais uma das proclamações públicas, a frase, mais ou menos assim: Vamos lutar não peito a peito, mas sim ombro a ombro pela Pátria que é nossa mãe comum, eu também pensava em você, mãe das minhas filhas e do longo tempo de um ano e cinco meses que estamos separados.
 Eu estou bem e sempre atrás dos farrapos que passam e repassam para o Estado Oriental, mais rápido que eu mudo de camisa. Não creias em mentiras que por aí se espalham sobre o poder deles. Estão até duelando e matando-se entre si. O que preciso evitar é que, caídos em desespero, se aliem aos estrangeiros inimigos do Brasil.
 Mas vamos tratar de temas mais amenos. Bem me tenho lembrado de que, depois de amanhã, é o dia de visitação das igrejas

e que não as irá visitar por eu não estar aí, o que me causa pesar. Li nos jornais a chegada na Corte de uma Companhia Italiana de Canto. Como não terá você pena de não poder ir ao teatro... Quando aí chegar, tomarei um camarote efetivo para as peças que se apresentarem no futuro e lhe prometo: Não saio mais do Rio, custe o que custar!
Saudades a sua mãe e beijos as nossas filhinhas.
Seu marido que a adora,
Luiz

As mulheres dos soldados, muitas vezes esquecidas pela História, são as maiores vítimas das guerras. Posso imaginar o que Anica sofreu durante os anos de 1842 a 1846, temendo, a cada dia, a chegada da notícia da minha morte. Quando retornei ao Rio de Janeiro, mesmo coberto de glória, minhas filhas custaram a me reconhecer como pai, a me tratarem com naturalidade e carinho. De que adiantava ser agora visconde e ter sido eleito senador vitalício pela Província que acabara de pacificar? Até com Dom Pedro II, que visitou o Rio Grande logo após a assinatura da paz e me causou imensos problemas para garantir sua segurança, eu encontrei muitos meses antes de abraçar a minha mulher.

O único consolo, e até hoje me arrepio em pensar, foram nossas muitas noites de amor. A desculpa foi a de *encomendar* um menino, mas, mesmo depois que ele estava crescendo a olhos vistos na linda ondulação do ventre de Anica, todos nossos momentos a sós foram de entrega mútua. E não me envergonho de pensar que nos enlaçamos, com muito cuidado, é verdade, mesmo na véspera do nascimento do nosso Luizinho.

Foi na madrugada de 16 de dezembro do ano da graça de 1847. Caminhando como um desesperado pelo corredor fronteiro ao nosso quarto, eu metera na cabeça que Anica, com 32 anos de idade, não resistiria àquele parto, muito mais demorado do que os anteriores. De nada adiantava pensar que essa era a idade que eu tinha quando nos casamos e que ela continuava com a mesma aparência jovem, não tendo sofrido nenhuma doença grave, a não ser *os padecimentos da saudade,* como costumava dizer.

Às primeiras luzes daquele amanhecer, passando mais uma vez diante de um espelho, Luiz quase não se reconheceu naquele homem que aparentava muito mais do que seus 44 anos. Os cabelos grisalhos em desalinho, a testa franzida, os olhos meio exorbitados pareceram-lhe os de um estranho, ou talvez de um daqueles subordinados que buscavam esconder o medo antes dos combates. Foi quando contraiu os maxilares e resolveu abrir a porta, apesar de todas as recomendações para que não o fizesse.

Ao colocar a mão em garra na maçaneta, ouviu nítido o primeiro choro do seu terceiro filho e ficou paralisado. Não se recorda de quanto tempo demorou-se naquela posição, o peito arfando, agradecendo a Deus numa reza entrecortada de muitos suspiros, até que conseguiu abrir a porta. Mas avançou apenas um passo, intimidado pelo calor e pelos cheiros estranhos.

– Você está bem, Ana Luiza?

Foi a parteira quem respondeu, com voz de quem está habituada ao comando:

– Sim, ela está bem, mas agora precisa descansar. O senhor é pai de um menino.

Caxias baixa a cabeça e encosta a testa na carta que acabara de ler. Mesmo passados mais de trinta anos, a recordação daquele momento faz seus olhos transbordarem de emoção. Volta, porém, à posição anterior, temeroso de que as lágrimas manchem as palavras que escrevera para Anica, fazendo-lhe uma promessa impossível de cumprir: *Não saio mais do Rio, custe o que custar!*

É verdade que, nos três primeiros anos e meio de vida do segundo Luiz Alves de Lima e Silva, como o menino foi batizado, conseguiu manter-se no Rio de Janeiro, dividindo-se entre as tarefas de Senador e Comandante das Armas. Teve ainda o privilégio de conviver com seu pai no Senado e com seu filho em casa, uma experiência única para quem pouco conhecia a paz.

Lembro-me que, no final do ano de 1848, voltando da Inglaterra na fragata *Dom Afonso,* o primeiro navio a vapor da nossa Marinha de Guerra, o Comandante Marques Lisboa, em sua escala em Recife, teve que enfrentar a revolta dos *praieiros.* Pode-se dizer que aquela era uma gente sem sorte para revoluções, pois, sem esse apoio inesperado, talvez tivessem conseguido tomar a capital, como o fizeram em 1817 e 1824. Também combateu com bravura a seu lado o Capitão de Fragata Joaquim José Ignacio, destinado a ser, na Campanha da Tríplice Aliança, o Almirante que nos foi decisivo para tomar a Fortaleza de Humaitá e, também, para as derrotas de López na *Dezembrada.*

Quando o nosso Tamandaré, que ainda não fora alçado à nobreza, mas era nobre em todas suas atitudes, ancorou a *Dom Afonso* no porto do Rio de Janeiro, Sua Majestade o Imperador já o esperava no cais. E antes que o infeliz pudesse ver sua mulher e seus filhos, dos quais se separara há muitos meses, teve que nos oferecer uma demonstração do funcionamento do navio construído nos estaleiros de Liverpool. Assim é a nossa vida. Queiramos ou não, nossa família fica sempre em segundo lugar.

Caxias retira o relógio do bolso, mas não consulta a hora. Fixa os olhos na pequena fotografia do filho e analisa sua fisionomia. Os bastos cabelos, bem cortados, com uma raia do lado direito. A testa ampla, parecida com a do avô Francisco, de quem também herdara, como eu, as sobrancelhas espessas e os olhos castanhos. Mas seu nariz era igual ao de Anica e das irmãs Aniquinha e Aniquita. Tinha a boca pequena e o queixo dos Lima e Silva, dos quais também herdou a facilidade de armar uma *carranca,* desde pequenino, ao ser contrariado. Mas costumava ser dócil, o meu Cadete Luizinho, como eu o chamava. E vestido como está neste retrato, com casaco de veludo, a mão direita enfiada no colete, quase ao estilo Bonaparte, e usando gravata de laço, parece um adulto. E... nos deixou... com apenas catorze anos.

Quando o Imperador me abraçou naquela noite terrível do velório, disse-me umas palavras que me soaram ocas no momento.

Sussurrou-me que podia me acompanhar no sofrimento porque perdera os dois primeiros filhos herdeiros do trono, Afonso e Pedro Afonso, ambos com apenas dois anos de idade. E que não se passava um dia sem que se lembrasse dos dois.

Nascido a 23 de fevereiro de 1845, quando ultimávamos os termos da Paz do Ponche Verde, Dom Afonso parecia destinado a governar, na sucessão do pai, um Brasil liberto de todas as ameaças de mutilação. Um menino louro, muito parecido com Dom Pedro II, foi apresentado solenemente aos súditos e nomeado Príncipe Imperial do Brasil. Porém, no dia 11 de junho de 1847, quando brincava com gravuras na biblioteca do Palácio da Quinta da Boa Vista, Dom Afonso, com apenas dois anos, teve uma série de convulsões, morrendo em poucos minutos.

Dom Pedro Afonso, o último dos quatro filhos de Dom Pedro II e da Imperatriz Tereza Cristina, nasceu no dia 19 de julho de 1848, pouco mais de um ano depois da morte do irmão. Foram imensas a euforia popular e as comemorações civis e militares, com desfiles e fogos de artifício, que assinalaram o nascimento do novo herdeiro do trono. Com a mesma aparência física de Dom Afonso, herdou também igual destino. No dia 9 de janeiro de 1850, quando a Família Imperial passava uns dias na Fazenda de Santa Cruz, o menino faleceu, também em meio a convulsões, depois de algumas horas de febre alta.

Com a morte da Princesa Leopoldina, em 1871, a única sobrevivente dos quatro filhos de Dom Pedro II é a Princesa Isabel. Uma mulher educada desde menina para ser Imperatriz do Brasil e com todas as qualidades para cumprir seu destino. Convivi muito com seu preceptor, o Marquês de Sapucaí, talvez o homem mais culto do Brasil, depois de Dom Pedro II. Ele a lapidou como uma joia rara. Inteligente como a Imperatriz Leopoldina, sua avó paterna, e generosa como a Imperatriz Tereza Cristina, que recebeu o título popular de *Mãe dos Brasileiros*, acredito que Isabel saberá ser uma sucessora digna de seu pai.

Luiz ergue os olhos para a *folhinha*, o calendário fixado na parede, do qual sempre retira a primeira folha ao levantar-se. Gosta de fazer ilações com as datas, principalmente agora que tem tempo para meditar. Dia 4 de julho de 1879. Exatamente há três anos, nosso Imperador estava participando das comemorações do centenário da independência dos Estados Unidos da América.

Foram muitos os momentos de glória que Dom Pedro II viveu em terras norte-americanas, mas nossos jornais destacaram dois fatos que ele transmitiu por carta à Princesa Isabel e ficaram de domínio público.

Convidado oficialmente pelo Presidente Ulysses Grant para o espetáculo de gala organizado para reunir o mundo oficial na noite de 4 de julho de 1876, Dom Pedro II aceita, mas com uma ressalva: pede-lhe para ocupar um lugar comum e não o camarote presidencial, por ser sua visita de caráter particular, inclusive, paga com seus próprios recursos. Assim, quando chega ao teatro com a Imperatriz, o cerimonial o encaminha para o camarote ao lado do que ocupam o Presidente dos Estados Unidos e sua esposa. Porém, logo depois de acomodados, o mestre de cerimônias corre a cortina divisória, o que transforma as *loges* gêmeas num único camarote. Nesse momento, são desfraldadas as bandeiras dos Estados Unidos e do Brasil, e a orquestra começa a tocar o hino nacional brasileiro saudado por prolongados aplausos e vivas ao nosso Imperador.

Dom Pedro II, sempre saudado com entusiasmo, percorreu cerca de dez mil milhas do território dos Estados Unidos, levando até um jornal da oposição afirmar que poucos dirigentes do país tinham realizado igual façanha. A prova dessa admiração pelo comportamento sóbrio, fluência no idioma inglês, conhecimento histórico e geográfico que demonstrou foi que, nas eleições do ano seguinte, ele recebeu cerca de quatro mil votos espontâneos só na Filadélfia, local da famosa Exposição do Centenário.

Outro fato que marcou a presença de Dom Pedro II naquela viagem aconteceu nessa mesma exposição da Filadélfia, amostra cultural e científica de proporções mundiais. Entre os estandes de novidades técnicas estava o de Graham Bell, que ali expunha um aparelho de sua invenção, que denominara *telephone*. Quase ninguém lhe pedia demonstrações do invento, alguns visitantes até dizendo que se tratava de *um ventríloquo charlatão*, até que o Imperador, sempre seguido pela imprensa, pediu explicações. Muito nervoso, *ajustando bobinas, eletrodos e discos de metal*, Graham Bell conseguiu finalmente entregar ao ilustre visitante um objeto em forma de taça, pedindo-lhe que o conservasse encostado ao ouvido. Afastou-se depois a uns cem passos e falou no bocal de outro objeto similar. Impressionado, o Imperador afirmou:

– *My God! It speaks!*

Muito emocionado, o inventou concordou:

– *Sim, isso fala, sr. Imperador. E não tardará muito para que o meu telefone seja uma necessidade em todas as casas do mundo.*

Do mundo, não sei, pensou Caxias. Mas a verdade que esse aparelho já está instalado no Palácio da Quinta da Boa Vista. E de lá foram colocadas linhas para as casas de alguns ministros, facilitando a comunicação imediata com o Imperador. E esse *telephone* só não foi colocado na minha casa da Tijuca porque deixei de ser Presidente do Conselho uns poucos meses antes, o que o tornou, como eu, *desnecessário*.

XXX
Rio de Janeiro,
15 de junho de 1851

Luiz inclina-se diante do jovem de 25 anos, imponente no seu uniforme de marechal de campo. O fato de estar assim fardado no Palácio da Quinta da Boa Vista, onde costuma vestir roupas civis, é significativo para justificar suas primeiras palavras, após as saudações de praxe:

– Estimado Conde de Caxias, a quanto tempo voltou para cá depois da pacificação da Província do Rio Grande do Sul?

– Há cerca de cinco anos, Majestade.

– Pois tenho aqui, diante de mim, um documento que talvez o faça retornar, e sem a menor perda de tempo. Falta apenas colocar minha assinatura, mas só o farei, com todo o respeito que lhe devo, após a sua aceitação.

Sua Majestade o sr. Dom Pedro II, Imperador do Brasil, atendendo à solicitação do Ministério da Guerra, aprovada pelo Conselho de Ministros, decide destituir do cargo de Comandante das Armas da Corte o sr. Marechal de Campo Luiz Alves de Lima e Silva, Conde de Caxias, e nomeá-lo Comandante das Armas e Presidente da Província de São Pedro do Rio Grande do Sul, decisão monárquica que passa a ter valor irrevogável a partir da postura do Selo Imperial e da assinatura de Sua Majestade.

Luiz termina a leitura e inclina a cabeça:
– Estou extremamente honrado, Majestade.

— Neste caso, a honra será minha em apor minha assinatura neste documento.

E, contornando seu *bureau d'acajou*, o Imperador sentou-se, colocou o papel sobre o tampo polido, tomou de uma pena, tocou-a de leve em sua extremidade com o dedo indicador da mão esquerda, mergulhou-a no tinteiro e traçou sua assinatura.

— Bem, enquanto deixamos a tinta secar, vamos olhar o mapa da nossa Fronteira Sul, exatamente como o deixei, com meus ministros, ontem à noite.

Seguido a um passo de distância pelo Conde de Caxias, Dom Pedro aproxima-se da mesa de reuniões e chama sua atenção para um ponto assinalado no mapa.

— Vossa Excelência sabe há quantos anos a cidade de Montevidéu está cercada pelas tropas do General Manuel Oribe, antigo Presidente do Uruguai?

— Ignoro, Majestade, embora já fosse fato notório durante a Campanha pela Pacificação dos Farrapos.

— Sim, o assédio começou naquela época, exatamente no dia 16 de fevereiro de 1843, ou seja, há mais de oito anos.

— Impressionante, Majestade, somente um povo daquele quilate para resistir por tanto tempo.

Luiz retorna por alguns segundos ao interior da Catedral de Montevidéu, onde tentara rezar, num dia distante de 1828, depois de receber a notícia de sua promoção a Major e da próxima partida das tropas brasileiras. Parece ouvir o canto gregoriano que brota de suas entranhas, logo substituído pela música vibrante da *polonaise* que irá dançar com uma linda moça morena... Sim, Angela certamente ainda está lá, submetida aos horrores desse assédio, pois sei que é a esposa do General Eugenio Garzón, um dos principais comandantes da resistência contra Oribe.

— Nada disso estaria acontecendo, não fosse a ambição desmedida de Juan Manuel Rosas, o presidente que se eterniza à frente das Províncias Unidas do Rio da Prata. Dentro em pouco esse sanguinário completará vinte anos no poder, ou seja, desde o tempo em que eu regulava de idade com aquelas duas meninas...

E o Imperador olha sorrindo para suas filhas, de quatro e cinco anos de idade, que caminham de mãos dadas em sua direção, parecendo duas bonecas vestidas de princesinhas.
– Bom dia, minhas queridas.
– Bom dia, papai.
– Bom dia, papai.
Dom Pedro II coloca um joelho sobre o tapete persa e abraça e beija as duas *poupées* ao mesmo tempo. Ergue-se em toda sua estatura, com uma delas em cada braço, e lhes diz, mostrando o militar a sua frente:
– Digam bom dia em francês para o Conde de Caxias, que foi meu professor de esgrima e equitação.
– *Bonjour, Monsieur.*
– *Bonjour, Monsieur.*
Emocionado, Luiz responde:
– *Bonjour, Princesse Isabel. Bonjour, Princesse Leopoldina.*
O Imperador pede licença e leva as meninas até a porta do corredor, por onde entraram. Ajoelha-se novamente, coloca-as no chão e diz algumas palavras carinhosas para *Dadama*, a sra. Mariana Barbosa, a mesma babá que tão bem cuidou dele e da Princesa Francisca, sua irmã.
Ao retornar, passa um lenço nos olhos e fala a Luiz, sem disfarçar a emoção:
– Depois que... perdi os meus dois meninos, instruí todos os servidores do Palácio a não impedirem jamais, seja qual for a importância das autoridades às quais eu esteja recebendo, que minhas filhas se encontrem comigo sempre que o desejarem.
– Atitude sábia, Majestade. Cuidarei que isso também aconteça na minha casa.
– Por sinal, meu caro Conde, ainda não conheço o seu pequeno Luiz, que deve regular de idade com as minhas filhas.
– Somente alguns meses mais jovem, Majestade.
– Pois, então, para distraí-lo de sua ausência, sempre dolorosa, diga à sra. Condessa para trazê-lo aqui, sempre que quiser,

quando das suas visitas à sra. Imperatriz. As três crianças poderão brincar juntas, criando desde cedo uma amizade que só trará benefícios ao nosso Brasil.

— Será uma grande honra para nossa família, Majestade.

— E, agora, infelizmente, precisamos voltar à dura realidade deste mapa. Como sabe, desde o tratado assinado por meu pai, em 1828, temos a obrigação de zelar pela independência da República Oriental do Uruguai, cujo nascimento Vossa Excelência testemunhou, ainda jovem.

— Sim, Majestade, tive esse privilégio.

— E foram tantos seus méritos que, aos 25 anos, foi autorizado a portar a Comenda de Aviz, honraria que só lhe estava destinada na sucessão hereditária.

— Honraria extraordinária para meus poucos méritos.

— Não ouse contrariar a História do Brasil, meu caro Conde. A verdade é que Vossa Excelência é a pessoa mais capacitada de que dispomos para impedir o sonho maluco de Rosas em recriar o Vice-Reinado do Prata, ou seja, reunir sob a sua tirania, além das Províncias Unidas do Rio da Prata, as Repúblicas do Paraguai e do Uruguai.

— O que seria uma terrível ameaça para o Brasil.

— Sim, e para evitar um conflito armado, de proporções incalculáveis, temos enviado a Buenos Aires nossos melhores diplomatas, sem conseguir que Rosas deixe de apoiar Oribe nesse odioso cerco a Montevidéu. Sempre esperamos por uma revolta espontânea de alguma das províncias submetidas ao tirano, o que agora aconteceu, sob o comando do General Urquiza, Presidente da Província de Entre Rios, aliada com a vizinha Corrientes.

— Conheço o General Urquiza e sei dos seus méritos militares. Infelizmente, até agora postos a serviços de Juan Manuel Rosas...

— É verdade. Porém, os emissários que nos enviou nos convenceram de sua sinceridade, tanto é que, após eu os ter recebido, o ministro a serviço de Rosas, aqui no Rio de Janeiro, pediu o passaporte e partiu.

– Estamos, portanto, de fato, em estado de guerra, Majestade.
– Sim, tudo o que eu não desejava. E que fingiam não desejar os representantes no Prata da Inglaterra e da França, que mudaram de lado várias vezes nestes últimos vinte anos.
– Por essa razão Vossa Majestade nomeou o Almirante Grenfell para o comando da nossa Armada nas operações que faremos no Rio da Prata.
– Aprova essa nomeação? Diga com sinceridade.
– Perfeitamente. Até porque, além de conhecer muito bem o teatro de operações, o Vice-Almirante John Pascoe Grenfell é o único, além do Comandante Joaquim Marques Lisboa, a saber retirar o máximo da corveta a vapor *Dom Afonso*.

É tamanha a dor que Luiz vê no olhar de Dom Pedro II, que se arrepende de ter dito essas duas últimas palavras. Mas o pai do pequeno príncipe, herdeiro do trono falecido com apenas dois anos de idade, logo se recompõe e diz, com voz um pouco rouca:

– Na verdade, tomei essa decisão para evitar atritos com o Ministro da Marinha, que até hoje discrimina o nosso bravo Comandante Lisboa como um mero discípulo do Almirante Cochrane. Mas, não esqueço o que Lisboa já fez pelo Brasil, inclusive quando foi buscar nosso primeiro navio a vapor na Inglaterra e que, já na sua primeira demonstração, próxima ao porto de Liverpool, conseguiu salvar a vida de 160 imigrantes no incêndio do navio *Ocean Monarch*.

– Nada mais distinto entre o comportamento dos dois, com todo o respeito, Majestade, a não ser a bravura. Quanto à disciplina e à ética, a aversão pela violência desnecessária e a capacidade de pacificar o inimigo, Lisboa segue à risca as instruções de Vossa Majestade, como fui testemunha quando esteve sob meu comando no Maranhão.

– No momento, preferi entregar a flotilha do Prata a Grenfell, como seu subordinado no comando das operações, porque Vossa Excelência, infelizmente, também tem adversários granjeados nos últimos anos, não só como militar, mas também como Senador.

– Diga-me, Majestade, em que pontos me coloquei contra sua filosofia essencial de governo, e eu...

– Isso nunca aconteceu, meu caro Conde de Caxias. Inclusive, sua divergência dos colegas conservadores em relação às leis que visam preparar o terreno para a abolição da escravatura, como já lhe disse, deram-me plena satisfação.

– Obrigado, Majestade.

– Quanto a sua missão no Prata, quero que faça todo o possível para derrotar Oribe e Rosas, com o mínimo derramamento de sangue.

– Assim será feito, senhor meu Imperador.

Ainda falta o *dernier mot,* a última palavra, que Dom Pedro II pronuncia de forma definitiva:

– Ambos somos devotos da paz, meu caro Conde de Caxias. Mas, como diz Victor Hugo, lá no seu exílio voluntário na Ilha de Guernsey, com o qual tenho a honra de trocar correspondências há alguns anos: *A compaixão nem sempre é uma virtude; quem poupa a vida do lobo condena à morte as ovelhas.*

XXXI
Fazenda Santa Mônica,
15 de agosto de 1879

Quando a cerração do amanhecer começa a se dissipar, as baterias do Forte de Buenos Aires abrem fogo contra a corveta *Dom Afonso*. As manobras do nosso navio capitânia, arvorando no mastro as insígnias do Marechal de Campo Conde de Caxias e do Vice-Almirante Grenfell, são um desafio impossível de suportar. O porto todo se agita. Surgem diante de seus olhos, cada vez mais próximos, os enormes couraçados ingleses. São muitos os canhões apontados para o navio a vapor.

 Caxias sente no ar o cheiro do fumo da pólvora e vislumbra de relance o timoneiro, que começa a rir como um alucinado. Do alto da ponte de comando, onde se encontra, assiste à correria dos marinheiros guarnecendo os postos de combate e não escuta os gritos, só vê os trejeitos da boca de Grenfell, ordenando ao homem do leme manobrar de imediato para boreste. A cena absurda das duas últimas noites se repete. Vamos abalroar esses navios ingleses sem a menor necessidade. E, certamente, iremos a pique junto com...

 O velho Duque abre os olhos no meio da escuridão. Num gesto espontâneo, sua mão direita procura a espada de Itororó, que sempre está pendurada na cabeceira da cama. Aperta sua empunhadura e sente-se melhor. Diabo de pesadelo que se repete. Retira lentamente a lâmina da bainha, apreciando o ruído que faz, e volta a se acomodar sobre o colchão de crina de cavalo, duro como uma tábua. Sente o travesseiro molhado de suor e o vira com a mão esquerda, empunhando a espada junto à perna direita.

Por que será que isso está acontecendo comigo? Sempre dormi bem antes das batalhas e agora... Só pode ser esse meu aniversário que se aproxima. Vou completar 76 anos, e minhas duas filhas querem festejar de qualquer maneira. Quando cheguei aos setenta, três anos depois do fim da Guerra do Paraguai, nós vivíamos um belo momento de paz. Anica ainda estava comigo e eu concordei com todos os seus planos para aquela festa. Até malabaristas ela e minhas filhas contrataram, não consigo imaginar por quê. E me acordaram de madrugada com fogos de bengala que, confesso, eu gosto muito de ver, desde criança. Mas, depois que perdi Anica, dezesseis anos mais moça do que eu, comemorar minha sobrevivência parece-me o maior dos absurdos.

Melhor pensar em outra coisa. Ainda faltam dez dias e posso ter uma recidiva da minha velha malária... Pelo menos, consegui que a festa seja só em família. Mas, se Dom Pedro II manifestar o desejo de vir até aqui, como já aconteceu, até pela proximidade da fazenda da Princesa Isabel? Então, terei de curvar-me diante dele, como sempre fiz, desde que meu pai o tirou da cama e o apresentou como o sucessor de Dom Pedro I, naquela madrugada terrível da abdicação.

Caxias sente com prazer sua mão na empunhadura da espada e o contato do aço na perna direita. Talvez, pensa ele, não seja somente pela proximidade do meu aniversário que esse pesadelo está me assombrando. Sei que meus adversários na Corte consideraram como uma fanfarronada aquela *visita* que Grenfell e eu fizemos ao porto de Buenos Aires. Não disparamos um único tiro de canhão, pois nosso objetivo não era atacar os portenhos, e sim mostrar à esquadra inglesa do Almirante Brown, aliado do tirano Rosas, que seria uma temeridade, com seus navios à vela, tentarem atacar a nossa corveta a vapor. Construída na própria Inglaterra, a *Dom Afonso,* na liderança de nossa esquadra, já afugentara os navios que sustentavam o cerco de Montevidéu, facilitando a capitulação de Oribe ao General Urquiza, no dia 8 de outubro de 1851. Três meses depois, estacionado com meu Exército na antiga Colônia do

Sacramento, do lado uruguaio do Rio da Prata, eu estava também avisando a Rosas, ao desfilar impune diante de sua capital, que o melhor seria desistir a qualquer resistência às tropas argentinas, uruguaias e brasileiras, fugindo de uma vez para a Inglaterra. O que ele acabou fazendo, mas não antes de causar a morte de muitos combatentes, de ambos os lados, na Batalha de Monte Caseros.

O velho Duque ergue-se um pouco e apoia o travesseiro às suas costas, contra o espaldar da cama. Recoloca a espada na bainha, acomodando o cinturão na cabeceira de ferro, em sua posição habitual. Tateia a mesa de cabeceira, pega a caneca de louça pela alça e bebe alguns goles d'água, sempre no escuro. Afinal, não é para fora que está querendo ver. E começa a recordar os acontecimentos extraordinários daquele dia 24 de agosto de 1848, em que a *Dom Afonso* deixou o porto de Liverpool para uma primeira *prova de mar*. Fatos narrados em detalhes por seu amigo Tamandaré.

Em torno da mesa servida com esmero na praça d'armas estão o Comandante Joaquim Marques Lisboa e seus convidados para o almoço: a Princesa e o Príncipe de Joinville e o Chefe de Esquadra John Pascoe Grenfell.

A Princesa Francisca, irmã um ano e meio mais velha de Dom Pedro II, aos 24 anos de idade está no auge de sua beleza. Morena de longos cabelos, parte deles presos em chignon, *herdou a suavidade do rosto da Imperatriz Leopoldina, mas com imensos olhos negros. Veste-se esportivamente, como se estivesse numa partida de caça, o que dá destaque à sua esguia silhueta.*

O Príncipe de Joinville, filho de Louis-Philippe, o rei derrubado do trono francês há exatamente seis meses, subiu a bordo com o uniforme de vice-almirante. Embora com apenas trinta anos, conquistou esse posto depois de mostrar sua liderança e bravura na Guerra do México e de ter tido a honra de transladar, em 1840, os restos mortais de Napoleão Bonaparte da Ilha de Santa Helena para Paris. Nessa viagem, passou pelo Rio de Janeiro e foi recebido por Dom Pedro II e pela Princesa Francisca, que tinha apenas quinze anos. A paixão foi mútua e ele voltou para casar-se com ela no dia 1º de maio de 1843. Cinco anos depois, embora exilado na Inglaterra, François-Ferdinand d'Orléans mantém o panache de sua nobreza, sendo de porte elegante e altivo.

O Chefe de Esquadra Grenfell, que servira no Chile e depois no Brasil sob as ordens do Almirante Cochrane, é um velho conhecido do Capitão de Mar e Guerra Joaquim Marques Lisboa. Atualmente, ocupa o cargo de Cônsul do Império brasileiro na cidade de Liverpool. E, dada sua longa experiência náutica, coube-lhe a chefia da Comissão de Construção da Fragata Dom Afonso, *primeiro navio a vapor encomendado à Inglaterra pela nossa Marinha.*

A fragata está realizando nesta manhã uma pequena viagem de caráter experimental, tendo deixado Liverpool com a tripulação completa e alguns convidados de honra. Trata-se de um navio de guerra misto, com novecentas toneladas de deslocamento, armado em escuna para efeitos de aumento de raio de ação e economia de combustível. Tem como propulsão principal rodas laterais acionadas por máquina com trezentos cavalos de potência, e é armada com dois canhões de calibre 68 e quatro de calibre 32.

O plano é retornar ao local de partida antes da noite. Dado o desempenho impecável do navio nas manobras de giro e de rotação/ velocidade, já realizadas, o comandante dera instruções ao imediato para manter o curso e descera para almoçar com seus convidados. E responder com simplicidade suas perguntas, principalmente as da Princesa Francisca.

– A senhora certamente já viu muitas vezes uma chaleira com água fervendo.

– Certamente... Na infância, para fugir às aulas enfadonhas do preceptor, às quais Pedro suportava com galhardia, o meu refúgio predileto era a imensa cozinha do Palácio.

– Muito bem. E quando a chaleira ferve, o que sai pelo seu bico?

– O vapor que queima o dedo das crianças...

– Exatamente. Esse mesmo vapor é que faz mover as rodas laterais da Dom Afonso, *servindo a caldeira como uma chaleira enorme, aquecida pelo fogo alimentado a carvão.*

— Dito assim, Comandante, parece mesmo um brinquedo de criança.

O Príncipe de Joinville interfere, com seu falar carregado nos erres:

— Para nós, marinheiros, este navio tem o mesmo gosto de um *nouveau jouet*, de um brinquedo novo. E fiquei admirado com a facilidade com que o senhor comandou suas manobras. Já possuía alguma experiência anterior?

— Infelizmente, sim. *Passei dois anos lutando contra os revolucionários do Maranhão no comando da* Fluminense, *minha nau capitânia, a vapor, que fora um navio mercante. Desde aí, influenciado também pelo entusiasmo do Coronel Lima e Silva, hoje Visconde de Caxias, que embarcou seus soldados muitas vezes naquele navio, dediquei-me a estudar as vantagens dos barcos a vapor. Que, aliás, existem desde o ano do meu nascimento, 1807, quando Robert Fulton realizou suas primeiras experiências com o* Clermont, *no Rio Hudson, em Nova York.*

Neste momento, um suboficial irrompe na praça d'armas, faz continência rapidamente e diz, com voz embargada:

— Meu Comandante, o sr. Imediato pede sua presença urgente na coberta... Estamos nos aproximando de um navio em chamas.

Caxias ergue-se da cama, surpreendido pelo canto dos galos. Aproxima-se do janelão do lado sul e torce a maçaneta, abrindo-a com algum esforço. À sua esquerda, o dia começa a clarear. Diante de si, em primeiro plano, o pequeno muro de pedras que limita o pátio com a horta. Mais além estendem-se os cafezais já despidos de todos seus frutos. Mas sua mente continua a bordo da *Dom Afonso*. E até escuta a voz emocionada de Tamandaré quando lhe contou o que aconteceu.

Em poucos momentos, deixando os pratos recém-servidos sobre a mesa, subimos apressadamente para o convés. Imensas chamas estavam devorando as velas de um navio de altos bordos. Pelo óculo

de alcance o Imediato já o identificara como o Ocean Monarch, *que saíra bem antes de nós de Liverpool, levando centenas de imigrantes ingleses para os Estados Unidos. Ao nos aproximarmos mais, vimos que o mastro central, incendiado, tombara e arrastara com ele muitas pessoas para o mar. Os gritos dos náufragos agora eram nítidos. Foi quando senti a mão da Princesa Francisca apertando meu braço e ouvi sua voz carregada de verdadeira emoção:*
– Por favor, salve-os, Comandante! Salve-os pelo amor de Deus!
Enquanto não exalar o derradeiro suspiro, não sairá de meus olhos aquele quadro horroroso. Mas também nunca esquecerei da coragem e dos destemidos esforços dos nossos oficiais e marujos. Um deles, o Imperial Marinheiro Jerônimo, realizou a maior de todas as façanhas daquele dia terrível. Para facilitar a aproximação dos nossos escaleres da proa do Ocean Monarch, *onde se aglomeravam e gritavam por socorro homens mulheres e crianças, era preciso fixar um cabo entre os dois navios. Graças a máquina a vapor, manobramos até o mais próximo possível, naquela agitação de ondas. Jerônimo, então, cheio de coragem, lançou-se à água levando a extremidade da espia, conseguiu nadar até o navio em chamas, marinhou pela proa e fixou o cabo em lugar seguro. Daí em diante, com arrimo na ligação entre os dois navios, a tarefa dos escaleres tornou-se mais rápida e segura. Conseguimos, então, pela infinita misericórdia divina, salvar a vida de 160 dos nossos semelhantes...*

Caxias pensa em Dom Pedro II e na emoção que sentiu ao saber que a fragata, com o nome de seu filho *Dom Afonso*, fora o instrumento da providência divina para a salvação de tantas pessoas.

Agora, completamente desperto, consegue ver bem próximo, iluminado pelo sol nascente, um ipê coberto de flores vermelhas. Sim, eles são muito comuns aqui na região do vale do rio Paraíba e costumam florir sem esperar a primavera, geralmente uns dias antes do meu aniversário. Um buquê vivo, um belo presente que recebo todos os anos da minha terra brasileira, que jurei defender desde os cinco anos de idade.

XXXII
São João del Rei, Minas Gerais,
30 de maio de 1854

A água fria cai sobre sua cabeça, e Luiz esforça-se para expulsar da mente tudo que vem lhe envenenando a alma. Desde que voltou vitorioso da campanha contra Oribe e Rosas, sua saúde agravou--se, o que fez pensar até em escrever o testamento. Depois que completou cinquenta anos, as crises hepáticas foram se amiudando, a ponto de retê-lo ao leito por semanas. De nada adiantaram os ferruginosos, emplastos para o fígado e outros tratamentos que até o faziam piorar. No dia 2 de dezembro de 1853, quando recebeu a notícia da morte do pai, acreditou que não custaria a seguir o mesmo destino.

Francisco de Lima e Silva, com quase setenta anos, parecia ter mais saúde do que ele próprio. Nas últimas sessões do Senado, no qual participaram juntos por oito anos, quando seu pai se erguia para defender seus pontos de vista, Luiz olhava novamente *de baixo para cima* aquele perfil de gavião, a *carranca* que intimidava os adversários, e sentia-se orgulhoso dele. Chegava a acreditar que, mesmo tendo defendido o Império como militar, principalmente em 1824, quando chefiou a campanha contra a Confederação do Equador, em seu íntimo, como maçom, sempre fora republicano, como seu irmão João Manuel. Se não, por que recusara receber o título de Barão da Barra Grande? E por que recusara também a pensão vitalícia, metade do subsídio que recebera como Regente? Mais do que isso, destinou a pensão a filhos de revolucionários da Confederação do Equador. E, assim, morreu com escassos rendimentos, tendo sido seu enterro pago, como foi seu desejo, pela Irmandade da Cruz dos Militares.

Além das conversas íntimas, que se amiudaram com as visitas que seu pai fazia ao neto Luiz, mais de uma vez ouviu o Brigadeiro Francisco de Lima e Silva defender seus pontos de vista no IHGB, o Instituto Histórico e Geográfico Brasileiro, em que pai e filho tinham sido eleitos como sócios. Ali, jamais sua fisionomia tranquila se alterava, mesmo dissertando sobre a vocação americana do Brasil frente a uma maioria atrelada à Europa. Manteve-se calmo até quando refutou o colega que insistia em contrariar um acontecimento ocorrido em Pernambuco, em 1824, dizendo simplesmente: *Eu estava lá.*

O pequeno Luiz chorara tanto a morte do avô, que fora fator decisivo para que o Marquês de Caxias aceitasse a recomendação dos médicos da Corte para afastar-se por uns tempos do Rio de Janeiro. Foi assim que, seguindo esses conselhos, decidiu passar uma longa temporada nas águas minerais de Baependi. De início, ficara apenas na estação mineral, tratando-se, através da ingestão e banhos de banheira, com aquela água dita *milagrosa*. Mas o milagre começou a acontecer depois do mês de abril, quando finalmente seu criado Manoel o convenceu a tomar estes banhos de cachoeira em São João del Rei. E lhe disse para acreditar, sem reservas, *no poder da água que tomba da pedra caindo sobre a cabeça.*

Luiz mamara durante dois anos nos seios de Anaflor, sua babá descendente de africanos. Desde menino, sabia que os negros apenas fingiam rezar para os santos católicos; através de cujas imagens continuavam cultuando suas divindades, seus orixás, como dizem. Na madrugada em que Anaflor o vestira para acompanhar seu pai ao quartel onde sentou praça, ela lhe dissera para beijar a imagem de São Jorge, o Santo Guerreiro, que ela só chamava de Ogum. Muitos anos depois, na campanha do Maranhão, subindo o *rio que corre sobre as pedras* em embarcações de fundo chato, impulsionadas por barqueiros negros, ele procurara descobrir por que, na língua africana, eles o chamavam de Xangô. E ficara sabendo que, para os negros, na religião herdada da África, esse orixá era o mesmo São Miguel Arcanjo, o justiceiro. Haverá também um orixá pacificador? Muito simples, é só perguntar para aquele outro descendente de africanos que está lá fora d'água, já segurando a toalha em que vai se secar.

Saindo debaixo da cachoeira, Luiz joga-se no pequeno lago e nada com vigor até a margem onde está Manoel. Com os pés acostumados com as pedras escorregadias, caminha até ele, sorrindo.

– Que bom que está se sentindo bem, sr. Marquês.

Luiz enrola-se na toalha e toca no lado direito da cintura com a mão espalmada.

– Meu fígado desinchou completamente. Quando quiser, poderei até apertar o cinturão com a espada, o que me fazia quase urrar de dor.

Manoel sorri, mostrando os dentes grandes, muito brancos, em contraste com o rosto negro.

– Acho que Vossa Excelência já deixou correr água abaixo quase tudo que era ruim. A cabeça é que comanda o corpo. O que fica para baixo dela, se a cabeça está boa, pode curar sozinha.

– Você acha que posso parar com esses banhos? Voltar logo a trabalhar?

– Vossa Excelência está curado, o menino Luiz quase não fala mais no avô, e a sra. Marquesa está sentindo muita falta das meninas, mesmo sabendo que fizeram bons casamentos. Acredito que o senhor pode voltar para casa, se assim for o seu desejo.

Luiz termina de se secar e começa a vestir a roupa colocada sobre uma pedra.

– E os meninos, onde estão?

– No mato, como sempre. Luiz Alves está ensinando o pequeno Luiz a arrancar e torcer embira para botar no arco que ele vem falquejando. As flechas já estão prontas, até com penas coloridas, mas sem ponta, como o senhor mandou.

– É impressionante como esse menino, criado só entre nós, tem muito mais de índio do que de branco.

Manoel sorri outra vez, enquanto torce o *maillot de bain,* uma peça única de camiseta e calção de banho, muito usada na Praia do Flamengo, que Luiz frequenta, no Rio de Janeiro. Depois, enquanto dobra cuidadosamente a toalha felpuda, encoraja-se a falar:
– Eu também fui criado à maneira dos brancos e continuo pensando como a minha gente escrava.
– Você nunca foi escravo, Manoel. Já teve até propostas melhores para trabalhar para gente mais rica do que eu.
– Impossível, sr. Marquês. Sou seu escravo da alma.
Luiz emociona-se e trata de mudar de assunto.
– Quanto tempo você deu para os meninos voltarem?
– Uma hora, senhor.
– E quantos minutos faltam?
Manoel tira do bolso o relógio que ganhou do Marquês, abre-lhe a tampa com cuidado e lê no mostrador.
– São quase onze e meia, daqui a pouquinho eles estão chegando.
– Impressionante... Lá vêm os dois saindo do mato.
– Luiz Alves lê as horas no sol, na sombra das árvores, no canto dos passarinhos.
– Como ele cresceu nos últimos meses... Deixa ver, está com catorze anos, quase quinze. Não demora, as minhas roupas vão caber nele.
– O pequeno Luiz também está espichando. E, assim moreno de sol, com todo o respeito, também parece um indiozinho.
Quase nu, correndo de pés descalços em direção ao pai, com o arco atravessado às costas, o menino grita, feliz:
– Nós vimos um bando de capivaras! Uma até dando de mamar para o filhotinho.
Nesse momento, Luiz Alves aponta em direção da trilha que leva da Cachoeira do Catorze até a Estrada Real.
– Vem vindo alguém a cavalo.
Caxias ergue as sobrancelhas para Manoel, que lhe estende o cinturão com a pistola. Examina rapidamente a carga e fica atento.

Luiz Alves, discretamente, tira da aljava uma flecha de ponta e a coloca no arco. O cavaleiro não tarda a surgir e saudar a todos, tirando o chapéu. O pequeno Luiz logo o reconhece.

– Tio Carlos Miguel! Papai, é o tio Carlos Miguel!

E corre em direção ao homem que se apeia com agilidade e o recebe nos braços.

– Luizinho, meu garoto! Você está enorme! E igualzinho ao seu irmão.

– Vou completar sete anos no mês que vem. Posso pegar a rédea do cavalo? Montar um pouquinho nele?

– Pode, sim. Ele é bem mansinho, até demais... Tudo bem, Luiz Alves? Mais um pouco você vai estar mais alto do que eu.

O rapaz cumprimenta o tio, seu favorito entre os irmãos de Caxias, e vai ajudar Luizinho a montar no cavalo pampa.

Carlos Miguel aproxima-se de Luiz e os dois se abraçam vigorosamente. Batem com as mãos espalmadas nas costas, felizes com o encontro. Depois ficam se olhando, emocionados, segurando os braços um do outro.

– Mas que milagre... Você parece dez anos mais moço.

– É como estou me sentindo, meu irmão.

E, apontando para a cachoeira, cujo som o obriga a erguer um pouco a voz:

– Dois banhos de uma hora por dia, mais umas braçadas nesse laguinho, que recebe e leva embora o que tenho de ruim na cabeça.

– Na cabeça?! Pensei que você sofresse do fígado...

– Depois te explico tudo isso. Quando você chegou?

– Um pouco depois que vocês saíram do hotel. Ainda tomei café com a minha cunhada, que também remoçou muito. Eu pareço o mais velho dos três!

E dá uma gargalhada.

– Tudo bem na Corte?

– Durante esses meses que você esteve se recuperando, só tivemos *to much noise for nothing,* como dizia o velho Shakespeare.

Mas, agora, acredito que, pelo menos para o Exército, as coisas vão melhorar.

– Como assim, Carlos Miguel?

– Estou aqui como emissário do Presidente do Conselho de Ministros. Depois de consultar o Imperador, o Marquês do Paraná pediu-me para vir saber da sua saúde. O Hermeto vai convidar você para ser o novo Ministro da Guerra.

A frase *depois de consultar o Imperador* fica ressoando nos seus ouvidos. Luiz respira fundo o ar perfumado e contempla a cachoeira por alguns momentos, ouvindo o som das águas caindo do alto da pedra. Agora, infelizmente, como despedida.

XXXIII
Fazenda Santa Mônica,
7 de setembro de 1879

— Um brinde à data de hoje, senhor meu Duque.

Caxias olha para o genro, erguendo também o pequeno cálice de cristal *bisélé*.

— Sim, meu caro Barão, um brinde à Imperatriz Leopoldina.

Francisco apenas inclina a cabeça. Mas Luiza de Loreto não esconde sua curiosidade.

— À Imperatriz Leopoldina?!

— Sim, minha filha. Você pode beber tranquila o seu licor. Há exatamente 57 anos, através de uma carta muito bem escrita, quem convenceu o Príncipe Dom Pedro a arrancar da espada e proclamar a Independência do Brasil foi sua mulher.

— Eu... eu não sabia disso. Conte mais, papai.

Impressionado que sua querida filha, com quase cinquenta anos, às vezes ainda lhe pareça uma criança, ele sorri:

— A História costuma ser escrita pelos homens. Mas Dom Pedro II, que é muito mais parecido com sua mãe do que com seu pai, mostrou-me até o original dessa carta. Também tive oportunidade de ler uma cópia arquivada em nosso Instituto Histórico e Geográfico.

— O que diz nela?

— Diz que Dom Pedro, que era o Príncipe Regente do Brasil, perdera todos seus poderes por imposição das Cortes de Lisboa, e que deveria voltar imediatamente para Portugal.

— Disso eu já sabia.

– Sim, mas talvez você não saiba que, ao partir para São Paulo, na tentativa de tranquilizar aquela província, Dom Pedro deixou a Princesa Leopoldina em seu lugar na Regência. E foi depois de presidir uma reunião do Conselho de Estado, no dia 2 de setembro de 1822, que ela escreveu a carta.

– Isso eu não sabia, papai. E que mais ela dizia na carta?

– Luiza, por favor, quer que seu pai saiba essa carta de cor?

– Não se preocupe, meu estimado Francisco, acredito que ainda posso reproduzir para Aniquinha o essencial.

– Como desejar, senhor meu Duque.

Sempre impressionado com a formalidade do genro, Caxias prossegue, dirigindo-se diretamente à filha:

– Lembro perfeitamente das primeiras frases: *O Brasil está como um vulcão. Até no paço há revolucionários. Até portugueses revolucionários...* Depois ela relata essa questão humilhante das ameaças feitas pelas Cortes de Lisboa, e que o Conselho de Estado aconselha o Príncipe a ficar.

– Sim, por isso comemoramos o Dia do Fico.

Francisco não esconde a sua impaciência:

– O Dia do Fico aconteceu em 9 de janeiro, Luiza, e esses fatos são de setembro...

– Sim, sim, me desculpem. Fiquei empolgada com a essa história da carta. Sempre pensei que o responsável por convencer Dom Pedro I tinha sido o Ministro José Bonifácio.

Caxias contempla o cálice vazio e o genro apressa-se em servi--lo, sob o olhar desconfiado de Luiza, que consegue se manter calada.

– Este licor de café está extraordinário, Francisco.

– Como foi a safra deste ano. Com a participação dos escravos alforriados e desses trabalhadores italianos, homens e mulheres, conseguimos fazer a colheita com mínimas perdas e no tempo certo. Já agradeci à Princesa Isabel pelos seus conselhos. E vou usar parte dos lucros para avançar nas obras da Igreja Nossa Senhora do Patrocínio.

– Fico feliz com tudo isso, meu prezado Barão. Em um dos discursos no Senado, contrariando o meu partido conservador, deixei claro que a grande barreira para a libertação total dos escravos, depois da Lei do Ventre Livre, que já está completando oito anos, será transposta quando os proprietários rurais se convencerem de que o trabalho dos alforriados, agora aliado à mão de obra estrangeira, mesmo com o pagamento de salários, será lucrativo para todos. E eliminará a chaga da escravatura, que se tornou ainda mais detestável depois que os negros lutaram como bravos lá no Paraguai.

Temerosa de que a Princesa Leopoldina seja novamente esquecida, Luiza volta ao assunto:

– Concordo com tudo isso, e estou feliz... Mas hoje é 7 de setembro. Pode contar um pouco mais sobre essa carta, papai?

– Sim, Aniquinha. E prometo que vou escrever ao IHGB pedindo para que façam uma cópia para você.

– Obrigada, papai. Mas conte um pouco mais.

Caxias molha os lábios no licor, deposita o cálice com o maior cuidado sobre a toalha de linho, impecável, que cobre a mesa e retoma o tema interrompido.

– Vinte anos depois do 7 de setembro, em 1842, no início da campanha contra a revolta liderada pelo Brigadeiro Tobias e pelo Padre Feijó, eu refiz o mesmo caminho que fez Dom Pedro, de Santos a São Paulo. Uma longa e fatigante subida, para homens e cavalos. Passamos também pelo Riacho Ipiranga, onde o estafeta encontrou o Príncipe Regente e entregou-lhe a correspondência do Rio de Janeiro.

– E, então, o que mais dizia a carta da Imperatriz Leopoldina?

– Ela ainda não era Imperatriz, Luiza, você...

– Por favor, Francisco. Deixe o papai contar.

– Bem, além das frases que já relatei, há outras impossíveis de esquecer, como esta, que certamente agradará a você: *Meu coração de mulher e de esposa prevê desgraças se partirmos agora para Lisboa.*

– Frase linda... Dá até vontade de chorar. E depois?

– Depois, ela toca num ponto muito sensível. Diz que, na sua opinião, os pais de Dom Pedro não são mais o Rei e a Rainha de Portugal, pois se submeteram ao despotismo das Cortes. E escreve textualmente: *O Brasil será em vossas mãos um grande país. Mas, com vosso apoio ou sem ele, fará sua separação.* E arremata de forma magistral: *O pomo está maduro, colhei-o!*

Agora, as lágrimas correm livremente pelo rosto de Luiza. Até Francisco parece sensibilizado. Caxias pega o cálice, sempre com atenção, leva-o aos lábios e bebe seu pequeno conteúdo. E logo uma imagem se forma em sua mente. Uma outra mulher maravilhosa, Mariana Cândida, na noite em que surpreendeu o marido e o filho brindando por uma guerra em que poderiam morrer. Os dois militares parecendo insensíveis ao seu sofrimento, acostumados que eram em deixar mães e esposas com toda a responsabilidade da família, somada à angústia da espera.

Vendo que um empregado chega à porta da sala de refeições, Francisco tira um lenço do bolso e o entrega à esposa. Depois ergue a voz com autoridade:

– Do que se trata, Samuel?

– Perdoe, sr. Barão, é que a correspondência acaba de chegar da estação e tem uma carta para o sr. Duque com o timbre do Ministério da Guerra.

– Pode deixá-la no aparador.

– Sim, sr. Barão. Deseja mais alguma coisa?

– Não, Samuel. Hoje é dia de folga para todos. Cuide para que minha ordem seja cumprida.

– Perfeitamente, Excelência.

Tendo evitado que o administrador visse as lágrimas de Luiza, Francisco levanta-se e caminha até o *console* com tampo de mármore. Pega a carta, dá uma rápida olhada no timbre e a traz para o sogro. Caxias contrai o cenho e lhe pede:

– Pode abri-la e lê-la para mim? Perdoe, deixei meu *pince-nez* no quarto.

Sempre formal, o Barão de Santa Mônica inclina a cabeça. Retira do bolso da algibeira um canivete, novidade fabricada na Inglaterra, abre-o e introduz a ponta da pequena lâmina num canto superior do envelope. Retira uma folha e lê com voz pausada:

À Sua Excelência o sr. Marechal Duque de Caxias

Sua Excelência o sr. Ministro da Guerra, Marechal Manuel Luiz Osório, em nome de sua Majestade o Imperador Dom Pedro II, tem a honra de convidar Vossa Excelência para os atos comemorativos do Dia da Independência do Brasil, a terem início com uma Alvorada Festiva, exatamente às seis horas da manhã, junto à estação ferroviária do Paço da Quinta da Boa Vista.
Este convite é extensivo à Suas Excelências o sr. Barão e a sra. Baronesa de Santa Mônica.
Rio de Janeiro, 1º de setembro de 1879

– Segue-se a assinatura do Ministro.
– Que pena, papai... Francisco. Se tivéssemos recebido esta carta com tempo...
– Com todo respeito, minha filha, se Sua Majestade o Imperador e o meu velho amigo Marechal Osório desejassem de fato a nossa presença, poderiam tê-la enviado com maior antecedência.
– Ou confirmá-la pelo código Morse, através de um telegrama para a Estação Desterro.
– Exatamente, Francisco... Lamento por você, Aniquinha.
Luiza de Loreto leva a mão direita espalmada ao peito e arregala os olhos.
– Eu até dou graças a Deus... Imagino que, para assistir a essa Alvorada Festiva, deveríamos acordar às duas horas da madrugada. Ou passar a noite em claro em *toilette* de festa. Aliás, para nós mulheres, uma tragédia saber a roupa adequada e a *maquillage* para usar às seis da manhã. No meu caso...

— Tudo bem, Luiza, a estas horas, como nós, eles devem estar comemorando em algum almoço festivo. No qual, seguramente, o nosso Imperador vai cair no sono.

Agora é a vez de Caxias manifestar sua surpresa.

— Não entendi o que isso significa, Francisco. Por que Dom Pedro II *vai cair no sono*?

— Desculpe, meu sr. Duque, mas isso nunca aconteceu na sua frente? Nas reuniões do Ministério, por exemplo?

Com as famosas rugas vincadas entre as sobrancelhas grisalhas, Caxias ganha um ar autoritário.

— Não, pelo menos, nunca na minha presença. Explique-se melhor, por favor.

Arrependido do que dissera, o Barão faz um gesto em direção à garrafa de cristal, entende a recusa do sogro e serve-se de mais um cálice de licor. Bebe um gole, pensativo, e diz, com voz cautelosa:

— Melhor contar-lhe um fato que aconteceu no mês passado e que me foi relatado como mais uma *boutade* do Marechal Osório.

— Cada vez entendo menos, meu genro. O Imperador *caindo no sono* em público. O Marechal Osório contando anedotas...

Francisco fica vermelho e tosse duas vezes. Luiza vem em seu auxílio.

— É a história da espada? Você já me contou e eu a achei muito divertida. Acredito que papai também vai achar.

— Provavelmente, se tiver a oportunidade de ouvi-la.

Já recuperado, o Barão pega o guardanapo e passa-o com cuidado na boca. Depois, tenta sorrir.

— A história que corre na Corte, é que, numa reunião do Ministério, realizada no Paço da Cidade, logo depois do almoço, Sua Majestade pegou no sono no meio de uma longa explicação do Ministro das Finanças.

— Realmente, essas prestações de contas costumam ser enfadonhas.

— Além disso, segundo fiquei sabendo por um amigo médico, nosso Imperador vem sendo acometido por inesperadas crises de sono, definidas por ele como quedas de pressão arterial, ou coisa parecida.

– Desconheço esse fato. E o que aconteceu?

– Aconteceu que o Imperador caiu mesmo no sono e começou a ressonar, com o queixo sobre o peito... Então, a situação se tornou delicada, até embaraçosa, por não encontrarem os ministros um meio capaz de resolvê-la sem ferir os melindres do Monarca.

Velho conhecedor dessas reuniões ministeriais, Caxias imagina perfeitamente a cena. E estimula, com um gesto de cabeça, o genro a continuar o relato.

– Realmente, deve ter sido constrangedor... Prossiga, Francisco.

– Passados alguns momentos, o Marechal Osório, sentado à direita de Dom Pedro II, desprendeu a espada do cinturão e deixou-a cair intencionalmente no piso de tábuas corridas.

– Deve ter feito um grande barulho.

– Sim, o suficiente para o Imperador despertar de repente e se ajeitar na cadeira, enquanto o Ministro da Guerra recolhia a espada num gesto estudado e a recolocava à cinta. Foi quando Dom Pedro II, usando do humor que lhe é peculiar, disse ao Marquês: *Meu estimado Marechal Osório, na Guerra do Paraguai, não recordo ter ouvido falar que Vossa Excelência tenha deixado cair sua espada.* A resposta foi fulminante: *De modo algum, Majestade, mesmo porque no Paraguai não se dormia.*

Surpreendido com essa frase, Caxias dá uma risada franca, como a muito tempo não lhe acontecia. Sendo seguido pela filha e, principalmente, pelo genro, felizes com o desenlace da história.

XXXIV
Rio de Janeiro,
primeiros meses de 1863

O Imperador lê atentamente a carta que lhe entrega seu Ajudante de Campo, o Barão de Tamandaré, enquanto o Marquês de Caxias aguarda a reação do Monarca, com uma expressão sombria no rosto.

Rio Grande de São Pedro, 23 de junho de 1861
Exmo. Sr. Dr. Joaquim Antão Fernandes Leão,
D.D. Presidente da Província de S. Pedro do Rio Grande – Porto Alegre. Em mãos.

Senhor Presidente,

Dada a relevância dos fatos que devo relatar-lhe, passo diretamente a eles, ressalvando que se trata do lamentável naufrágio da barca inglesa Prince of Wales, *ocorrido na praia do Albardão, local deserto do nosso extremo sul, possivelmente na noite de 8 para 9 do mês em curso.*
Recebida a notícia, no dia 14 de junho, dei incontinenti todas as providências para dirigir-me ao local do sinistro, acompanhado do sr. Cônsul inglês e de uma guarda da alfândega.
Tendo encontrado no local o inspetor daquele quarteirão, por ele vim ao conhecimento de que nada mais havia que se pudesse arrecadar, além de muito pouca coisa que o dito inspetor tinha conseguido fazer; encontrei na praia, numa extensão de três léguas, os destroços do navio, barricas, baús e caixas com sinais evidentes de terem sido violados, e seu conteúdo pilhado.

Tendo procedido a indagações para vir ao conhecimento de quem teriam sido os arrombadores do carregamento da barca Prince of Wales, *nada pude conseguir, pois, tendo feito um exame e dado buscas em dez casas de moradores vizinhos ao lugar do naufrágio, nada encontrei que pudesse orientar-me.*

Disse o inspetor que tinham sido arrojados à praia dez cadáveres, entre os quais distingui os de uma mulher e de uma menina, e que os enterrava à proporção que iam aparecendo.

Com o rosto transtornado, Dom Pedro II ergue os olhos e diz, em voz baixa:
– Por esta carta de uma testemunha idônea, é indiscutível nossa responsabilidade pelo roubo da carga.
Tamandaré inclina-se, concordando.
– Sim, Majestade, embora tenha sido um roubo insignificante para a pretendida indenização de 3.200 libras esterlinas, uma vez que o grosso da carga do *Príncipe de Gales* não poderia ter sido roubada.
– E por que não?
– Como disse no Parlamento, em Londres, o Conde Malmesbury, criticando como opositor ao governo esse pedido de indenização ao Brasil, isso seria absolutamente impossível. Por essa razão, o sr. Marquês de Caxias e eu colocamos esta transcrição de um jornal londrino à disposição de Vossa Majestade.
– Leia, por favor.

O navio estava encalhado a três milhas da praia e foi a pique. O carregamento consistia em carvão, ferro, soda, barricas de cerveja e caixas dos marinheiros. Nem o carvão nem o ferro poderiam ir à praia flutuando, e tampouco é provável que fossem levados nos botes. Sem dúvida, pois, perderam-se ambos os gêneros. Os depoimentos são que os barris de cerveja foram arrombados pelas ondas. Portanto, as libras esterlinas, 3.200, só representam a soda. É inútil insistir na exorbitância de tão absurdo pedido.

– Nisso estamos de pleno acordo. Mas o embaixador inglês, o Ministro Christie, acusa-nos de um fato gravíssimo: o assassinato dos náufragos.

Tamandaré empertiga-se:

– Perdão, Majestade, mas assassinar náufragos por um roubo tão insignificante, algumas caixas de roupas... Além disso, nunca se ouviu falar no Brasil de algum sobrevivente assassinado em milhares de naufrágios que ocorreram em mais de três séculos na imensa extensão da nossa costa.

– No entanto, essa acusação foi feita pelo Cônsul inglês que esteve no lugar do naufrágio.

– Uma testemunha inidônea, meu senhor. Este *Mister* Vereker até já foi afastado do cargo, pelos próprios ingleses, por seu comportamento fora das normas diplomáticas. Fato que foi publicado no jornal londrino *Daily News* na reportagem em que também critica Lord Russel, o Ministro dos Estrangeiros, sempre envenenado pelas informações recebidas do Ministro Plenipotenciário William Douglas Christie.

O Imperador dirige-se diretamente a Caxias.

– Excelente que as opiniões contra o Brasil não sejam unânimes na Grã-Bretanha, mas enquanto Christie for seu representante entre nós não acredito em solução pacífica para o caso. Principalmente depois que esses três oficiais da *Royal Navy* foram presos no Alto da Tijuca, aliás, não longe de sua residência, sr. Marquês.

– Quer que lhe faça um resumo do que aconteceu?

– Ficarei grato. O relatório policial que recebi perde-se demais em detalhes.

– Pois esses três oficiais ingleses, à paisana, jantaram num restaurante da Tijuca, pertencente a um patrício deles, um local que eu conheço. Nesse jantar, segundo o inquérito feito a seguir, beberam muitos aperitivos de cachaça, duas garrafas de vinho *bordeaux* e meia garrafa de *cognac*.

– Álcool suficiente para uma boa bebedeira.

– Infelizmente, sim, Majestade, porque saíram a cometer agressões pelo caminho, começando por segurar a brida do cavalo de um cidadão que voltava para casa, fazendo com que a montaria o derrubasse. Depois, deram bengaladas na sentinela de um posto policial, por não lhes ter feito continência, ao que o soldado se defendeu com o cano do seu fuzil, evitando atirar e usar a baioneta.

– ...

– Chegados reforços, os ingleses foram dominados e postos no xadrez. Como recusaram-se a se identificar, gritavam muito e ninguém os entendia, dormiram na cadeia. Na manhã seguinte, já curados da bebedeira, foram interrogados por um delegado, que mandou fazer o registro policial e os soltou.

– Até aí, nada me parece fora de propósito... Do nosso lado, pelo menos. A arruaça nas ruas de qualquer cidade do mundo é tratada como tal pelas autoridades locais.

– Acontece que os oficiais ingleses voltaram para seu navio e fizeram queixa ao Capitão, que a passou ao Vice-Almirante Warren, o qual todos sabemos que só comanda a Estação Naval Britânica depois de receber ordens do Ministro Christie.

– ...

– Foi quando esse Embaixador, de forma prepotente e impulsiva, mandou dois encouraçados ingleses saírem barra afora e capturarem cinco de nossos navios mercantes.

Os três homens ficam em silêncio por alguns momentos. Até que Caxias retoma a palavra:

– Vossa Majestade já tomou conhecimento que a reação popular a esse ato de pirataria foi imediata. Manifestações espontâneas de pessoas de todas as classes foram se formando e se unindo pelas ruas próximas ao Paço da Cidade, de onde o Barão de Tamandaré e eu acabamos de chegar. Toda a área da Praça do Comércio, onde dominam as lojas e depósitos de negociantes ingleses, foi cercada pela polícia para evitar linchamentos e depredações. Isso porque o *slogan* gritado por todas as bocas é o mesmo: *Morte aos ingleses!*

O Imperador repete essas palavras com os lábios quase fechados e ergue-se de imediato, parecendo ainda mais alto diante dos dois militares.

– Vamos imediatamente para lá. Vou colocar-me à frente dessas manifestações.

Poucos minutos depois, deslocando-se em carruagem da Quinta da Boa Vista para o Paço da Cidade, Dom Pedro II vê-se cercado por manifestantes, mas não se intimida. Subindo à boleia, ao lado do cocheiro, manda a guarda baixar suas armas e só fala quando obtém silêncio, tirando então o chapéu em amplo gesto.

– *Deixarei de ser Imperador do Brasil no dia em que não puder sustentar dignamente a honra nacional e a independência de nossa Pátria!*

A convicção com que diz essas palavras, unida a sua grande estatura, barba e cabelos louros ao vento, em destaque no alto da boleia da carruagem dourada, eletrizam a multidão.

– *Morte aos ingleses! Viva o Imperador!*
– *Morte aos ingleses! Viva o Imperador!*

Dom Pedro volta ao interior da carruagem e prossegue seu caminho. Desde a madrugada, quando recebeu a notícia do sequestro dos cinco navios mercantes, aprisionados com a desculpa absurda de *uma represália* para garantir o pagamento das libras esterlinas, sabe que, em termos militares, não existe possibilidade real de enfrentar a esquadra britânica. *Só se desembarcarem poderemos derrotá-los, Majestade,* foram as palavras que ouviu do Marquês de Caxias. E, do Barão de Tamandaré, uma afirmação que reflete a triste realidade: *Nosso poderio naval é ínfimo diante deles.* O que significa, simplesmente: Se os atacarmos com nossos navios e com os canhões obsoletos das fortalezas de Santa Cruz e de São João, o Almirante Warren as neutralizará em poucas horas com seu imenso poder de fogo. E poderá também arrasar com seus canhões nossa frota e a cidade do Rio de Janeiro.

Resta apenas negociar, mas jamais enquanto os navios mercantes continuarem aprisionados pela Marinha Britânica. Para sustentar dignamente a honra nacional, é preciso que eles sejam libertados. E, como isso não pode ser feito pela força, o único caminho é o diplomático. Mas não através da Legação Britânica, chefiada por Christie, sempre antipático às causas brasileiras, aparentemente um inimigo do Brasil. Assim, Dom Pedro II decide tratar diretamente com Londres, dando instruções ao Ministro Carvalho Moreira. Se necessário, poderá dirigir-se diretamente à Rainha Vitória. Mas este deve ser o último recurso.

No salão de audiências do Paço da Cidade, cercado por uma multidão patriótica cada vez mais densa e ruidosa, começa o desfile de delegações em apoio ao Imperador. Um corpo de voluntários é formado em poucas horas, e seus integrantes colocam-se à disposição do Exército e da Marinha. Todos os oficiais em licença, mesmo alguns doentes, apresentam-se espontaneamente em suas unidades. Começa-se a fazer uma grande coleta de fundos para a compra de armas de países não dependentes da Inglaterra. Até o clero traz seu apoio através do Cônego Vigário-Geral Pereira da Silva.

Dom Pedro II precisa ganhar tempo para conseguir uma negociação minimamente justa, liderar o desagravo junto ao governo inglês e consolidar sua autoridade legal no Brasil. Assim, em decisão ponderada e bem conduzida, decide reunir o Conselho de Estado Pleno, assembleia somente convocada, nos termos da Constituição, em momentos excepcionais. Essa reunião ocorre no dia 5 de janeiro de 1863 e mobiliza todos os Conselheiros na tentativa de concretizar uma reação à altura da indignação popular. Mas também, na língua do adversário, de *show the flag*, ou seja, tornar pública junto às demais nações a firme posição brasileira.

Numa demonstração de maturidade, os Conselheiros advogam soluções diplomáticas para denunciar o vilipêndio já perpetrado contra a Nação, mas que, ao mesmo tempo, tragam alguma reparação ao orgulho nacional ferido por um agressor de muito maior poder militar. E eles conseguem. O depoimento do Visconde de Sapucaí é uma síntese da resolução tomada e demonstra, com todas as letras, o espírito da declaração brasileira:

O Governo Imperial não deve admitir o arbitramento, nem entrar em qualquer ajuste com a legação britânica, sem que sejam previamente relaxadas as presas feitas e dadas ordens para não se continuar a fazê-las. Postas, assim, as coisas no estado anterior às hostilidades ou represálias, o Governo Imperial poderá aceitar o arbitramento do Rei Leopoldo, da Bélgica, dando nesse sentido instruções ao ministro brasileiro em Londres para que o dito arbitramento não comprometa a soberania e independência do Brasil.

Enquanto o vapor de carreira leva a mala diplomática para Londres, o Imperador continua a receber as maiores demonstrações de patriotismo através de correspondências e delegações de todas as províncias brasileiras. Uma frase do Marquês de Caxias corre de boca em boca:

Tenho vontade de quebrar a minha espada quando não me pode servir para desafrontar o meu país de um insulto tão atroz. Mas que eles ousem desembarcar em qualquer rincão do território brasileiro, e nós os expulsaremos a ferro e fogo como fizemos com os holandeses no século XVII.

Sabendo da rapacidade dos ingleses pelo dinheiro, Dom Pedro II autorizou Carvalho Moreira, o ministro credenciado junto ao governo de Sua Majestade *A Graciosa Rainha Vitória*, a entregar a quantia de três mil e duzentas libras, mas salientando, em nota por escrito, que não era para pagar indenização por nenhum assassinato de náufragos, mas sim para liberar os barcos brasileiros e suas tripulações, uma vez que não era possível fazê-lo à força.

Porém, buscaria compensação financeira sobre quaisquer danos acontecidos às naves aprisionadas e seus tripulantes.

Libertados os cinco navios mercantes, diminuem as tensões, mas só na aparência. O boicote aos produtos britânicos, feito de forma espontânea pela população, faz entrarem em bancarrota muitos comerciantes ingleses, enchendo os cofres de seus concorrentes franceses e alemães. Antes da *Questão Christie*, o montante anual dos negócios britânicos, somente no Rio de Janeiro, elevava-se a cerca de sete milhões de libras esterlinas...

E todos ficam à espera da decisão do Rei Leopoldo sobre a culpa dos policiais brasileiros na prisão dos bêbados ingleses. Finalmente, após o monarca belga ter arbitrado favoravelmente ao Brasil, e de forma insofismável, o *affaire* referente ao encarceramento dos oficiais da *Royal Navy*, a situação de litígio deveria estar chegando ao fim. No entanto, como a decisão do Rei Leopoldo não foi aceita pelo governo britânico, o Brasil, no dia 25 de maio de 1863, rompe relações diplomáticas com o poderoso Império da Rainha Vitória.

Essa decisão obriga oficialmente o Ministro Plenipotenciário William Douglas Christie a *pedir passaportes* e se retirar para sempre do Brasil. O que é também obrigado a fazer o Vice-Almirante Warren com todos os seus navios, encerrando um capítulo doloroso, mas cheio de lições, da nossa História.

Novamente, o cancioneiro popular deixou seu rastro através de um soneto dedicado a Dom Pedro II, assinado por F.F. da Silva Lírio e publicado no *Jornal do Commercio*:

> *Quando o canhão inglês troar nos ares,*
> *E o grito de guerra, então, se ouvir,*
> *Há o povo do Brasil firme se unir*
> *Para defender com valor os pátrios lares.*
>
> *Junque a terra cadáveres aos milhares,*
> *Corra o sangue – os mares vá tingir!*

*Não há de a Grã-Bretanha conseguir
No Brasil à vitória erguer altares.*

*Em defesa da Pátria o veterano
Com valor a espada há de empunhar,
E o perigo enfrentará altivo e ufano.*

*Haveremos com denodo o sangue derramar,
E cheios de ardor americano,
A Inglaterra horrorizar.*

A respeito desse poema, *o veterano* Duque de Caxias, anos depois, deixou por escrito: *Toda essa reação patriótica foi como um ensaio para a guerra verdadeira que logo iríamos travar contra Solano López, esta sim que derramou tanto sangue sul-americano.*

XXXV
Fazenda Santa Mônica,
20 de setembro de 1879

Sentados em cadeiras confortáveis, no terraço do primeiro andar do casarão, o Duque de Caxias e seu genro Manoel Carneiro, Visconde de Ururay, examinam um quadro pintado à óleo, rico em imagens e cores.

– Que belo presente – diz Caxias, examinando a pintura que mostra em destaque um grupo de cavaleiros.

– Achei que iria apreciá-lo, senhor meu Duque. No entanto, trata-se de uma cópia. O original, que se acredita feito por um soldado brasileiro, extraviou-se completamente.

– Pela exatidão dos detalhes, certamente foi pintado por alguém que assistiu a esta cena. Impressionante, até o pelo do meu cavalo, recordo muito bem, era mesmo alazão com as patas brancas.

O Visconde fica com o rosto sombrio, hesita um pouco, mas resolve falar:

– Aliás, meu estimado sogro, a razão principal da minha visita é para falar-se sobre o seu cavalo Douradilho.

Caxias ergue o olhar para as palmeiras imperiais fronteiras ao terraço e fica à espera da má notícia. Manoel Carneiro prossegue em voz baixa:

– Depois que, a seu pedido, o fiz transportar para a minha fazenda da Machadinha, tive até a ilusão de que se adaptaria à maior liberdade no campo, onde passava o dia inteiro, sendo depois escovado e racionado por Luiz Alves e dormindo em cocheira. Passou, assim, muito bem, os últimos seis meses. Infelizmente, há duas semanas, estava morto junto da lagoa, quando Luiz o foi buscar ao entardecer. Morreu de velho, eu acredito.

A singeleza do relato emociona ainda mais o velho Duque. Mas o Visconde lhe revela um outro detalhe digno da sua sensibilidade:

– Depois de combinar com Ana, que ficou muito abalada, mandei enterrar seu cavalo de guerra atrás da Capela de Nossa Senhora do Patrocínio, em homenagem à contribuição que deu para livrar-nos daquele tirano paraguaio.

Por alguns segundos Caxias volta a empunhar a espada, agora em descanso na cabeceira da sua cama, e aponta com ela na direção para onde corre o cavalo Douradilho, sem medo dos balins que zunem, nem do troar dos canhões. Já viu alguns quadros retratando essa cena da batalha de Itororó, alguns deles, sem o menor respeito à verdade, trocando o pelo do cavalo para tordilho ou zaino negro. Com os olhos úmidos, diz apenas:

– Uma vez, quando menino, nosso Imperador perguntou-me se era legítimo dar pêsames a alguém pela morte de um cavalo de sua estimação. Disse-lhe que sim. E o senhor meu genro acaba de fazer o mesmo, dando um enterro digno ao meu Douradilho.

O Visconde inclina a cabeça e Caxias olha-o com simpatia.

– Obrigado por ter trazido Luiz Alves para cá. Vou conversar com ele ainda esta manhã. Tenho certeza de que está muito abalado.

– Depois do enterro, ele sumiu três dias no mato. Mas, como o conheço muito bem, não mandei ninguém a sua procura. E, quando voltou, não lhe fiz nenhuma reprimenda.

– Quando... perdemos Luizinho... ele embrenhou-se na Floresta da Tijuca por uma semana. Pensamos, Anica e eu, até no pior... Mas ele voltou e nunca mais falou no irmão, o seu melhor amigo.

Manoel Carneiro pensa em pedir licença e retirar-se do terraço, mas Caxias volta a contemplar a pintura.

– Quem fez o original, além do talento extraordinário, revela tal exatidão nos detalhes que mostra se tratar de uma testemunha, de alguém que estava mesmo lá. Para mim, trata-se de um paraguaio, provavelmente um oficial.

– Um paraguaio?!

– Sim. Observe que o quadro mostra o Coronel Estigarribia de costas e o Imperador de frente. Trata-se da cerimônia da rendição de seis mil paraguaios que estavam cercados na povoação de Uruguaiana. A espada do comandante que se rende está nas mãos do Ministro da Guerra, o Ferraz, que é retratado de perfil. Logo atrás dele, está aquela figura trágica, o Padre Duarte, um conselheiro dito religioso, mas que os inquéritos revelaram ter sido mais sanguinário que o próprio López...

– Nunca ouvira falar nesse personagem.

– Foi libertado, mas veio para o Rio de Janeiro, juntamente com Estigarribia e outros oficiais paraguaios, e com eles, provavelmente, o pintor deste quadro. No Brasil, deve ter tido tempo de sobra para discutir detalhes com seus camaradas, que também assistiram à cena pelo ângulo dos nossos inimigos.

– O Imperador estava vestido dessa maneira inusitada? Com poncho e chapéu gaúchos?

– Sim, estava frio naquele dia 18 de setembro de 1865, embora a poucos dias da primavera. Fato comum por aquelas plagas sulinas.

– E Vossa Excelência está exatamente atrás dele.

– Mantinha-me sempre assim, quando possível, meu cavalo pisando nas pegadas do cavalo dele. Como eu estava lá como seu *anjo da guarda*, como responsável por sua segurança, nada tendo a ver com as decisões militares, que dependiam também dos presidentes do Uruguai e da Argentina, meu papel era impedir que se arriscasse demais. O que, quase sempre, foi impossível.

– Os dois presidentes são esses barbudos que estão à direita do Imperador?

– Sim, os Generais Bartolomé Mitre e Venancio Flores. O argentino, um cavalheiro em todos os detalhes, mais político do que militar, com quem vim a conviver bastante quando assumi o comando das nossas tropas, dois anos depois. Já o uruguaio tinha essa mesma cara sempre fechada, embora nos tenha sido um aliado fiel contra Solano López, desde que o ajudamos a assumir a presidência da Banda Oriental. Mas, por ele, teríamos acabado com os seis mil paraguaios a tiros de canhão, desde os primeiros dias do cerco.

– O que teria sido uma mancha hedionda em nossa História.

– Que não aconteceu pela chegada do Imperador, um pacifista em todas as suas atitudes.

– Vossa Excelência também encontrou o presidente uruguaio no Paraguai?

– Não. Antes disso, o General Venancio Flores voltou a Montevidéu, onde foi assassinado na rua, a poucos passos de sua casa.

– Meu Deus do céu... Às vezes penso, com todo o respeito, senhor meu Duque, como Vossa Excelência conseguiu chegar a... idade tão madura.

– Pode diz *velhice* sem nenhum pudor, meu estimado Manoel Carneiro. Eu também me surpreendo de ter sobrevivido a tantos combates, desde a Bahia, com dezenove anos, até o Paraguai, já perto dos setenta; inclusive um deles no Campo de Santana, em 1832, a poucos passos da casa onde vivia Anica, alguns meses antes do nosso casamento... E, depois que assumi responsabilidades políticas, até como Presidente do Conselho de Ministros, de não ter sido assassinado na rua por algum fanático como o que matou Venancio Flores.

– O Rio de Janeiro não é Montevidéu, senhor meu Duque.

– Pode ser muito pior... No Uruguai não existem escravos, desde a independência, em 1828, e nós continuamos com os pelourinhos. Tratados como amigos, os uruguaios são cordiais, incapazes de traições mesquinhas. Você conhece o Marechal Osório, certamente?

– O Marquês do Herval? Sim, encontrei-o na sua casa, mais de uma vez.

– Como rio-grandense, Osório é uma mistura dos Generais Mitre e Venancio Flores. Cavalheiro em todas as suas atitudes, mas um guerreiro terrível com a espada na mão.

– Ele também está neste quadro?

– Não. Embora fosse o Comandante em Chefe de nossas tropas, ele ficara em território argentino, pronto a embarcar seus homens nos navios do Almirante Tamandaré, para atacar o Paraguai ou evitar que nos atacassem.

– Gosto muito do Visconde de Tamandaré. Ele estava, certamente, em Uruguaiana.

– Sim, mas poucos dias antes da chegada do Imperador, ele desceu o Rio Uruguai em seu navio capitânia até Concórdia, em território argentino, para conferenciar com Osório e Mitre. Foi quando decidiram que Osório ficaria garantindo a retaguarda, enquanto o Presidente Mitre iria para Uruguaiana com Tamandaré para encontrar-se com Dom Pedro II. Ferraz também não o queria por perto, para conseguir se manter como único na chefia das negociações.

– Como marinheiro, Tamandaré não deve estar neste quadro de cavalarianos.

– Pois está, sim. E exatamente do meu lado. Como rio-grandense, segundo me contou, aprendeu a montar a cavalo ainda menino.

– Fico feliz em ter conseguido comprar esta pintura num *bric à brac* da Rua do Ouvidor. Vi logo se tratar de uma cópia, pois não tem assinatura.

– Mais uma prova de que o autor, sendo um paraguaio, não a quis assinar.

– Na sua opinião, na perspectiva desta pintura, onde estaria ele?

– Muito próximo, certamente fora da área fortificada, podendo, pois, ser um dos dois ou três oficiais paraguaios que acompanharam Estigarribia na cerimônia de entrega da espada.

– O que mais aconteceu naquele momento?

Caxias respira fundo.

– Lembro que foi uma confusão medonha. Primeiro, milhares de soldados brasileiros, argentinos e uruguaios gritando ao mesmo

tempo, numa ovação enorme. Logo depois, centenas de cavalarianos rio-grandenses saíram de forma e galoparam até junto das fortificações, voltando com soldados paraguaios, desarmados, felizmente, montados na garupa. E levaram esses homens esfomeados para comer carne assada em seus bivaques.
– Um verdadeiro absurdo.
– Apenas mais um, dos muitos daquele dia. O mais deprimente foi o desfile dos milhares de soldados paraguaios saindo daquela ratoeira. Vestiam restos de uniformes e estavam magérrimos, imundos, mas sorridentes, em sua maioria. Todos levavam alguma coisa roubada nas mãos, na maioria objetos de pouco valor, como panelas, mantas e até guarda-chuvas.
– O que aconteceu com eles?
– Teoricamente, eram todos prisioneiros, salvo os oficiais, cujo tratado permitia partirem em liberdade. Mas nenhum oficial desejou voltar ao Paraguai, onde, segundo seus depoimentos, Solano López os faria fuzilar. Por isso, junto com Estigarribia, foram levados para o Rio de Janeiro.
– E os soldados?
– Na maioria, depois de recuperados, ganharam novos uniformes e foram incorporados às tropas uruguaias e argentinas.
– Pelo menos, falavam o mesmo idioma.
Caxias concorda, tristemente.
– Fatos como esse foram responsáveis pela inércia e indisciplina das nossas tropas, e da Tríplice Aliança, mesmo depois das grandes vitórias em Riachuelo e em Tuiuty, nesta última sob o comando do General Osório. Mas aconteceu que Osório, muito doente, foi obrigado a retornar ao Rio Grande. E, logo depois, pela mesma razão, Tamandaré também voltou para o Rio de Janeiro. Nesse meio-tempo, aconteceu o previsível. Sem pulso firme e desobrigados de rotinas, grupos de soldados são como que *oficinas do diabo*. Para um exército, o ócio é o primeiro passo para a indisciplina. Assim, os nossos contingentes, brasileiros, uruguaios e argentinos, estavam se transformando em *bandos armados*.

– Foi quando Vossa Excelência, chamado para assumir o comando dessas tropas, colocou ordem na casa, planejou a campanha e conseguiu derrotar o tirano Solano López.

– Dito assim, parece muito simples, meu caro Manoel. Antes de colocá-los em condições de combate, passei muitos meses devolvendo àqueles homens a confiança em si mesmos. Juntando aqueles cacos, muitos deles semelhantes aos paraguaios que vi saindo dos escombros de Uruguaiana, para transformá-los novamente em soldados e oficiais dignos de vestir uma farda. E não fiz isso sozinho, pode ter certeza. Ao aceitar essa missão, ainda no Rio de Janeiro, escrevi uma carta a Osório convidando-o a voltar ao Paraguai, de preferência à frente de mais alguns milhares de voluntários rio-grandenses. O que ele fez, tornando-se, com sua Cavalaria, o mais vitorioso dos meus generais.

– Mas sob seu comando, Excelência.

Caxias ergue-se da cadeira, no que é imitado pelo genro.

– Sim, todos nós combatendo juntos os paraguaios que, não se iluda com a cena dos derrotados de Uruguaiana, eram, em sua maioria, soldados de grande bravura.

XXXVI
URUGUAIANA,
23 DE SETEMBRO DE 1865

O Marquês de Caxias apeia do cavalo alazão e entrega as rédeas ao soldado ordenança. Ergue o peito, acomoda o chapéu bicórneo na cabeça e fica contemplando a estranha construção. Diante dele, na pequena praia junto ao Rio Uruguai, está montada uma grande tenda guarnecida com bandeiras e galhardetes. Como a cidadezinha de Uruguaiana está em ruínas, nenhum de seus prédios, nem mesmo a igreja, foi considerado em condições para palco da cerimônia. Assim, acertara com o Visconde de Tamandaré para que a entrega das credenciais do Ministro Thornton ao Imperador fosse feita em local seguro, sob a vigilância dos canhões da flotilha. Dessas naus, principalmente da *11 de Junho,* a sua capitânia, foram trazidas as velas novas, agora armadas nesta tenda de estilo mourisco, e os móveis para decorar seu interior.

O nome daquele navio a vapor, também armado como veleiro, cujo pequeno calado lhe permitia navegar nos baixios do Rio Uruguai, fora trocado para homenagear a data da Batalha do Riachuelo, acontecida há pouco mais de três meses. Como Comandante em Chefe das Forças Navais Brasileiras no Rio da Prata, Tamandaré conseguira bloquear o caminho fluvial do Paraguai, graças a um planejamento minucioso, principalmente para montar uma flotilha de navios a vapor e colocá-la em ponto estratégico, sob o comando do Almirante Barroso. Começara por obter o carvão necessário para esses barcos estarem sempre em ação, o que não foi fácil. Depois de dar apoio às nossas tropas terrestres na conquista de

Paissandu, baluarte de Aguirre, o adversário uruguaio do General Venancio Flores, que se aliara a Solano López, Tamandaré acertara na sua estratégia: impedir que o inimigo controlasse os rios Paraguai e Paraná. E, após a grande vitória que neutralizara a esquadra inimiga, restavam aos paraguaios somente os ataques por terra.

Um detalhe pessoal que seu amigo Lisboa lhe contara era desconhecido até do Imperador. Em 1835, quando ele e Barroso eram tenentes e combatiam os revoltosos do Grão-Pará, aproveitaram um momento de trégua, num domingo, para realizarem uma prova de natação. Com outros jovens oficiais, jogaram-se às águas do Rio Cametá. Logo, Lisboa e Barroso, os melhores nadadores, tomaram a frente do grupo, ganhando distância e começando a atravessar o ponto onde a correnteza era mais forte. Daí em diante, Caxias parece escutar a voz de Tamandaré contando-lhe a história:

Meu amigo perdera as forças e estava sendo engolido pelas águas, subindo e voltando à tona com extrema dificuldade. Mergulhei até onde ele estava e segurei-o pela cintura, dizendo-lhe para não lutar mais, apenas apoiar-se nos meus ombros. Barroso ainda me disse, o valente, para deixá-lo e salvar-me. Finalmente, convencido de que eu não o abandonaria, deixou-se levar comigo no turbilhão da correnteza, que venci, não sei como, em braçadas cada vez menos vigorosas até chegar ao portaló do Brasileiro. *Que nome profético para o brigue que nos acolheu... Por um desses insondáveis mistérios da vontade de Deus, eu salvara da morte, exatamente trinta anos antes, aquele que viria a comandar a esquadra brasileira na Batalha do Riachuelo, neste 11 de junho de 1865, até hoje, a nossa maior vitória naval.*

– Bom dia, Marquês de Caxias. Está gostando da nossa tenda das *Mil e uma noites*?

Surpreendido pela voz real de seu amigo, Luiz também sorri e diz em voz baixa, enquanto lhe aperta mão:

– Bom dia, Visconde de Tamandaré. Pena que todo esse trabalho seja para valorizar uma cerimônia que não deve ser do seu agrado, como não é do meu.

– É verdade. Continuo *engasgado* com esses ingleses e reatar relações diplomáticas com eles, somente dois anos depois daqueles absurdos da *Questão Christie*, não me deixa nem um pouco feliz. Mas nosso Imperador tem razão, relações diplomáticas sempre trazem algum dividendo. Temos que negociar com a Inglaterra para a compra de armamentos; no caso da Marinha, até dos encouraçados que Solano López lhes encomendara e que, depois da derrota no Riachuelo, ele jamais receberá.

– Que tal lhe pareceu esse Ministro Thornton?

– Um diplomata *meloso* que aceitou até o ultimato que Dom Pedro II lhe deu, de só receber suas credenciais em pleno campo de batalha.

– Uma batalha que não aconteceu aqui em Uruguaiana, principalmente graças a sua interferência.

– Obrigado, mas é exagero da sua bondade. Ajudei no que podia para evitar o massacre dos paraguaios de Estigarribia, e sempre com apoio do Visconde de Porto Alegre na chefia das nossas forças, aqui em Uruguaiana. Mas a chegada de Dom Pedro II, sua presença impressionante, foi o que convenceu Estigarribia a entregar-se, confiando na palavra do nosso Imperador.

– ...

– No entanto, voltemos ao que importa. Meu amigo veio verificar as condições de segurança antes de voltar aqui com Sua Majestade?

– Exatamente. Mesmo estando certo de que você tomou as providências necessárias, minha responsabilidade é de olhar tudo com meus próprios olhos.

Lisboa ergue o braço direito em direção ao rio.

– Deixei abarrancados, guarnecendo as passagens, dois dos nossos navios a montante e dois a jusante, como se pode ver daqui, o que vai impedir a circulação de qualquer coisa que flutue sobre essas águas.

– Muito bom.

– Além disso, aqueles três navios próximos da outra margem estão ali também para impedir qualquer surpresa daquele lado. Mas, para não melindrar nossos aliados, convidei alguns oficiais argentinos, que estão agora a bordo, para nos auxiliarem nessa tarefa.

– Meu caro Tamandaré, não me parece que tenha deixado qualquer detalhe sem planejamento. Não consigo pensar em alguma outra providência. Tudo está sob controle. E acho até que você se tornou mais político. Ter transportado esse embaixador britânico desde Buenos Aires parece ter estimulado seus talentos diplomáticos.

– Longe de mim, meu caro Marquês. Desde o batismo de fogo, que fizemos juntos, na Bahia, em 1823, jurei a mim mesmo que só me dedicarei à Armada do Império do Brasil, indo para onde ela me mandar, salvo se a mim for atribuída a missão de Ministro da Marinha, ou outro cargo político.

Caxias olha firme nos olhos de Tamandaré:

– Pois saiba que eu o invejo por isso. Por ter aceito, a convite dos rio-grandenses, em 1846, ser candidato a senador, cargo vitalício, atrelei-me sem querer à política partidária. Depois, como você sabe, fui ministro da Guerra e até presidente do Conselho de Ministros, sempre a convite de Sua Majestade, o que me angariou inimigos poderosos no Partido Liberal, como esse Ferraz e muitos outros.

– Isso é lamentável, principalmente neste momento. O próprio Osório me disse, há poucos dias, que está pronto a entregar-lhe o comando do nosso Exército e seguir suas ordens como o fez contra os farroupilhas e na campanha em que derrotaram Oribe e Rosas.

– Esse comando está em boas mãos... Infelizmente, não posso dizer o mesmo em relação ao ministério da Guerra, onde o paisano Ferraz pensa mais como político do que como brasileiro. Dar segurança ao nosso Imperador, com exceção deste momento, em que você planejou todos os detalhes, tem sido um pesadelo desde que saímos do Rio de Janeiro.

– Para mim, o momento mais difícil foi quando Ferraz concordou com aquele *passeio na 11 de Junho*; uma ideia maluca de levar o Imperador para *verificar a posição dos paraguaios cercados*, o que o colocou de forma temerária ao alcance dos canhões do inimigo.

Caxias sacode a cabeça, desconsolado. Mas logo sua atenção é despertada pelo som de instrumentos musicais. Tamandaré ergue as sobrancelhas e fala suavemente:

– A nossa banda já está postada em frente à tenda. Quando soube desta cerimônia, ainda em Buenos Aires, a fiz transferir da *Niterói*, com maior calado, para a *11 de Junho*.

– É incrível como consegue planejar todos os detalhes. Mas já sei disso há muitos anos, desde que lutamos juntos no Maranhão. Sim, concordo com você, a música marcial eleva o moral de todos nós.

– O que você vai fazer agora, Marquês, pretende voltar até ao acampamento do Imperador?

– Exatamente. Como costumo dizer, o meu cavalo deve pisar nas pegadas do cavalo dele. A não ser na próxima viagem, na qual, felizmente, o Imperador estará sob sua responsabilidade.

Parecendo surpreendido, Tamandaré ergue a voz acima da música, pois agora já é possível ouvir bem próximos os acordes em uníssono dos instrumentos da banda.

– Ainda não recebi instruções de Sua Majestade a esse respeito.

– Ele lhe dirá oficialmente, após a cerimônia de reatamento das relações diplomáticas com a Grã-Bretanha, mas autorizou-me a preveni-lo desde já. Nosso Imperador pretende visitar Itaqui e São Borja, para levar consolo aos habitantes dessas cidades, que tanto sofreram com a invasão dos paraguaios.

– E quando devemos partir?

– Entre hoje e amanhã.

– Obrigado por me prevenir. Vou convocar o Imediato da *11 de Junho* para que prepare a minha cabine para ser ocupada por

Sua Majestade, além de todas as demais providências. Você virá também, naturalmente.

– Sim, *por supuesto*, mas não se preocupe comigo, posso ficar em qualquer lugar, até na coberta. Desde criança, quando atravessava a Baía da Guanabara, tenho paixão por navegar.

Alguns minutos depois, a caminho da tenda do Imperador, armada pouco mais de meia légua dali, em local alto e bem protegido pelas tropas brasileiras, Luiz pensa na invasão de São Borja. Graças a uma longa entrevista com David Canabarro, tomou conhecimento de tudo o que ali aconteceu, quem diria, exatamente pelo general rio-grandense contra quem lutara na Revolução Farroupilha.

Sob o comando do Tenente-Coronel Antonio de La Cruz Estigarribia, milhares de soldados paraguaios se aproximam de Santo Tomé, cidade argentina do outro lado do Rio Uruguai. Trazem com eles, em muitas carretas, vinte canoas construídas para transportar vinte soldados cada uma, num total de quatrocentos em cada travessia para São Borja, na margem brasileira, além de cavalos e canhões. O velho Brigadeiro David Canabarro é o comandante das tropas encarregadas de defender a fronteira, mas está neste momento muito longe, na cidade de Santana, vizinha à República Oriental do Rio Uruguai. O Coronel Fernandes, encarregado da vanguarda de Canabarro, ignorando que a invasão, caso não passasse de um boato, seria feita por São Borja ou por Itaqui, estacionara suas tropas no Passo das Pedras, mais ou menos a meio caminho entre as duas cidades. Assim, quando na noite de 9 de junho de 1865 as canoas atravessam o rio com os primeiros quatrocentos invasores, não passam desse número os soldados brasileiros que os irão enfrentar. E, logo, as vinte canoas voltam para buscar outros, milhares de outros paraguaios.

É quando se instala o caos na população de São Borja. Velhos, mulheres e crianças arrancados do sono abandonam suas casas em desespero, só pensando em fugir dos degoladores. Desembarcadas as tropas paraguaias em solo brasileiro, é impossível contê-las com tão pequena guarnição. Nossos soldados lutam como podem, mas a cada inimigo que cai morto, avançam dois ou três recém-desembarcados.

Muito perto estão os invasores de entrar em São Borja, quando surge a sua frente o 1º Batalhão de Voluntários da Pátria, com bandeira alçada, que, ao toque do clarim, dando vivas a Sua Majestade o Imperador, faz uma carga terrível. O entrechoque deixa isolado o oficial que carrega a nossa bandeira, que é passado pela espada por um paraguaio. Sua mão em garra avança para a bandeira verde--amarela, enquanto grita para seus comandados: ÉS MIA!

Neste momento, em uma surpreendente iniciativa de coragem, o Furriel Luiz Antônio de Vargas, um dos soldados destacados para a guarda da bandeira, reage atacando o cavalariano paraguaio, que tenta repeli-lo usando a garrucha. Tendo errado o alvo, o paraguaio puxa da espada e investe com toda fúria contra o Furriel. Mas Vargas se antecipa, desvia a lâmina e crava a baioneta no peito do inimigo, que tomba, inerte, deixando a bandeira nas mãos do infante brasileiro.

É quando o Coronel João Manuel Mena Barreto, comandante dos Voluntários da Pátria, ante o exemplo de valentia de seu subordinado, arranca da espada e lidera seus homens numa nova carga. Os paraguaios recuam para a margem do rio, onde ficam sob a proteção de alguns canhões já desembarcados. No decorrer desse dia, os comandantes paraguaios, ignorando o tamanho das forças brasileiras, decidem só atacar depois que todos os oito mil homens, com os cavalos e armamentos, tiverem desembarcado.

Enquanto isso, os habitantes, liderados pelo Cônego Jean-Pierre Gay, que veio a contar esses fatos a Canabarro, começam a fugir a pé, a cavalo e em carretas na direção de Alegrete.

Estigarribia, antes de atravessar o Rio Uruguai, toma uma decisão desastrosa, mas seguindo as ordens de Solano López. Deixa parte de seu exército em território argentino, cerca de três mil homens sob o comando do Major Duarte, que deverão seguir pela margem direita do rio. Esse contingente, alguns dias depois, foi completamente derrotado pelo General Venancio Flores.

Depois de saquear São Borja, Estigarribia marchou com o grosso da tropa até Itaqui, onde os paraguaios cometeram toda sorte de barbarismos com a pequena população que encontraram. Dali, sempre margeando o rio em seu caminho para Montevidéu, tomaram Uruguaiana, onde foram cercados.

Luiz chega na tenda do Imperador, a tempo de ver uma cena inusitada. Os dois maiores inimigos na Revolução Farroupilha, principalmente depois da traição do Cerro dos Porongos, os generais David Canabarro e Francisco Pedro de Abreu, sem esconder o desgosto, apertam-se as mãos, a pedido de Dom Pedro II.

Esta cena, contada de forma satírica pelo Conde D'Eu, descreve Canabarro como *um corcunda semelhante a Quasímodo* e o Barão do Jacuí como *um gnomo cabeçudo de orelhas pontudas*.

XXXVII
Fazenda Santa Mônica,
4 de novembro de 1879

— Por que vocês não me contaram?

Caxias pronuncia essa frase com o cenho fechado, o olhar fixo nas filhas, que parecem assustadas como duas crianças.

– Faz um mês que morreu um dos homens mais importantes do Brasil, meu amigo há quarenta anos, e eu não fui prestar-lhe homenagens. Imagino o que estão pensando de mim seus três filhos e a filha Manuela, que me trata como tio desde menina.

Ante o silêncio que se instala em torno da mesa do café da manhã, ouvem-se apenas, pelos janelões escancarados, os sons habituais da fazenda: o canto de um bem-te-vi, os berros de vacas e bezerros no curral, um relincho distante.

– Muito bem. Se não fosse esta carta do meu afilhado Zeca Paranhos, enviada lá de Liverpool, onde é nosso cônsul, eu ainda não saberia da morte de Osório.

– Nós decidimos esperar pelo enterro...

– ...para lhe contar.

– Vocês decidiram. Agora acreditam que podem tomar decisões por mim.

– Só pelo seu bem, papai...

– ...pela sua saúde.

– Minha saúde não existe desde que peguei malária no Maranhão! Se não morri de nenhuma peste até agora, e nunca fui ferido com gravidade em não sei quantos combates, acho que é porque Deus não quis, talvez para que eu pague aqui mesmo todos

os meus pecados... Agora, me digam, por que Osório ficou um mês sem ser sepultado?
– Nós...
– ...não sabemos, papai. Mas Francisco e Manuel foram ao enterro, que foi ontem...
– ...no cemitério dos veteranos da Guerra do Paraguai, na Ilha do Bom Jesus.
– Então, ele morreu no dia 4 de outubro e só foi enterrado ontem, dia 3 de novembro. Por isso, deu tempo do meu afilhado receber a notícia lá na Inglaterra, organizar um pequeno *dossier* histórico, me escrever pela mala diplomática, a carta atravessar o oceano, chegar na minha casa na Tijuca e depois vir de trem até aqui... Pelo amor de Deus, onde ficou o corpo de Osório todo esse tempo?
– O que sabemos é que foi embalsamado e ficou exposto à visitação pública...
– ...na Igreja de Santa Cruz dos Militares.
– Embalsamado? Exposto à visitação pública? Duvido que Osório tenha pedido isso em seu testamento. Sem dúvida, como aqui em casa, foram outras pessoas que decidiram.
– Francisco acha...
– ...e Manoel também...
– ...que ele foi embalsamado porque seria transladado para o Rio Grande. E, depois, como Manuela e o filho mais velho, que é deputado, moram no Rio de Janeiro...
– ...não quiseram ficar tão longe dele.
Caxias enche os pulmões de ar e depois o vai soltando, aos poucos, sem tirar os olhos das filhas.
– Muito bem. Embora eu tenha deixado tudo por escrito, vamos *recordar* juntos quais as instruções para o *meu* sepultamento. E tratem de escutar e fazer exatamente como eu quero, porque, se não, eu volto para puxar os pés de vocês.
Como ele diz esta última frase quase sorrindo, Aniquinha e Aniquita sentem-se aliviadas e ficam atentas, embora saibam muito bem os últimos desejos do pai.

– Quero que meu enterro seja feito sem pompa, dispenso totalmente as honras militares, as do Senado e as do Paço. Meu corpo deve ser carregado por seis soldados rasos da guarnição da Corte, que foi a que comandei por mais tempo, soldados dos mais antigos e de bom comportamento. Como tenho direito que o enterro seja custeado pela Irmandade da Cruz dos Militares, não se esqueçam de dar aos seis soldados trinta mil reis para cada um, pois, apesar de tudo que tentei, até como ministro, continuam ganhando muito pouco. Não deixem embalsamar meu corpo, de jeito nenhum: que ele se decomponha como nasceu. E, como me orgulho da minha carreira, quero que me enterrem fardado, mas apenas com as medalhas do Mérito e da Campanha do Paraguai.

Meia-hora depois, concluído o tumultuado desjejum com as filhas, Caxias volta ao quarto e relê a carta do seu afilhado José Maria da Silva Paranhos Júnior, filho do Visconde do Rio Branco. Um rapaz brilhante aquele. Ainda lembra com prazer dos banhos de mar que tomavam juntos, na Praia do Flamengo, quando *Zeca*, como sempre o chamou, ainda era um adolescente. Desprezando a companhia dos amigos da sua idade, nadava ao lado do padrinho e depois, enquanto descansavam na faixa de areia, o *sugava* sobre os acontecimentos históricos do Brasil dos quais fora protagonista. E pedia detalhes que guardava de memória e depois anotava em seus cadernos. Foi assim que, aos dezoito anos, começou a publicar artigos históricos na *Revista Popular*, do Rio de Janeiro. Em 1866, aos 21 anos, graças ao estilo sóbrio, a sua facilidade para desenhar e ao perfeito domínio da língua francesa, teve artigos seus publicados na revista *L'Illustration*, de Paris, onde defendeu a posição do Brasil na Guerra do Paraguai. Dois anos depois, conquistou sua maior glória: indicado pelo próprio Imperador, substituiu por três meses o famoso Joaquim Manoel de Macedo como Professor de História do Brasil no Colégio Dom Pedro II. Mais tarde, seguindo a tradição de *père en fils,* pois seu pai era o diplomata mais famoso do Brasil, Zeca tinha ingressado na mesma carreira, sendo agora o cônsul do Brasil em Liverpool.

Depois de lamentar o falecimento do Marquês do Herval, que começara a admirar através dos relatos de Caxias, Paranhos Júnior informa-o que, na sua pesquisa sobre a Guerra da Tríplice Aliança, entrevistou Osório mais de uma vez, conseguindo autorização para copiar alguns documentos pessoais. Assim, está enviando ao padrinho a cópia de uma carta que certamente irá lhe dar prazer. É essa carta que Luiz coloca mais uma vez sobre o seu *bureau* e relê com redobrada atenção:

Rio de Janeiro, 20 de outubro de 1866

Exmo. amigo:

Quando menos eu esperava, fui forçado a aceitar o comando de todas as nossas forças de terra e mar, que operarão contra o Paraguai. Sem poder entrar nos pormenores que ocorreram e que não deixam de ser curiosos, mas que não tenho tempo e nem vem ao caso contar-lhe agora, o fato é que o Ferraz (aliás, hoje Barão de Uruguaiana) deixou o Ministério brigado com todos os seus companheiros, e eu fui chamado para tudo quanto eu quisesse fazer, ou ser, contanto que fosse o quanto antes para o Exército, a fim de acalmar as intrigas que há por lá entre os chefes, das quais nos podem vir grandes desgostos. Não hesitei e vou partir com plenos poderes, depois de amanhã, no paquete francês. Minha primeira medida foi acabar com os intermináveis conselhos de guerra que o Ferraz inventou, para arredar seus inimigos das posições em que se achavam. Trato, por todos os meios, de obter gente e espero em menos de dois meses reunir no Exército mais de dezesseis mil homens, pois para toda parte tenho escrito aos meus amigos para que me coadjuvem, indo essas cartas acompanhadas das ordens do governo; e sendo V. Exa. um daqueles em que mais confio...

Luiz ergue os olhos, agora cheios de lágrimas, e procura no bolso um lenço para secá-los. Sim, desde que o conheci lá no Rio

Grande, em 1839, há exatamente quarenta anos, quando estava demissionário e certamente deixaria o nosso Exército, eu confiei em Osório, na sua retidão de caráter. Era ele, naquela época um simples Capitão frente ao poderoso General Eliziário, o Comandante das Armas, que o queria desmoralizar. Mas, finalmente, Osório é quem estava com a razão sobre a futura invasão dos Farrapos a Santa Catarina. E segui confiando nele, de 1842 a 1845, quando realizamos a pacificação daquela Província, confiando-lhe missões que sempre desempenhou com inteligência e bravura, mérito de todas as suas promoções. Dez anos mais tarde, na campanha contra Rosas e Oribe, foi ele o meu oficial de ligação com o General Urquiza, nosso aliado argentino difícil de adaptar-se a uma operação conjunta. E foi Osório também, no comando do nosso Regimento de Cavalaria, fator decisivo na Batalha de Monte Caseros, travada a 3 de fevereiro de 1852, às portas de Buenos Aires. Esse fato é incontestável, pois está escrito no relatório do General Marques de Souza, a quem o então Coronel Osório estava subordinado, e em documento privado que me enviou o próprio Urquiza. Bem que eu fiz em escrever-lhe esta carta de amigo para amigo, uma prova, agora histórica, de todo meu apreço e admiração.

Ainda pensativo, Luiz limpa as lentes do *pince-nez* e o recoloca sobre o nariz. Como de hábito, põe as mãos espalmadas dos dois lados da carta e retoma sua leitura:

...e sendo V. Exa. um daqueles em que mais confio, dir-lhe-ei que o propus para comandante-chefe de todas as forças que devem partir dessa Província, a qual não deu, pelas intrigas aí urdidas, a gente que pode e deve dar. A fim de evitar conflitos, V. Exa. também enquanto aí estiver exercerá o comando das armas, passando-o ao oficial mais antigo logo que tiver transposto a fronteira. Ao Coronel João Manoel Mena Barreto ordenará V. Exa. que siga a encontrar-se comigo em Corrientes. Sendo a guerra que temos a fazer mais de caçadores e artilheiros que de cavaleiros, por isso que são ali os cavalos quase impossíveis de manter em grande número, V. Exa. armará a

força que daí marchar com clavinas e a tratará de exercitar a pé e a cavalo para que possam servir ainda quando nos faltem os cavalos. A todos dará o título de Corpos de Caçadores a cavalo. Pelo Ministério da Guerra lhe serão expedidos os meios precisos, e já fiz a requisição de seis mil fardamentos completos e outros tantos armamentos que devem sair daqui nos primeiros dias da semana próxima. Vamos acabar esta guerra com honra, meu amigo e camarada...

Mais uma vez, tomado de emoção, o velho Duque precisa interromper a leitura. Sim, meu amigo e camarada, juntos conseguimos acabar aquela guerra com honra. Embora os eternos intrigantes mentissem que, em Itororó, não foi o *vaqueano* paraguaio que o fez perder-se, mas que seu atraso de chegar em meu auxílio teria sido proposital, porque seu desejo íntimo seria a minha derrota e possível morte... Um absurdo muito maior do que a lenda de que meu cavalo Douradilho disparou comigo na direção da ponte, e não fui eu quem lhe cravou as esporas. Terminada a guerra, aquele paisano que nunca se arrepiou ao toque de um clarim, o tal Senador Silveira da Mota, meu adversário político, tentou envolver Osório em outra intriga contra mim, a respeito de ordens absurdas que eu teria dado no reconhecimento da fortaleza de Humaitá. Embora senador do mesmo Partido Liberal, *meu amigo e camarada* não se deixou envolver nessa teia. Quando entreguei a presidência do Conselho de Ministros, em janeiro de 1878, meu substituto do Partido Liberal, o Senador Cansanção Sinimbu, convidou Osório para seu Ministro da Guerra. Em nenhum momento, que me conste, nessa amarga tarefa, a derradeira da sua vida, tomou ele qualquer atitude que me desmerecesse, embora os jornais a serviço do seu partido tenham publicado infâmias, como a de que eu teria sido *um Presidente do Conselho decorativo,* esquecendo de que, no mínimo, consegui que Dom Pedro II desse fim à Questão Religiosa, que o jogou contra o Papa, e estava desestabilizando a sua autoridade como Imperador.

Bueno, como dizia meu amigo Osório, com lágrimas ou sem elas, vou reler até o fim esta carta. E, sem perder tempo em pegar o lenço, enxugou os olhos com a manga da camisa, recolocou as lentes e prosseguiu a leitura.

Vamos acabar esta guerra com honra, meu amigo e camarada, pois vejo as coisas tão tortas desde o seu princípio, que receio algum fim. Fale a esses guascas naquela linguagem que nós sabemos, e verá como eles correm todos para o campo de combate. Desejo ter notícias de V. Exa. e da força que for reunindo, o mais miúdo que lhe for possível, dirigindo-as por Montevidéu ou diretamente para onde eu estiver, pelo caminho que lhe parecer mais curto. Será bom que eu trate de escrever ao Brigadeiro Portinho, que, como sabe, ficou com uma força creio que de dois mil homens observando o Paraná, a fim de que ele lhe comunicasse o que por ali houver. Sobre os movimentos que deveremos fazer no futuro, nada posso aventurar agora, sem todos os dados a respeito do estado da questão no teatro de operações. É por isso que por ora o que convém é montar a cavalo e juntar gente, ficando a seu arbítrio o ponto que deve marcar para a reunião, o que não deve ser distante do Uruguai.

Se eu não receasse que a minha demora pudesse ser muito prejudicial ao Exército, iria em pessoa a essa Província e assumiria ainda que fosse por um mês a presidência para falar aos nossos guascas a linguagem que eles entendem; porém a estada de V. Exa. aí me vai poupar esse trabalho, e por isso vou tranquilo para o Exército, contando que V. Exa. me há de aparecer com gente, cavalos, mulas e até com bois mansos, e mais depressa que for possível. Ao vice-presidente da Província vão as ordens e dinheiro necessários para as despesas e breve irá um presidente com quem eu melhor me entenda, porque o que já está nomeado vai ter outro destino. O Coronel Pederneiras, portador desta, vai à sua disposição para o coadjuvar no que quiser. Ele leva vencimentos de engenheiro.

Seu amigo e camarada,
Marquês de Caxias

Luiz ergue os olhos para o céu sem nenhuma nuvem e tenta sorrir. Sim, Osório cumpriu à risca tudo que solicitei nesta carta e, graças aos milhares de *guascas* rio-grandenses que soube reunir falando-lhes de coragem, honra, amor pela pátria, colocamos sangue novo naquele Exército imobilizado.

Depois, trata de colocar a carta de volta no grande envelope, o que faz contrariado ao sentir a tremura das mãos. Vamos parar com isso. Onde estiver, Osório saberá encontrar o seu caminho...

XXXVIII
Batalha de Itororó,
6 de dezembro de 1868

Ao raiar do dia, as tropas iniciam o seu movimento. São mais de dezoito mil homens tendo à frente um esquadrão de cavalaria. Incrível acreditar que todo este Exército, ainda na véspera, embarcara em vapores da Armada, a partir da foz do Arroio Villeta, para desembarcar aos poucos, em *calma, silêncio e boa ordem*, na barranca de Santo Antônio. Um trabalho meticuloso, planejado pelo Marquês de Caxias em muitos encontros com o Almirante Visconde de Inhaúma, alguns deles no *Tamandaré*. Este vapor encouraçado e seu gêmeo *Barroso* lideraram a flotilha que realizara a façanha sem uma única baixa, a exemplo do que fizeram os próprios Almirantes Tamandaré e Barroso ao transportarem as primeiras tropas da Tríplice Aliança, antes da grande vitória na Batalha de Tuiuti, em 24 de maio de 1866. E fora o General Osório, por sua própria exigência, o primeiro a desembarcar em solo paraguaio.

Somente agora, dois anos depois de cumprida a missão que lhe dera Caxias para incorporar alguns milhares de *guascas* rio-grandenses ao Exército imobilizado pela peste e pela indisciplina, Osório marchava com seu *amigo e camarada* na perspectiva de outra batalha capaz de abrir caminho para o fim desta guerra *com honra*. Recuperado o moral das tropas com um longo trabalho que exigira muitos meses de atenção aos mínimos detalhes, desde o pagamento dos soldos em atraso até a remonta da cavalaria e a renovação do armamento das três armas, graças até ao trabalho de espionagem dos balões cativos e uma série de vitórias que foram desgastando o inimigo, a surpresa de vencer os pântanos do *Estero Bellaco* e atacá-lo pela retaguarda, como idealizou Caxias, certamente resultará numa batalha de grandes proporções. *Audaces fortuna juvat* era o lema das legiões romanas. E, se *a sorte protege os audazes,* havia que ousar!

A estrada é estreita, esburacada, estendendo-se entre capoeirões e pequenos campestres. Mas parece até calçada, uma *Via Apia* em comparação com aquela construída em apenas 23 dias sobre o pântano. Quase duas léguas que exigiram a montagem de muitas pequenas pontes, sendo os piores atoleiros atulhados com palmeiras *carandá*, cortadas em três pedaços, milhares delas, por onde os soldados passaram em segurança, antes da travessia para a margem esquerda do Rio Paraguai, tendo à frente o General Alexandre Gomes de Argolo Ferrão Filho, responsável por sua construção.

E Luiz, montado em seu cavalo Douradilho, com o coração acelerado pela proximidade do inimigo, pensa na emoção que sentira quando, concluída a estrada, Argolo entrara em sua barraca, onde estava rodeado de generais. Ao vê-lo chegar, com a farda rasgada e suja de lama, levantou-se e abraçou-o como merecia, como quem abraça um irmão. E aquele herói apenas balbuciara: *Sr. Marquês, eu nada fiz.*

Sim, fizera muito. Liderara a construção daquela *estrada maluca* e recebera a honra de ser o primeiro a pisar com suas tropas na margem esquerda do Rio Paraguai. Mas não conseguira cumprir uma ordem muito importante. Tanto assim, que foi a respeito dela a primeira pergunta que lhe fez Caxias, já meia-tarde, ao desembarcar do *Bahia* ao lado de Osório:

– *Já está ocupada a ponte de Itororó?*
– *Não, Excelência.*
– *E por que não?*

Disse, então, o General, muito constrangido, que não era possível ocupar a ponte sem fazer um reconhecimento, mas que não se tinha desembaraçado cavalaria suficiente para essa operação. Que as barrancas eram íngremes e se esboroavam ao pisar dos cavalos, o que justificava todos os cuidados. O Marquês mandou de imediato marchar a pouca cavalaria que estava em terra, adicionando-lhe dois batalhões de infantaria. Quando essa força chegou a seu destino, já encontrou a ponte ocupada pelos paraguaios.

A posição era terrível, ninguém conhecia o terreno, o sol já se inclinava para o entardecer, e Caxias decidiu que o mais conveniente era postergar o ataque. Tinham que atravessar uma mata espessa, onde o inimigo poderia estar oculto, e ignoravam-se as forças de que dispunha além da mata. Assim, optando pela sensatez, mandou retroceder a vanguarda e ordenar o ataque para a manhã seguinte.

Mas quase ninguém dormira naquela noite. Ainda escuro, chamara Osório em particular na sua tenda e tomara alguns mates com ele, na pequena cuia com enfeites dourados, tão sua conhecida. Aquele gosto amargo recordou-lhe outros momentos que antecederam a vitórias. E os dois *conspiraram* a sós, como nos velhos tempos da *Guerra dos Farrapos*.

– Meu amigo, logo ao clarear do dia, sairemos juntos conforme a ordem estabelecida ontem à noite. Na vanguarda vai o 2º Corpo, do Argolo, tendo a sua frente um esquadrão de cavalaria comandado pelo Niederauer. Logo a seguir, marcha a 5ª Brigada do Fernando Machado e, em seguida, todos os demais oito mil homens.

– Quase todos de infantaria, com duzentos artilheiros e trezentos ponteiros.

– Exatamente. No centro, segue o 1º Corpo, comandado pelo General Bittencourt, com quatro mil infantes e duzentos artilheiros.

Osório faz roncar a água quente no fundo da cuia, enche mais um mate e o oferece a Caxias. Enquanto o amigo sorve a bebida gaúcha, ele o olha um tanto desconsolado.

– E eu sigo atrás com o 3º Corpo, mas numa distância do alcance do mensageiro a pé... e em condições de ser acionado mediante ordem.

Caxias também faz roncar a bomba do mate e lhe diz:

– Sim, mas não por muito tempo. Conforme planejei, você vai realizar um desbordamento e, com seus novecentos cavalarianos e 4.500 infantes, vai surpreender o inimigo pela retaguarda.

O sorriso de Osório, mesmo na penumbra, é digno de uma *photographia*.

– Eu estava mesmo estranhando essa tática. O que aconteceu?

– Você sabe como eu faço, desde ontem já quase decidira essa manobra, mas só agora estou certo de que será o melhor caminho. E não de maneira figurada.

– Como assim?

– Durante a travessia do rio, o nosso *vaqueano* paraguaio me mostrou o Itororó, na sua embocadura, e me falou que existe uma picada que servia, antes de construírem a estrada e a ponte, para atravessarem o arroio num vau.

– E a sua ideia é que eu me meta com ela com o 3º Corpo e surja pela retaguarda dos paraguaios?

– Exatamente. Segundo o *vaqueano*, a picada tem uma légua e meia. Vamos pegar este mapa e calcular o tempo que você levará para chegar até o tal lugar mais raso do arroio e surgir por detrás do Caballero.

– É certo que ele está no comando? Um inimigo de respeito.

– Sim, é o melhor general do López. Mas vamos derrotá-lo.

Assim, ao raiar do dia 6 de dezembro de 1868, o imenso Exército inicia seu movimento para o sul, na ordem estabelecida. Estando na retaguarda, Osório não tarda, com ajuda do *vaqueano*, a localizar a picada. E, sem alarde, cavalaria à frente, engaja todos seus homens por ela.

Ao passo firme do cavalo Douradilho, Luiz chega a uma elevação, onde ergue o braço direito e faz parar o piquete de trinta cavalarianos rio-grandenses que o seguem sempre que entra em combate. Todos soldados antigos, como os famosos *rabugentos* que acompanhavam Bonaparte, antes de se tornar imperador.

Dali avista, ao longe, na baixada, o Arroio Itororó, com suas águas barrentas e rápidas descendo para leste entre escarpas rochosas.

Sente a respiração mais curta, o coração acelera-se. A ponte é bem mais estreita do que pensara. Uma passagem tosca, feita de madeira grossa. Talvez só passem por ela duas carretas lado a lado, pensa, e toma do óculo de alcance para examinar os detalhes. Sim, o inimigo está do outro lado, aparentemente despreocupado em ocultar-se, o que pode ser indício de que estão em grande número. E, certamente, Caballero dispôs seus canhões camuflados naquele mato cerrado mais a oeste nas margens do arroio, em excelentes condições de *flanquearem* a ponte a qualquer movimento da nossa tropa.

Caxias verifica que o General Argolo cumpriu suas ordens e mandou abrir picadas na mata, onde está posicionando seus canhões. Vê também, emocionado, os infantes do Coronel Fernando Machado que avançam de baioneta calada em direção à ponte. Nesse momento, começam a troar os canhões paraguaios. E surgem da mata centenas de combatentes fardados de vermelho e branco que se atiram contra os brasileiros que os enfrentam, mas, em muito menor número, começam a recuar.

Ele previra essa manobra e sabe que os canhões de Argolo começarão a dar a resposta. Surpreendidos pela artilharia que lhes causa muitas baixas, os paraguaios recuam para a mata, deixando a ponte livre. E disso se aproveita o Coronel Niderauer, antes que se dissipe a fumaça dos canhões, para dar a primeira carga de cavalaria. Uma visão impressionante. Ao toque dos clarins, os cavalarianos atravessam a ponte aos borbotões, alguns atirando com suas clavinas, a maioria abrindo caminho à ponta de lança. O Generalíssimo, como o chamam seus comandados, precisa controlar-se para não esporear o cavalo Douradilho e descer a estrada para acompanhá-los.

Nesse momento, o Coronel Fernando Machado toma a ponte com seus infantes, mas é ferido de morte. Niderauer também é colhido pela artilharia e cavalaria inimiga, sendo obrigado a voltar. Mas sua manobra protege os soldados de infantaria, que recuam ordenadamente em quadrado, carregando o corpo do Coronel.

Nesse momento, talvez para vingar a morte do amigo, o General Argolo resolve entrar pessoalmente em combate, arranca da espada e lidera seus comandados que retomam a ponte, agora pisoteando cadáveres de ambos os lados. E tal ousadia logo cobra seu preço. O General também é ferido e tomba, sendo levado dali à custa de muitas baixas.

A situação está se tornado crítica. Nossa vanguarda, ou seja, quase todo o 2º Corpo, foi parcialmente destroçada e Caxias ainda espera por Osório antes de mobilizar suas reservas. Porém, como nada acontece por detrás das tropas inimigas, ele ordena ao 1º Corpo que entre em ação, tendo à frente o Coronel Jacinto Machado com alguns esquadrões de cavalaria.

A ponte é tomada mais uma vez, à custa de muitas baixas provocadas pelo canhoneio. E vai-se formando na mente de Luiz uma imagem terrível que viu em San Fernando, três meses atrás. Em enormes valas cavadas às pressas, centenas de cadáveres de civis e militares paraguaios assassinados a mando de Solano López. Temendo um levante de suas próprias tropas, mandara fuzilar até o velho e inofensivo Vice-Presidente Sanchez, uma figura decorativa, e o General Bruguez, um dos seus poucos amigos, que ali jaz ainda com uma venda sobre os olhos. Alguns degolados, como Rodriguez, seu secretário particular, outros decapitados, com as cabeças apodrecidas junto aos corpos insepultos. Numa cruz de madeira, toscamente feita, levantada junto a essas valas, fora gravada à faca a cifra 353. Parece ter sido esse o número dos supliciados.

Desde que vi aquela gente apodrecendo em San Fernando, nunca mais pensei em guerra contra o Paraguai, e sim contra Solano López, o algoz do seu povo. Não, não será esse monstro capaz de assassinar seus próprios compatriotas que vai me derrotar em campo aberto... A mim, um brasileiro que nunca foi vencido.

Mas a derrota se desenha diante de seus próprios olhos. Uma massa imensa de infantes paraguaios surge da mataria e atira-se contra os batalhões de Jacinto Machado. Ao mesmo tempo, centenas de cavalarianos, surgidos como do nada, se projetam em hordas sobre os poucos soldados de Niederauer. Caxias ainda tem na reserva uma Brigada de Infantaria. É sua última cartada. Sem sair da posição de onde tudo observa cada vez mais apreensivo, ele despacha dois mensageiros com ordens para que sua vanguarda passe a ponte e espere em quadrado os lanceiros inimigos. Talvez agora surja Osório e os coloque entre dois fogos. Não, não pode esperar mais!

Entre os voluntários que avançam para o combate está o Furriel Dionísio Cerqueira, com os olhos arregalados, a boca seca, o fuzil com baioneta firme na mão. É quando vê o Marquês de Caxias descendo a estrada em direção à ponte, seguido pelo seu piquete de bravos, as bandeiras verde-amarelas desfraldadas. Vem de espada na mão, saudando com sua lâmina recurva os soldados dos dois lados do caminho que não acreditam no que está fazendo ali, tão próximo da ponte e da própria morte. Passa por eles, ereto no cavalo, o boné de pala levantada firme ao queixo pela jugular. Empunhando com vigor a espada, parecendo ter no rosto o fogo dos seus vinte anos, ele se dirige para o centro da batalha. A cerca de algumas braças da Ponte de Itororó, em um gesto firme, mas lento o suficiente para que todos possam acompanhar, alça a espada acima da cabeça, na atitude clássica de uma carga de cavalaria, primeiro a trote, depois num galope controlado, e brada a todos pulmões:

– SIGAM-ME OS QUE FOREM BRASILEIROS!

Não é um grito, nem uma ordem formal emitida em voz alta. É o apelo pungente de um velho soldado aos seus companheiros de farda, no calor da batalha. É um convite para repartir as honras da bravura com o chefe tão amado. É a fagulha do exemplo que faz explodir nas almas o paiol do perigo e provoca a alegria da superação impensada.

No alarido do combate, seu brado chega aos ouvidos dos muitos em quem a indecisão da travessia já se instalara. Mas, como que arrastados por uma corrente de coragem e empolgados por tanta bravura, todos o seguem gritando, tomados pela mesma força que empolga o velho Marquês. Até os feridos se levantam, empunham suas armas e avançam no meio de uma avalanche de soldados, uma massa de lava incandescente impossível de deter. Cavalarianos e infantes lutam lado a lado, enquanto a artilharia destroça o inimigo em fuga. Passada a ponte, Caxias, como se fosse um tenente de Cavalaria, lidera a reorganização de um pequeno piquete e realiza uma carga decisiva, que faz calar por definitivo as bocas de fogo mais próximas. Tudo cede ante o ímpeto dos brasileiros. Os poucos cavalarianos que tentam resistir são destroçados pelos homens do Coronel Niederauer.

O sol está a pino sobre a Ponte de Itororó, as águas do arroio correm manchadas do sangue de centenas de mortos, de ambos os lados, quando cessa o último estampido. O Marquês de Caxias, com os olhos voltados para o sul, recoloca a espada na bainha e bate com a mão espalmada, levemente, no pescoço suado do cavalo Douradilho.

XXXIX
Fazenda Santa Mônica,
6 de dezembro de 1879

— Perdoe a minha pergunta, senhor meu Duque, mas o que aconteceu com o General Osório?

– Ele cumpriu com sua missão, Francisco, e teria chegado pela retaguarda das tropas de Caballero, não fosse um erro crucial do nosso *vaqueano*. A tal picada não tinha só uma légua e meia até o vau do Arroio Itororó, tinha realmente o dobro, três léguas, o que fez Osório chegar na ponte meia hora depois de conquistada. Como Grouchy em Waterloo, ele chegou no campo de batalha depois de ela haver terminado, com a diferença que Osório encontrou a batalha ganha.

– Imagino a frustração daquele bravo.

– Sim, mas eu o consolei e com muita convicção. Certamente, o General Caballero ordenara a retirada não só porque seu exército estava sendo totalmente derrotado, mas porque seus espias devem tê-lo avisado da aproximação de Osório com tropas frescas, que o aniquilariam completamente.

– Foi assim que começou a *Dezembrada*...

– Sim, a primeira das nossas quatro grandes vitórias, no mês em que nasceu o Imperador... e o meu... Cadete Luizinho.

O Barão de Santa Mônica, que raramente conversa a sós com seu sogro, aproveita para esclarecer detalhes do que aconteceu após a vitória de Itororó. Caxias, esquecendo sobre a mesa o copo de limonada e o prato com uma espiga de milho verde, cozido à maneira como gosta, parece haver remoçado alguns anos, talvez os mesmos onze que o separam dos fatos.

– Alguns alcoviteiros disseram que eu deveria ter *completado a manobra* e perseguido os paraguaios em fuga. Esqueceram que meus soldados estavam exaustos e que tivemos muitas baixas, sendo mais de duzentos mortos e uma quantidade enorme de feridos. Assim, ordenei que a reorganização das tropas se desse nas imediações da ponte, que não se armassem barracas e que Osório ocupasse uma posição mais alta nas proximidades, em condições de manter a segurança do *bivaque*.

– Mas as perdas dos paraguaios foram muito maiores...

– Além de uns 1.200 homens fora de combate, eles perderam seis bocas de fogo, munições e armamentos diversos. Além disso, também fizemos centenas de prisioneiros.

– E depois?

– No dia seguinte, 7 de dezembro, avancei com o 1º Corpo e com o 3º, deixando na região da ponte o 2º, à frente do qual estava o General José Luiz Mena Barreto, em substituição ao General Argolo, ferido em combate.

– E que, infelizmente, logo morreu...

– Não, Francisco. Nosso Alexandre Argolo, já com o título de Barão, só veio a falecer na Bahia, em junho de 1870, para onde voltou depois que tomamos Assunção. Mas nunca mais lutou depois de Itororó, onde morreram em combate o Coronel Fernando Machado e tantos outros bravos.

– Foi ao General Argolo que Vossa Excelência entregou a responsabilidade de fazer construir a estrada do Chaco, que lhe abriu caminho para a *Dezembrada*.

– Sim, e nunca esquecerei do que ele me disse na ocasião: *Marechal, se for possível, está feita. Se for impossível, vamos fazê-la.*

– Então, no dia 7 de dezembro...

– ...marchamos pelos terrenos altos, para despontar o Arroio Ypané, evitando atravessá-lo onde o inimigo nos esperava, entre Itororó e Villeta. Fiz isso para dar tempo à evacuação dos feridos e desnortear os paraguaios. Ao entardecer, acampamos junto à Capela de Ypané, onde entrei sozinho e rezei. Você sabe como eu gosto de igrejas vazias.

— Sim, fiquei sabendo que até a nossa igreja em construção o senhor já visitou.

— Aproveitei para acompanhar meu irmão na inspeção às obras. Por sinal, quando pretende inaugurá-la?

— As encomendas da França estão demorando muito mais do que o planejado. Mas acredito que poderemos inaugurar a Igreja Nossa Senhora do Patrocínio até o fim do ano que vem, como planejara meu saudoso irmão. Aliás, foi para pedir a interferência da Princesa Isabel na liberação pela alfândega das primeiras obras de arte que chegaram que Luiza foi visitá-la em sua fazenda.

O velho Duque pega, finalmente, o copo de limonada e toma um pequeno gole. Depois, sem nenhuma cerimônia, segura a espiga de milho com as duas mãos e lhe dá umas mordidas, mastigando com satisfação.

— Fico satisfeito em vê-lo com apetite, meu senhor.

— Hoje, tudo me lembra daqueles dias no Paraguai... Como nossos suprimentos estavam escassos, havia que improvisar rações com *meios de fortuna*, e tivemos de nos socorrer nas lavouras de milho próximas à capela. E foi também por isso que decidi voltar à margem do Rio Paraguai, na foz do Ypané, onde a esquadra do Visconde de Inhaúma nos proporcionou um muito bem-vindo suprimento de víveres e munições. E onde desembarcaram as divisões de cavalaria do General Andrade Neves, o Barão do Triunfo, e do General João Manuel Mena Barreto, debaixo de uma chuva torrencial.

— Foi nesse dia que o encouraçado *Mariz e Barros* foi atacado pelos canhões do Forte de Angostura?

— Sim, no dia 9 de dezembro de 1868 foi morto o Comandante do navio, o bravo Neto de Mendonça, que estava destinado a ser o último oficial da nossa Marinha a tombar naquela guerra, em condições muito semelhantes ao próprio Tenente Mariz e Barros, que deu nome ao encouraçado. Bem, mas não tardamos em derrotar outra vez os paraguaios.

— Na Batalha do Avaí?

– Sim. Uma vitória esmagadora sobre o General Caballero, um dos poucos inimigos que escaparam com vida.

– Seria muito... lhe pedir para me contar como foi *mesmo* essa batalha?

Caxias termina de mastigar, limpa a boca com o guardanapo de linho e fica alguns momentos pensativo.

– Você chegou a conhecer o seu xará Francisco, meu primo, filho do General João Manoel de Lima e Silva, o que lutou ao lado dos farroupilhas? Ele regulava de idade com você.

O Barão baixa a cabeça e murmura:

– Sim, ele esteve no meu casamento. E nos vimos mais algumas vezes.

– O Tenente-Coronel Francisco de Lima e Silva, que herdou o nome do meu pai, que era seu tio, foi um dos primeiros a morrer naquela batalha. Um oficial de escol, que, embora de cavalaria, apeou-se para liderar os infantes pelo seu exemplo, postando-se à frente na formação dos quadrados. Mas, naquele dia, a chuva torrencial cegou e praticamente imobilizou a nossa infantaria. E Francisco morreu no meio da lama, ombro a ombro com seus homens, tentando rechaçar uma das primeiras cargas da cavalaria paraguaia.

– Desculpe, senhor meu Duque. Se quiser, podemos falar de outra coisa...

– Não, meu caro genro, não carece. Depois que perdi minha mulher, acho que esgotei minhas reservas de sofrimento. Se eu tivesse tombado em Avaí, onde morreram outros bravos como Francisco e o Coronel Niderauer, não estaria vivo naquele maldito dia em que Anica se foi. Diga, meu amigo, o que deseja mais saber.

– Minha curiosidade é a de quem só sabe da guerra por ouvir contar... Como foi o momento que antecedeu o combate? O que foi possível ver das posições inimigas? Como era o terreno onde eles estavam?

Caxias sacode a cabeça concordando e prossegue:

– Quando chegamos na margem do Arroio Avaí, vi do outro lado, pelo óculo de alcance, uma colina com alguns capões de mato que se estendiam até as bordas de uma planície. O General Caballero tinha desdobrado seu exército no alto dessa *coxilha*, como me dissera Osório, que ocupava a vanguarda, com seu Corpo. Aparentemente, a cavalaria paraguaia estava postada à frente do grosso da tropa, que depois ficamos sabendo contar com mais de sete mil homens das três armas. Era possível distinguir uma formação de infantaria numa linha ligeiramente curva, como um arco, tendo para lhes cobrir a frente e os flancos dezoito bocas de fogo em bateria.

– E por que atacá-los durante um temporal?

– O dia amanhecera esplêndido quando iniciamos a marcha. Mas o tempo por aquelas plagas é totalmente imprevisível, e foi de repente que começou a borrasca que tanto ajudou os paraguaios a defenderem suas posições. Após analisar o dispositivo da frente de batalha que Caballero me apresentava, tomei a decisão de realizar um ataque frontal, seguido de uma manobra de envolvimento pelos dois flancos. Isso era possível pela possibilidade de atravessar o Avaí com facilidade, porque, ao contrário do Itororó, ele dava *vau* praticamente em toda a extensão da frente de combate.

– ...

– Ordenei a Osório que iniciasse o ataque, o que ele fez pela esquerda, com 2.500 homens de cavalaria, sob o comando do General Andrade Neves, e pela direita com mais novecentos cavalarianos sob as ordens do General João Manuel Mena Barreto. Com o apoio inicial da nossa Artilharia, na vanguarda do ataque, o Visconde do Herval foi o primeiro a transpor o Avaí, saindo ousadamente do arroio e arremetendo *coxilha* acima, sob cerrada fuzilaria paraguaia.

– Ousadia demasiada... temerária até, eu diria.

– Principalmente porque o solo encharcado e escorregadio não permitia que se desse a impetuosidade necessária ao ataque. Mesmo assim, o inimigo teve que retroceder, o que fez nossos soldados avançarem com mais entusiasmo. Porém, percebendo essa dificuldade da tropa brasileira, agravada pelo aguaceiro que se intensificou, Caballero lançou sua cavalaria em peso sobre a nossa infantaria, não lhes dando tempo de se organizarem em quadrados. Foi quando muitos dos nossos infantes lutaram como puderam, sem uma mínima organização defensiva. Bateram-se em franca desvantagem, com as botas atoladas no barro e foram mortos a ferro frio, inclusive o meu primo Francisco, como já lhe contei...

– E depois?

– Depois, Osório ordenou ao Coronel Câmara que realizasse de imediato uma outra carga de cavalaria contra o inimigo, o que ele fez com grande violência e precisão, com isso praticamente salvando a nossa infantaria, tendo inclusive silenciado cinco canhões. Caballero, então, empregou toda sua reserva de cavalaria e infantaria. Mas o nosso intrépido Câmara, à frente de seu esquadrão, precipitou-se sobre os lanceiros paraguaios. Sem dúvida, foi a sua coragem e determinação que nos possibilitaram detê-los por alguns minutos preciosos.

– ...

– Logo a seguir, Osório foi ferido no rosto por uma bala, mas continuou no combate, fazendo de tudo para esconder dos subordinados o seu ferimento, até que a hemorragia o obrigou a passar o comando ao General Auto. Mesmo sangrando muito, ele ainda desfilou a galope pela frente das nossas linhas, com o pala enrolado no rosto, bradando a arenga típica do ataque de cavalaria: *À CARGA, camaradas! À CARGA, camaradas!*

Francisco não consegue deixar de se emocionar, sente as lágrimas a lhe formigarem os olhos e fica a olhar fascinado as palavras brotando dos lábios de Caxias:

– Finalmente, depois de quase quatro horas de luta, ocupamos o alto da colina e conseguimos neutralizar quase todos os canhões paraguaios. Eles ainda tentaram retomar a posição com uma carga de cavalaria, enfrentada de peito aberto pelo Coronel Câmara e seus homens, que os rechaçaram em definitivo.

– Foi quando o senhor promoveu o Coronel Câmara a General?

O velho Duque sorriu pela primeira vez, naquela manhã. Passou as mãos pelos cabelos, acomodando-os nas têmporas, e respondeu à pergunta do genro:

– Quando Câmara retornou à linha brasileira na frente dos seus homens, com o cavalo gotejante de suor, segurando as rédeas com as mãos ensanguentadas, passou exatamente diante de mim e eu lhe gritei, emocionado: *General! Louvo-o por suas brilhantes cargas!* Sim, foi ali que eu o promovi de fato e de direito ao posto que merecia. Isso aconteceu pouco antes de consolidar-se nossa vitória completa na Batalha do Avaí.

– Eu... me contaram que o Solano López estava tão seguro que Caballero sairia vitorioso que mandou realizar uma festa para esperá-lo.

Caxias sacode a cabeça, concordando.

– Na verdade, foi um baile que ele organizou no pequeno palácio que mandara construir no quartel general de Lomas Valentinas, com a intenção de fazer parecer a todos que estava *senhor da guerra*. Ali, poucos dias antes de perder grande parte do seu exército, ele dançou com sua mulher, *Madame* Elisa Linch, ouviu música e se divertiu com outras mulheres da *Corte*, como se não houvesse um inimigo bem superior e a seu encalço a poucas léguas dali.

– Um verdadeiro *monarca* no seu reino...

– Segundo testemunhas, Caballero jurara-lhe que nós só chegaríamos naquele baluarte passando por cima de seu cadáver. Mas, ferido num braço, deixou alguns poucos soldados vivos e milhares de cadáveres e fugiu da Batalha do Avaí.

XL
Lomas Valentinas e Angostura,
21 a 30 de dezembro de 1868

*C*amaradas! O inimigo, vencido por vós na ponte de Itororó e no Arroio Avaí, nos espera em Loma Valentina com os restos do seu exército.
 Marchemos sobre ele, e com esta batalha mais teremos concluído nossas fadigas e provações.
 O Deus dos exércitos está conosco!
 Eia! Marchemos ao combate, que a vitória é certa, porque o general e amigo que vos guia ainda até hoje não foi vencido.
 Viva o Imperador!
 Vivam os exércitos aliados!
Marquês de Caxias

Distribuída esta proclamação, o Exército inicia sua marcha às duas horas da madrugada do dia 21 de dezembro. Seguindo as instruções que recebera para arrebanhar todo o gado que encontrasse, Andrade Neves parte na frente e, ao clarear do dia, chega diante das posições paraguaias. Sob fogo de artilharia, posiciona o melhor possível o 4º Corpo de Caçadores a Cavalo e segue em direção ao Potreiro Marmoré, ordenando ao Coronel Vasco Alves que ali penetre com a 5ª Brigada de Cavalaria. Assim, são retirados e levados numa verdadeira *tropeada* três mil reses e seiscentos cavalos que iriam fazer muita falta ao inimigo, se ele demorasse a ser derrotado.
 Com o sol a pino, a vanguarda de nossos dezesseis mil homens se detém no extremo da Coxilha de Cumbariti, em frente

ao baluarte paraguaio. Nuvens imensas acumulam-se no horizonte, alertando para a necessidade de atacar antes de um novo temporal. Mas Caxias ainda precisa ver a posição inimiga *com seus próprios olhos* e acerca-se da colina de Itá-Ibaté, levando consigo uma brigada de infantaria, um corpo de cavalaria e duas baterias de artilharia.

O terreno desce com suavidade até uma baixada, de onde se eleva em plataformas até as fortificações onde está entrincheirado o *Mariscal* Solano López, com alguns milhares de soldados das três armas; quantos, ninguém sabe ao certo. Pela primeira vez, Caxias está assim tão próximo do homem responsável por esta guerra que parece não ter fim. No momento, reina silêncio completo e, atrás dos parapeitos, apenas poucos soldados se deixam ver. São os que guardam o pavilhão paraguaio que ali tremula ao vento.

Tomado de súbita inspiração, o Marquês ordena que se disparem de imediato alguns tiros de artilharia. Rompe-se o fogo e, como numa antecipação do destino, um dos obuses despedaça o mastro da bandeira e faz correr os seus defensores. É quando o inimigo rompe a mudez e começa o troar de suas baterias. E não demora a ressurgir a bandeira paraguaia, na extremidade de um novo mastro, exatamente no mesmo lugar onde o outro fora abatido.

Pelas três horas da tarde, depois de amplo canhoneio, nosso Exército inicia o ataque contra a face noroeste das trincheiras. E o faz em duas colunas comandadas pelos Generais José Luiz Mena Barreto e Jacinto Machado Bittencourt. Os infantes brasileiros arremetem com entusiasmo, abordam a linha de abatises que antecede as trincheiras, rompem-na e aproximam-se do fosso, que logo é transposto com auxílio dos ponteiros. Já dentro da posição inimiga, entram em combate corpo a corpo com seus defensores. Para que a cavalaria possa auxiliar os infantes, Caxias manda uma companhia de ponteiros abrir uma brecha na trincheira. E o General Andrade Neves por ali penetra com sua Brigada, obrigando os paraguaios a lutarem em retirada para o interior do baluarte.

Porém, apesar desse ataque impetuoso, o inimigo começa a retomar terreno, apoiado por canhões bem-posicionados que atiram à queima-roupa sobre os brasileiros. Não podendo permanecer muito tempo nessa posição, a vanguarda do General Auto é obrigada a recuar, o que consegue fazer em relativa ordem, quase sem baixas.

Ao mesmo tempo que Caxias comanda o ataque na colina de Itá-Ibaté, João Manuel Mena Barreto faz grandes estragos na retaguarda da trincheira de Piquissiri. Ao entardecer, *além de conquistar trinta e duas bocas de fogo e três bandeiras,* a 2ª Coluna deixa cerca de mil inimigos fora de combate. Mas o principal é que conquistou duas vantagens inestimáveis: o isolamento da Fortaleza de Angostura e a abertura das vias de comunicação com Palmas.

A noite cai rapidamente quando chegam essas boas notícias. E o Marquês ordena então que as tropas se organizem no terreno conquistado, tomem providências de vigilância para não serem surpreendidas e não realizem qualquer ofensiva ou respondam à artilharia inimiga. É absolutamente necessário não só recolher os mortos e cuidar dos feridos, mas também reorganizar e redistribuir os efetivos em condições de combate, dentro das diferentes unidades. Assim, todo o Exército Brasileiro, inclusive ele próprio e seus generais, bivacam no campo de batalha.

Nos dois dias seguintes nossas forças redobram as medidas para garantir o terreno conquistado, ao mesmo tempo que efetuam reconhecimentos de todo o *front* possível de abrigar tropa inimiga. Isso é feito de forma ostensiva, às vezes até dentro do alcance dos canhões paraguaios, não só como demonstração de força, mas também para fazer o inimigo reagir se movimentando e, assim, revelar suas posições. Feito isso, o plano do próximo ataque é de começar por uma cuidadosa preparação de artilharia. Para tanto, ultimam-se os preparativos necessários à retomada do combate, ou seja, são posicionados no alcance dos primeiros objetivos os canhões disponíveis, assim como são preparadas as trilhas para as mudanças de posição das baterias, talvez necessárias no desenrolar da batalha. Também é distribuída a munição, destacando-se o que está imprestável por causa da chuva, são *pensados* e alimentados os cavalos, e dadas ordens aos homens para que reajustem seus equipamentos e limpem suas armas.

Caxias tem a preocupação de se inteirar sobre a nova constituição de cada uma das unidades do seu exército, que estão reduzidas depois das baixas de Itororó e Avaí, mesmo após a redistribuição dos efetivos *prontos para o combate*. Ele ainda encontra tempo para visitar alguns hospitais de sangue e determinar o posicionamento das carretas de saúde na retaguarda das posições que, imagina, terão maior número de baixas. A seguir toma uma decisão da máxima importância: manda chamar para perto de si as tropas argentinas e uruguaias que estão em Palmas. Nesse particular, ao convidar, por escrito, os Generais Castro e Gelly y Obes para acompanhá-lo na ação decisiva, ele cumpre a promessa feita a Mitre de *não esquecer o concurso dos argentinos e dos uruguaios*. Está recomposta, finalmente, a Tríplice Aliança.

Na véspera de Natal, os generais brasileiro, argentino e uruguaio, cientes da superioridade de seus exércitos e tentando evitar mais mortes de ambos os lados da guerra, *elaboram, assinam e enviam* a Solano López uma intimação para que se renda no prazo de doze horas:

Se a obstinação cega de Vossa Excelência for considerada preferível a milhares de vidas que ainda pode poupar, os abaixo-assinados o responsabilizam perante a República do Paraguai, as Nações que representamos e o mundo civilizado pelo sangue que vai correr a jorros e pelas desgraças que vão aumentar as que já pesam sobre o seu País.

A resposta não demora a chegar. E poderia ser considerada *digna e patriótica* por quem ignorasse se tratar *El Supremo* de um sanguinário, um maníaco pelo poder absoluto, capaz de mandar matar Benigno López, seu próprio irmão:

O inimigo não tem o direito de me acusar perante a República do Paraguai, porque a defendi, a defendo e a defenderei até o último homem. Cada gota de sangue que caia na terra é mais uma obrigação contraída pelos que vivem. Assim, só aceito a conclusão da guerra sob bases igualmente honrosas, mas não intimado para depor as armas.

Nada mais a fazer. Está montada a cena capaz de apavorar os mais valentes inimigos entrincheirados no quartel-general. Ao clarear do dia, estão à vista 46 bocas de fogo dispostas em semicírculo diante de Itá-Ibaté. Às seis horas em ponto, sob o comando do General Emílio Luiz Mallet, inicia-se o bombardeio ensurdecedor que dura uma hora e meia, acompanhado pelo lançamento de foguetes de guerra. Os resultados visíveis são semelhantes a um grande tremor de terra, seguido de incêndios no baluarte e nos matos vizinhos.

Caxias, mesmo sabendo da superioridade do seu exército, adota uma *tática de segurança* e procura *desgastar* o inimigo antes do combate. Assim, mantém a *inquietação* da artilharia e, por várias vezes durante dois dias, faz deslocar suas tropas de forma visível aos paraguaios, concentrando-as ao longo da frente de batalha, em diferentes pontos possíveis de desencadear um ataque. Mas ele somente ordena a ofensiva no dia 27 de dezembro.

Em poucas horas, *o que resta* do exército paraguaio é completamente destroçado. E seu líder máximo, o Marechal Francisco Solano López, foge do campo de batalha, certamente seguindo um plano há muito tempo preparado.

No amanhecer do dia 28, Luiz escreve em sua tenda, ainda à luz de um lampião, a ordem do dia que serve de epitáfio aos mortos de Lomas Valentinas:

O inimigo, cortando em todas as direções e deixando o campo coberto de pilhas de cadáveres, buscou a mata que se comunica com o Potreiro Marmoré, tendo caído em nosso poder mais catorze canhões, uma quantidade extraordinária de gêneros alimentícios de toda a espécie, rolos de fazenda de lã em grande quantidade, muita pólvora, munições de guerra e armamento, bandeiras e bem assim toda a bagagem, trens, equipagem, guarda-roupa e papéis de López, que, em vez de cumprir o que dissera à nossa intimação, combatendo enquanto lhe restasse um só soldado, preferiu ser um dos primeiros ou talvez o primeiro a fugir covardemente, esquecendo-se até da dignidade que se deve guardar e manter no próprio infortúnio.

Resta, agora, atacar a fortaleza de Angostura. Milhares de inimigos, entre eles muitos civis fugitivos de suas casas, encontram-se ali refugiados, sem possibilidade de reabastecimento, desde que João Manuel Mena Barreto atacou pela retaguarda as trincheiras de Piquissiri. Sempre buscando evitar mortes inúteis de ambos os lados, Caxias envia um ultimato por escrito ao Coronel Jorge Thompson, comandante daquela praça, para que se renda em doze horas, *sob pena de sua fortaleza ser transformada em destroços.*

Ao saber que os parlamentares foram recebidos a tiros, Caxias fica estupefato. E mais ainda quando seus espiões informam que os sitiados acreditam que Solano López ainda se encontra em seu quartel-general de Lomas Valentinas. Decide então libertar e enviar a Angostura alguns oficiais paraguaios aprisionados nos dias anteriores, para que lhes contem da derrota completa e da fuga de *El Supremo*. De nada adianta, porque Thompson os escorraça como desertores e continua acreditando que seu chefe *jamais abandonará seus comandados.*

Logo a seguir, é interceptada uma mensagem de Thompson dirigida a López, e feito prisioneiro seu portador: *Com licença de Vossa Excelência, queremos defender esta posição, como Vossa Excelência a sua, até o último homem. Se o inimigo atacar, será infalivelmente rechaçado.*

No dia 29 de dezembro, às quatro horas da madrugada, Caxias mobiliza o Exército em direção ao último baluarte paraguaio. Três horas depois, de um posto avançado de observação, contempla a fortaleza com seu óculo de alcance. Após ligeiro estudo da situação, tendo estimado as possibilidades do inimigo, ele determina que a artilharia tome posição nas elevações próximas à frente das fortificações de Angostura, palavra que em castelhano significa estreitamento ou angústia. Em uma triste coincidência, este é exatamente o sentimento que está apertando o coração do Marquês. Não é do seu feitio ordenar massacres, principalmente quando sabe que muitos inocentes estão ali refugiados, inclusive mulheres e crianças. E nem essas pessoas Thompson aceitou que deixassem a fortaleza, mesmo sob garantia de vida.

De súbito, momentos antes de iniciarem-se os fogos de artilharia, surge um grupo de paraguaios com uma bandeira branca. Trazem uma espécie de bilhete escrito às pressas, assinado por Jorge Thompson e Lucas Carrillo, protestando *por não lhes ter sido oferecida a oportunidade de parlamentar*. Caxias não entende o porquê da exigência descabida e inoportuna, porém decide aproveitar os oficiais portadores da bandeira branca para novamente intimar os comandantes, dando-lhes, como prova de sua boa vontade, *mais seis horas para uma completa rendição*.

Duas horas depois, Thompson, que parece ainda não acreditar na derrota completa e na fuga de seu Chefe Supremo, envia cinco oficiais *com a missão de constatar o que realmente aconteceu em Lomas Valentinas*. Demonstrando condescendência incomum para um general em batalha, pouco merecida para um inimigo que sempre fora desumano, e mesmo contrariando alguns de seus conselheiros, o Marquês toma uma decisão totalmente pessoal. Determina que os oficiais paraguaios sejam escoltados ao quartel destruído de Lomas Valentinas, acompanhados por dois de seus ajudantes de campo e um esquadrão de cavalaria.

Os oficiais retornam alguns minutos antes de expirar o prazo de seis horas dado para a rendição de Angustura. Caxias os recebe e eles relatam que ficaram impressionados, não só *com o furacão que destruiu o baluarte paraguaio, como pelos milhares de mortos*. Mas o que mais os emocionou foi testemunharem como *os paraguaios feridos estão sendo tratados nos hospitais de sangue, sem distinção dos brasileiros*. Como a noite não tarda, pedem mais prazo para convencerem a guarnição da fortaleza a se render. A paciência do Marquês é testada novamente, sendo esse prazo fixado para a alvorada do dia seguinte.

Às seis horas da manhã de 30 de dezembro de 1868, com toda a artilharia de Mallet em posição para iniciar o bombardeio, surge mais um grupo parlamentar com bandeira branca. Caxias recebe a mensagem escrita e a faz ler em voz alta, diante de seu Estado-Maior:

A SS. Exas. Os generais aliados em guerra contra a República do Paraguai.
Havendo tomado em muita consideração a resposta de VV. Exas. e consultado os srs. chefes e oficiais desta guarnição, resolvemos evacuar Angostura, contanto que o façamos com todas as honras de guerra, conservando cada um sua graduação atual, seus ajudantes e camaradas, garantindo que as tropas depositarão suas armas em lugar conveniente, sem que essa condição se estenda aos chefes e oficiais, que conservarão as suas.

Deus guarde a VV. Exas.

Jorge Thompson
Lucas Carrillo

Ao meio-dia, abrem-se os portões e inicia-se a cerimônia de entrega das armas. Há uma tensão no ar, mas os procedimentos se dão de forma pacífica. O Marquês desfaz o cenho cerrado de preocupação, conseguindo até sorrir. É grande a diferença entre a rendição de Uruguaiana, onde Estigarribia resistiu com seus homens até próximo da morte pela fome, e a de agora. Surpreendentemente, ele está assistindo com sua tropa cerca de 1.300 soldados paraguaios, com seus oficiais à frente, desfilando em ordem de dois em fundo e adentrando um círculo formado pela Cavalaria brasileira, onde deixam, bem ensarilhadas, as suas armas. Teria sido a fuga de Solano López que os levou a desistir de morrer por ele?

O mais importante, para Caxias, foi o momento em que saíram da fortaleza muitas mulheres e crianças. Naquela mesma madrugada, escrevera uma carta a sua querida Anica, afirmando que custasse o que custasse, *nenhuma vítima inocente seria morta, por suas ordens, a tiros de canhão.*

No íntimo de seu coração, passou a considerar a queda de Angostura, sem derramamento de sangue, a maior das quatro vitórias que ficaram conhecidas como a *Dezembrada*.

XLI
Fazenda Santa Mônica,
5 de janeiro de 1880

Debruçado na janela do seu quarto, com os olhos fixos na estrela da manhã, o velho Duque assiste, mais uma vez, o nascer do sol. Todos os ruídos costumeiros também surgem como por encanto: os berros das vacas em busca dos bezerros presos no curral, o gargalhar do joão-de-barro que fez seu ninho como um pequeno forno no sapotizeiro mais próximo, o grasnar dos periquitos no alto das palmeiras imperiais.

Onde eu estava, na data de hoje, na Guerra do Paraguai? Deixa a janela e pega a caixa de *phosphoros* sobre o seu *bureau*. Risca um palito e aproxima a chama do calendário preso à parede, ao lado da gravura de Nossa Senhora da Conceição. Retira a *folhinha* do dia anterior e sorri: 5 de janeiro, véspera do Dia de Reis. Foi isso que me acordou. Há exatamente onze anos eu entrava em Assunção à frente de nossas tropas vitoriosas.

Abandonada por Solano López, a bela capital já agonizava antes mesmo da nossa chegada. Não gosto de me lembrar do que vi naquele dia e nos seguintes da nossa ocupação. Eram comoventes e constrangedoras a miséria e a fome dos sobreviventes, em sua maioria mulheres e crianças aos andrajos percorrendo as ruas.

Montei meu quartel-general na *finca* de López, ou seja, em sua chácara nos arredores da cidade, sentindo-me vitorioso como chefe militar, mas infeliz como ser humano. O que é capaz de fazer um ditador em busca de um império? Que diferença entre um Imperador pacífico, culto, sensato como Dom Pedro II e este simulacro de líder que arrastou seu povo a tal situação? Dos oitenta a cem mil combatentes que armou e jogou contra o Brasil, o Uruguai e a Argentina, quase todos foram mortos. Além deles, que em sua maioria tiveram a glória de lutar com bravura, quantos paraguaios foram assassinados a mando de seu próprio *Presidente,* eleito em 1862 para cumprir a Constituição que jurara? Impossível calcular quantas pessoas tinham morrido entre os civis colocados entre dois fogos. E os milhares de soldados da Tríplice Aliança que morreram para defender nossas pátrias e nossas bandeiras? Quanta orfandade, luto, endividamento para a compra de armas, quantas mortes por doenças que acompanham as guerras...

Quatro dias depois de nossa chegada em Assunção, morreu de febre tifoide um dos mais bravos soldados da Tríplice Aliança. Um general que lutava ao meu lado desde a pacificação dos insurgentes farroupilhas. Um homem que poderia ter combatido entre os lendários cavalarianos de Alexandre ou de Bonaparte. O Marechal Ney antes de Waterloo, o Barão do Triunfo, o General Andrade Neves.

Caxias respira fundo e surpreende-se com a rapidez como o sol já entrou no seu quarto. Não demora e receberei a bandeja do meu desjejum. Depois, para vingar-me da chuva que me manteve preso nos últimos três dias, vou montar no cavalo Baal e dar um longo passeio. Fisicamente, por incrível que pareça, estou hoje muito melhor do que naqueles dias em Assunção. De repente, como se meu corpo tivesse desistido daquela guerra infame, da tarefa de perseguir Solano López pelas cordilheiras, onde ele chegou ao desatino de distribuir fardamentos ensanguentados para mulheres e crianças, comecei a sentir, como disse o médico, *a falência simultânea de todos os órgãos*. O fígado, principalmente, dobrara de volume, impossibilitando que eu abotoasse diante dele a minha farda. Sentia arrepios de frio em pleno calor e náuseas na frente de qualquer prato.

Foi assim, temendo que a morte me levasse sem rever Anica e minhas filhas, que decidi escrever de imediato ao Ministro da

Guerra, comunicando-lhe do meu péssimo estado de saúde. Pedi-lhe que me dispensasse da missão e indicasse outro sucessor no comando do Exército. E lhe informando que, infelizmente, os que eu recomendaria naquele momento, os Generais Osório e Argolo, estavam feridos e eu acreditava que o mais sensato, desde que possível, era permitir-lhes a franca recuperação no Brasil, em suas províncias do Rio Grande e da Bahia. Fiz-lhe saber, por fim, que se Sua Majestade o Imperador não me dispensasse das funções, ao menos me concedesse uma licença mínima de três meses para um tratamento em lugar menos insalubre, prometendo voltar tão logo melhorasse. Foi também o receio de morrer a qualquer momento que me fez aproveitar uma leve recuperação para escrever a Ordem do Dia, obrigação que vinha postergando fazia algum tempo. Texto concluído, tive o cuidado de determinar ao senhor secretário fazer uma cópia imediatamente, guardando-a junto a alguns outros de meus papéis, muito poucos, dos quais nunca me separei.

O velho Duque ouve baterem à porta e autoriza a entrada de Maria, a auxiliar de cozinha, portando a bandeja com o café da manhã. Uma mulher de meia-idade, negra, sorridente, com cheiro bom de pão recém-saído do forno. Troca algumas palavras amáveis com ela e descobre que está com fome.

Alguns minutos depois, satisfeito com uma xícara de café com leite e duas fatias de pão de milho com manteiga, pega a bandeja de cima do *bureau* e a coloca sobre a cama. Caminha até um dos baús de campanha, abaixa-se com certa dificuldade e retira o cofre que nunca mais abriu depois que releu, no ano passado, a carta de Angela, o seu primeiro amor, e os versos que escreveu para sua filha Paulita, uma flor frágil que perecera quase tão jovem como o Cadete Luizinho. Leva a pequena obra artesanal de madeira lavrada até sua escrivaninha, abre-a com cuidado e retira algumas folhas de papel.

Senta-se, coloca o *pince-nez*, acomoda as duas mãos abertas de cada lado das folhas e começa a ler atentamente.

Ordem do Dia n. 272
Local: Assunção, capital da República do Paraguai.
Data: 12 de janeiro de 1869.

Salta os primeiros parágrafos, escritos dentro da formalidade oficial, e passa aos pontos mais importantes:

Acabou de chegar hoje a Assunção o Marechal de Campo Guilherme Xavier de Souza, a quem darei posse amanhã no comando do 1º Corpo de Exército, em substituição ao General José Luiz Mena Barreto, nomeado para a Junta Militar de Justiça, em Humaitá.

Mais adiante, concentra-se nos relatos do mês anterior:

Todos os generais que comandaram forças, comandantes de divisões, os de brigada, os de corpos e batalhões, cumpriram religiosamente o seu dever; mas não posso deixar de consignar na presente ordem do dia os mais sinceros votos da minha gratidão e reconhecimento aos Exmos. Srs. Tenente-General Visconde do Herval, comandante do 3º Corpo de Exército, e Marechal de Campo Alexandre Gomes de Argolo Ferrão, comandante do 2º Corpo, não só pela valiosa e eficaz coadjuvação que deles recebi e da qual muito dependeram os triunfos que no mês próximo passado alcançaram nossas armas, como pelas provas irrecusáveis de firme e inabalável dedicação que sempre manifestaram ao serviço público e a minha pessoa.

Por melhor que fosse o plano que concebi de contornar o inimigo pelo flanco esquerdo, evitando assim ter de atravessar as dificuldades quase insuperáveis que se opunham à chegada de nossas tropas à frente do flanco direito da linha de Piquissiri, ele não teria sido coroado do êxito próspero e completo que se verificou, se não fosse a passagem do nosso Exército pelo Chaco, base de todas nossas ulteriores operações.

No trabalho insano da abertura da estrada pelo Chaco exibiu o Exmo. Sr. Marechal de Campo Argolo provas tais de seu tino e perícia, de sua perseverança e da sua prodigiosa atividade, que só por elas tornaria a memória de seu nome indelével na história desta guerra, se já por outros tantos títulos não tivesse ele adquirido jus à honra tão distinta.

Caxias ergue os olhos do texto, retira e limpa as lentes do *pince-nez*, enquanto pensa que aquela obra *maluca*, realizada em apenas 23 dias e por onde passaram alguns de milhares de soldados, cavalos, canhões, carretas e *trens de combate*, não resistiu ao grande temporal que exigiu tantos sacrifícios em Avaí, inclusive a morte de seu primo Francisco e do Coronel Niederauer, entre tantos outros. Em apenas três dias, todos aqueles troncos de palmeiras subiram com as águas da enchente, juntamente com as pontes, e tudo foi levado de roldão até o Rio Paraguai. Felizmente, só após a travessia do grosso de nossas tropas para sua margem esquerda, obra realizada com perfeição pela Esquadra Imperial, a quem também dedico algumas palavras nesta ordem do dia.

Pede a justiça que eu manifeste igualmente meu profundo reconhecimento aos Exmos. Vice-Almirante Visconde de Inhaúma e Chefe de Divisão Barão da Passagem, e bem assim a todos os chefes, comandantes, oficiais e praças da Esquadra Imperial, pelos relevantíssimos serviços que sempre prestaram desde que tive a honra de assumir o comando em chefe de todas as forças brasileiras, pelo zelo, inteligência, boa vontade, abnegação com que constantemente me coadjuvaram, e pelos testemunhos que nunca deixaram de dar consideração e estima a minha individualidade.

Infelizmente, sobreviveu muito pouco tempo àquela guerra o nosso Joaquim José Inácio, o Visconde de Inhaúma, legítimo sucessor do meu amigo Almirante Tamandaré. Ele faleceu no Rio de Janeiro, em março de 1869, apenas dois meses depois de licenciar-se merecidamente de seu posto, uma vez que, ao entrarmos em Assunção, a marinha paraguaia já estava completamente derrotada.

Não posso e nem devo deixar de fazer expressa menção dos Exmos. Srs. Brigadeiros Jacinto Machado Bittencourt, João Manuel Mena Barreto, Hilário Maximiano Antunes Gurjão e João de Sousa da Fonseca Costa.

E sinto confranger-se de dor meu coração, vendo-me privado de citar, entre os nomes dos vivos, o do intrépido e destemido Brigadeiro José Joaquim de Andrade Neves, Barão do Triunfo, a quem eu já uma vez havia chamado o bravo entre os bravos do Exército Brasileiro e que, de então para cá, não perdeu uma só oportunidade para justificar não só o respeito e consideração de que gozava em todo o Exército, como a escolha do título com que a munificência imperial havia começado a remuneração de seus contínuos e elevadíssimos serviços.

Neste momento, surge na mente de Luiz uma longínqua cidadezinha de arquitetura açoriana, qual uma miniatura da Vila Rica, de Tiradentes. Sim, Rio Pardo, na Província de São Pedro do Rio Grande do Sul, vai poder se orgulhar para sempre de ser a *querência* do Brigadeiro Andrade Neves, um dos mais valentes rio-grandenses que lutaram pelo Brasil. Exemplo seguido, ainda naquela guerra, por outros heróis da *Dezembrada*.

A perícia, inteligência, sangue-frio e intrepidez com que na batalha de 11 de dezembro próximo passado manobrou o Coronel José Antônio Correia da Câmara, com a 5ª Divisão de Cavalaria sob seu comando, concorrendo diretamente para que não fossem de todo destroçados os três Batalhões de Infantaria do 3º Corpo de Exército, que haviam sido os primeiros e únicos que avançaram sobre o inimigo, tornam esse oficial superior digno dos maiores elogios, que com satisfação lhe tributo, tendo já recomendado seu nome ao Governo Imperial.

Iguais direitos aos meus elogios e reconhecimento ganhou o arrojado Coronel Vasco Alves Pereira, pelos prodígios de valor constantemente praticados na presente guerra, e especialmente nas gloriosas jornadas deste mês de dezembro, nas quais fez subir alto o seu nome, já respeitado por todos seus companheiros de armas.

É com a maior satisfação que eu julgo dever aproveitar o ensejo para dirigir minhas sinceras e entusiásticas felicitações às bravas, corajosas e destemidas cavalarias rio-grandenses. Seus serviços importantíssimos na presente guerra, a maneira eficaz como sempre me ajudaram, concorrendo para todas as vitórias que temos alcançado, e a resignação com que têm suportado as mais duras provas constituem um verdadeiro título de glória para soldados tão distintos.

Nada disto é novo para mim, porque em épocas anteriores havia eu já experimentado o quanto valia o cavalariano rio-grandense. Se há pouco passei pelo desgosto de dar à província de S. Pedro do Rio Grande do Sul pêsames pela morte de um dos seus mais ilustres filhos, em compensação lhe dirijo as minhas congratulações por possuir a mais intrépida de todas as cavalarias da América do Sul.

O velho Duque volta a pensar em Osório e, também, nos valentes farroupilhas do General Bento Gonçalves. Numa notícia que leu no *Jornal do Commercio* sobre o livro *Memórias de Garibaldi*, ditadas por ele ao escritor Alexandre Dumas, o herói da unificação da Itália também assim considerava a cavalaria rio-grandense, com a qual tivera a oportunidade de se ombrear em vários embates nas províncias do Rio Grande e de Santa Catarina.

Mas nem só de combatentes vivem as Forças Armadas. Se não morri em Assunção, devo-o aos médicos militares que me assistiram. E tenho a consciência em paz em atestar que sempre estenderam sua dedicação aos feridos paraguaios que foram tratados em nossos hospitais de sangue.

Tenho prazer patenteando ainda uma vez a minha gratidão e a do Exército ao digno cirurgião-mor em comissão e chefe interino do Corpo de Saúde Dr. Francisco Bonifácio de Abreu, e a todos os cirurgiões militares, médicos contratados e farmacêuticos, que debaixo de suas ordens estão servindo e que, nos hospitais fixos e nos de sangue, têm sempre cumprido os deveres de sua profissão com o maior zelo, abnegação e humanidade, sendo em tão santa missão dignamente coadjuvados pelo corpo eclesiástico, primando por suas virtudes evangélicas os virtuosos capuchinhos Fr. Fidélis d'Avola, Fr. Salvador de Nápoles, o Cônego Serafim Gonçalves dos Passos Miranda e o Padre Fortunato José de Souza.

A guerra chegou ao seu termo, e o Exército e Esquadra de brasileiros podem ufanar-se de haver combatido pela mais justa e santa de todas as causas.

Infelizmente, esta última frase foi contrariada pela História, pois ninguém imaginava que Solano López teria a insensatez de fazer sangrar seu povo até a última gota. Aquela guerra só terminou com a morte de López, lanceado pelo soldado ordenança do Coronel Joca Tavares, outro bravo cavalariano rio-grandense, no dia 1º de março de 1870. Mas, para mim, chegou a seu termo em Assunção, onde travei meu último combate. E, imediatamente, Luiz ouve a música longínqua de um órgão e sente o forte cheiro do incenso.

O suor lhe inunda o rosto e brota por dentro da farda. A Catedral de Assunção parece-lhe imensa, o altar-mor longínquo, as palavras em latim do oficiante da missa soam do púlpito como se falasse do alto de uma montanha, como se ecoassem pelas barrancas escarpadas do Itororó. De repente, centenas de pessoas levantam-se ao mesmo tempo, na sua maioria oficiais e soldados, numa dissonância de sons. O Marquês sente que vai desmaiar, mas levanta-se, apoiado na espada que segura com as duas mãos. Sente os joelhos dobrando e seu corpo desmorona, até a cabeça bater em algo muito duro. Depois, silêncio completo, até abrir os olhos e ver um rosto barbudo, enorme, diante do seu.

– Vossa Excelência teve uma síncope.

Reconhece a voz do Dr. Bonifácio de Abreu, mas não ouve a sua, só sabe que alguma coisa lhe foi dita.

– Sim, pode ser muito grave, se não fizer absoluto repouso.

– Doutor... haja o que houver, eu vou... sair desta igreja... caminhando.

Pela janela do quarto, um relincho o desperta daquela terrível recordação. Suspira profundamente e fica feliz imaginando a cena diante do casarão da fazenda. Dá alguns passos até a janela e vê Luiz Alves segurando a brida de Baal. Sim, desde que o Sargento Estácio assumiu a capatazia da fazenda, é o seu filho índio que o substitui. E o acompanha a pé, de longe, em todas suas cavalgadas, esgueirando-se entre os cafezais.

XLII
Viagem de Assunção ao Rio de Janeiro,
primeiros meses de 1869

— Cuidado com esse cavalo, rapaz! Não se esqueça que pertence a Sua Excelência, o Marquês de Caxias.

O jovem cabo, reconhecendo o General Chefe do Estado-Maior, atrapalha-se ainda mais na dúvida entre prestar continência ou continuar segurando as rédeas com as duas mãos. Mas logo um marinheiro experiente vem ajudá-lo, e o Douradilho, agora bastante emagrecido, avança obediente convés adentro do vapor *Guaporé*. Luiz já está a bordo, ocupando uma cabine ao lado da qual se instalou o Dr. Bonifácio. Seus dois baús de campanha foram colocados um sobre o outro, para economizar espaço.

O cheiro forte de carvão, malgrado o desconforto para o paciente, foi sentido até a meia-noite. Era preciso completar a carga para manter as caldeiras acesas na descida do Rio Paraguai até a Fortaleza de Humaitá onde estava prevista a primeira e única parada, para recolherem a correspondência e os arquivos do Comandante em Chefe. Depois, o longo trajeto pelo Rio Paraná através da Argentina, começando próximo ao local da Batalha do Riachuelo, passando na desembocadura do Rio da Prata e, no trecho final, desfilando diante de Buenos Aires e da antiga Colônia do Sacramento, até chegar a seu destino, Montevidéu. Uma viagem de cinco dias retornando pelos duros caminhos de cinco anos de guerra.

Ao nascer do sol do dia 19 de janeiro de 1869, é erguida a âncora e soltos os cabos do *Guaporé*. Tempo nublado, com ruído distante de trovoada, como um canhoneio. Minha Nossa Senhora da Conceição, pensa Caxias, será que essa guerra maldita vai ficar para sempre dentro de mim? Não consegui dormir um único minuto nesta noite interminável e, agora, só penso em me levantar para assistir à passagem diante de Angostura. *Tudo acabou por enquanto, pense em outra cousa*, me disse o Dr. Bonifácio. Mas nada acabou de verdade, ninguém sabe do paradeiro de López, os Generais que eu indicaria para assumir meu posto, Osório e Argolo, recuperando-se lentamente dos ferimentos, logo deverão descer este mesmo rio a caminho de casa; e acabo de saber que Inhaúma também está doente e pediu desligamento do comando da Armada Imperial. Entreguei, por enquanto, a maior responsabilidade a Guilherme Xavier, o mais antigo e graduado dos generais, mas que acaba de chegar em Assunção, e ainda vai levar um tempo para tomar pé na situação... O pior momento para a minha partida, me diz a consciência, porém, depois daquele desmaio na Catedral, não é mais o fígado que arrisca rebentar a qualquer momento, também minha cabeça dói o tempo todo... e não só na testa onde o doutor acaba de trocar o curativo.

Se dependesse de mim, jamais estaria neste navio. Mas, como pedi apenas três meses de licença, e se melhorar antes voltarei imediatamente para Assunção, é preferível começar descansando em Montevidéu, onde Anica e minhas filhas poderão vir me encontrar em segurança.

Porém, não é o rosto da esposa, e sim o de Angela, que lhe vem à mente como um bálsamo. Angela, a quem viu pela última vez na capital do Uruguai, ainda de luto pelo marido, o General Garzón, naqueles dias finais da campanha contra Oribe e Rosas. Como estará ela depois da morte de Paulita? Certamente, se estiver viva, vai tentar me visitar e não quero que me veja neste estado miserável... um velho caindo aos cacos, quase agonizando.

As horas passam com o silêncio quebrado apenas pelo ruído sincopado das máquinas. Até que ouve o Dr. Bonifácio lhe dizer baixinho:

— Excelência, se quiser olhar pela vigia, estamos passando diante de Angostura. Por mim, ficaria deitado, mas estou obedecendo às suas ordens, como militar.

No seu devaneio, quase esquecera da presença do médico no catre colocado junto aos baús, onde poderia cochilar enquanto não lhe fosse possível dormir em sua própria cabine.

— Não carece, meu amigo. É só fechar os olhos e vejo Angostura melhor do que neste dia de chuva. Como já lhe disse, considero a capitulação dessa fortaleza como uma das minhas maiores vitórias e não só aqui no Paraguai. Para a qual, sem dúvida, sua participação foi decisiva.

— Minha participação, Excelência?! Eu nem estava lá naquele dia...

— Sim, mas lembro da visita que o senhor teve a iniciativa de proporcionar para cinco dos oficiais paraguaios aos nossos hospitais de sangue, nas Lomas Valentinas. Aquele ato foi uma demonstração espontânea de humanidade de sua parte, e não tenho dúvidas de que foi fator decisivo para eles se certificarem que os soldados inimigos estavam sendo tratados em pé de igualdade com os brasileiros. E isso... os tranquilizou... sobre o medo de entregarem Angostura e... serem fuzilados.

— Fico-lhe grato por reconhecer que minha providência, que entendo até certo ponto corriqueira para um profissional médico, tenha sido útil para poupar vidas no combate. Mas, por favor, Excelência, tente pensar em outra cousa. Tente dormir um pouco.

— Então, faça o mesmo. Pode ir dormir em sua cabine. Ou melhor, vá dormir em sua cabine... por favor.

— Vou obedecer a sua ordem, sem dúvida, até porque sinto que está um pouco melhor. Mas vou deixar esta sineta aqui a seu lado. Se precisar de mim...

Luiz agradece e acomoda-se melhor na cama, como se fosse dormir. Mas logo que o cirurgião-mor fecha a porta às suas costas, levanta-se, fica uns momentos de pernas abertas, acostumando-se com o balanço do navio, e aproxima-se da vigia. Angostura não está mais à vista... E será mesmo que do outro lado, na margem direita do rio, não sobrou nada de nossa estrada do Chaco?

Suas pernas começam a tremer e ele é obrigado a voltar para a cama. É quando decide beber a poção de láudano, que o Dr. Bonifácio deixara junto da sineta. Alguns minutos depois, dorme profundamente.

Ao entardecer sente-se completamente desperto, com muita sede. Bebe um chá de folhas de laranjeira e recusa o jantar. Somente diante da fortaleza de Humaitá, na manhã seguinte, depois de nova poção de láudano e mais uma noite bem dormida, consegue tomar um café com leite fresco trazido a bordo especialmente para ele. Come do pão de milho feito no navio e tenta ler a correspondência chegada da Corte, o que faz retornar sua dor de cabeça. O lugar lhe traz muitas recordações, boas e ruins, mas se recusa a ocupar a mente com aquela fortaleza que foi o maior baluarte de Solano López.

Onde estará esse diabo fardado de Marechal? Por que não aceita a derrota para evitar mais mortes inúteis, como fez o próprio Bonaparte? Enquanto o *Guaporé* deixa o território paraguaio, entrando no Rio Paraná, Luiz tenta escrever uma carta para Anica, quando o navio é sacudido da proa à popa, deslocando seus baús contra a cama e fazendo cair vários objetos no chão. Ele ergue-se da cadeira ao ouvir uma barulheira de ferro contra ferro e segura-se como pode. Estarão sofrendo um ataque em território argentino? Quase no mesmo lugar da Batalha do Riachuelo? Sirenes, correria, apitos próximos e distantes, mas nenhum estampido de arma de fogo. O que está acontecendo?

– Algo inacreditável, Excelência. Acabamos de abalroar um outro navio brasileiro que vinha subindo o rio.

O Marquês recupera sua autoridade e, auxiliado pelo médico, começa a vestir a farda. Sobem ao trapiche com muita cautela, até porque o navio está inclinado para boreste. Cessaram todos os ruídos, inclusive das máquinas. O Comandante apressa-se a lhe prestar uma continência, muito nervoso, informando que o *Guaporé* está encalhado e que lhe parecem grandes os estragos.

– E como está o outro navio?

– O *Lima e Silva* pouco sofreu, Excelência.

Luiz sorri ao tomar conhecimento desse nome e manda chamar a bordo o outro comandante. Os dois oficiais da Armada evitam diante dele as acusações mútuas e, como é da usança marinheira, recheiam as informações solicitadas com termos em um *idioma peculiar* que só eles entendem. Em resumo, fica inteirado de que houve uma colisão aparentemente provocada pelas manobras não coordenadas dos dois comandantes, que o *Guaporé* foi o mais danificado e que seus reparos poderão demorar alguns dias; o *Lima e Silva* está praticamente intacto. Tendo se assenhorado da situação, o Marquês os informa da decisão que acaba de tomar:

– Quero que meus pertences, os do meu Estado Maior e os do Dr. Bonifácio sejam imediatamente transferidos para o *Lima e Silva*. Vamos continuar nele a viagem até Montevidéu.

E, olhando para a entrada do porão:

– Muito cuidado no transbordo do meu cavalo. Quero que ele pise no outro navio antes de mim.

Duas horas depois, acomodado na cabine do comandante, praticamente igual à outra, Luiz começa a sentir a dor de cabeça que sumira enquanto estava em ação. Talvez o Dr. Bonifácio esteja errado e eu não necessite de descanso... E, por alguns instantes tem vontade de mandar o *Lima e Silva* prosseguir navegando rio acima, e reassumir seu comando em Assunção. Infelizmente, logo seu fígado volta a doer e o suor lhe empapa os lençóis. Dormir... dormir até chegar em Montevidéu. Pena não poder tomar mais do que uma poção de láudano por dia. Medicamento a base de ópio, lhe disse o Dr. Bonifácio, que já fez muitos viciados e os destruiu.

A tão esperada capital uruguaia é alcançada no dia 24 de janeiro. Com seu fardamento completo, espada à cinta, o Marquês de Caxias caminha lentamente em direção ao portaló, sob um coro de apitos, com toda a tripulação do navio em posição de sentido. Lentamente, seu estandarte de Comandante em Chefe do Exército é arriado do mastro principal do *Lima e Silva*.

A primeira pessoa a prestar-lhe *as honras de estilo* é Irineu Evangelista de Souza, o Barão de Mauá, que tenta esconder a expressão de surpresa e desalento em seu rosto. Depois de receber rapidamente as saudações de praxe de autoridades civis e militares, a cerimônia é abreviada a pedido do médico, e ele embarca na carruagem do Barão, seguindo célere para o Hotel Oriente. A caminho, através das ruas tão conhecidas desde a sua juventude, passa diante da Catedral e parece ouvir, *vindo de suas entranhas,* o mesmo canto gregoriano que escutara há quarenta anos. Logo depois, ouve novamente a *polonaise* e sente-se como que avançando emocionado, ao lado de Angela, sobre o piso reluzente do salão de baile.

Durante alguns dias, o Dr. Bonifácio pede que fique o tempo todo em seu quarto, cujas janelas se abrem para um pátio arborizado. Proibido de receber visitas, submetido a um rígido tratamento de desintoxicação física e mental, consegue, pelo menos, livrar-se da dor de cabeça. Assim, decide romper seu isolamento para receber o Ministro dos Estrangeiros, seu velho amigo e compadre José Maria Paranhos, o Visconde do Rio Branco. Recebe-o no quarto, em *robe de chambre,* e sorri quando contempla sua calva reluzente e o rosto emoldurado por imensas *suíças* grisalhas.

– Embora um diplomata treinado, me parece que você não está conseguindo esconder o espanto em me ver neste estado, não é verdade?

Sim, Paranhos não esperava vê-lo tão fraco e envelhecido, até porque traz uma missão que lhe foi confiada diretamente pelo Imperador: *Estou preocupado com a debandada dos generais e do Visconde de Inhaúma, após a partida do Marquês de Caxias de Assunção. Diga-lhe que volte para lá o mais rapidamente possível, encontre e vença esse Solano López de uma vez por todas. Todos ansiamos pela paz, começando pelo povo paraguaio.*

– Não posso lhe mentir que sua aparência é bastante diferente da última vez que nos vimos, há mais de dois anos... Mas muito diferente, também, me parece que está a nossa situação no Paraguai. Reconhecemos todos que a missão que lhe foi confiada pelo Imperador foi cumprida com louvor, fruto de longo e cuidadoso planejamento, seguido de uma rápida e impressionante sucessão de vitórias. Nos parece também que você foi *além do dever,* e teve, assim, parcela considerável de sua saúde empenhada nessas batalhas.

– Mas, apesar de tudo, não consegui terminar com a guerra.

– O que será muito mais fácil para o seu sucessor.

– Já sabe quem será ele? Está autorizado a me dizer?

– O Imperador se recusa a discutir o assunto, enquanto não souber exatamente como está a sua saúde.

– Meu caro Visconde, como pode ver com seus próprios olhos *arregalados,* o que resta da minha saúde não é lá muito aproveitável... Tenho certeza que Dom Pedro II está descontente com a minha vinda para Montevidéu. Assim, meu *senso de missão* me diz que tenho de voltar para morrer no Paraguai, se isso for necessário para prender ou expulsar López, para que se consiga terminar essa guerra o mais rápido possível.

Paranhos tira do bolso um lenço branco e o passa com cuidado pela testa suada e pela calva.

– Fique tranquilo, meu amigo. Não pense mais na guerra, por enquanto. Logo poderá recuperar-se junto de sua família... Por sinal, deve estar ansioso para ler a carta de sua querida esposa, que tive o prazer de lhe entregar em mãos.

Ambos olham para o envelope timbrado azul celeste sobre a mesa de cabeceira, e Caxias aproveita para saber notícias do afilhado.

– O Zeca está ótimo. Principalmente depois do sucesso de seus artigos na revista *L'Ilustration,* nos quais deixou bem clara para os franceses a nossa posição na Guerra da Tríplice Aliança. Ele tem sido um diligente e ferrenho defensor de nossas políticas, até nas aulas de História que deu no Colégio Dom Pedro II, por solicitação do próprio Imperador. Com sua facilidade para idiomas e sua paixão pelas coisas do Brasil, tenho certeza de que vai seguir a carreira diplomática.

– Fico feliz em saber disso. Sempre acreditei nele, desde pequeno. Sorte sua em poder preparar seu sucessor.

Evitando entrar no assunto da morte do menino Luizinho, Paranhos levanta-se, despede-se e volta para o prédio da Embaixada do Brasil. Ali, escreve uma carta a Cotegipe, Presidente do Conselho de Ministros, relatando-lhe o encontro com o Marquês de Caxias e a péssima situação de saúde com que o encontrou. Também relata a presença em Montevidéu do Visconde do Herval, do General Argolo e do Visconde de Inhaúma, todos se recuperando aos poucos das agruras dos combates. Sobre este último, relata sua opinião sem subterfúgios: *Deus sabe se logrará chegar com vida ao solo de nossa pátria.*

Dois dias, depois, Paranhos convence Caxias a embarcar no vapor *São José*, que está de partida para o Rio de Janeiro. Uma viagem que lhe parece sem fim, embora façam apenas uma única parada, na Ilha do Desterro. *Como uma sina, é assim que me sinto, um desterrado que volta para casa de mãos vazias, sem trazer a paz prometida ao Imperador.*

Os dias passam em completa monotonia, até que, finalmente, numa noite muito escura, o *São José* entra na Baía da Guanabara. Luiz está fardado e pronto para a chegada desde o entardecer. Com legítima emoção, reconhece o contorno do monte Pão de Açúcar e o cordão de luzes amareladas que acompanham as ruas desde a Praia de Botafogo, onde um dia desembarcou o Major Frias para atacar a cidade, até a Ilha das Cobras, onde vão desembarcar. Alguns minutos depois, amparado discretamente pelo Dr. Bonifácio, pisa no cais escuro e silencioso. Todos, menos ele e o médico, deverão ficar no navio até a manhã seguinte. Mas o Marquês pretende dormir em casa e, depois do transbordo para o cais próximo ao Paço da Cidade, toma uma sege de aluguel e dá ao cocheiro o seu endereço na Tijuca.

Ninguém veio receber o herói de Itororó, Avaí, Lomas Valentinas, o pacificador que se recusou a aniquilar a fortaleza de Angostura e seus defensores a tiros de canhão. O general invencível que derrotou Solano López e o expulsou, com seu exército agonizante, para as longínquas cordilheiras do Paraguai volta para casa sem alarde ou comemorações. Mas pouco importa. A capital do Império do Brasil para Luiz Alves de Lima e Silva, neste momento, tem um único significado: sua família. Depois de mais de dois anos de separação, dormir nos braços de Anica é o único repouso que deseja o velho guerreiro.

XLIII
Fazenda Santa Mônica,
15 de fevereiro de 1880

O Duque de Caxias, mais uma vez, contempla os cafezais *entre as orelhas do seu cavalo*. Não o Douradilho de guerra, que repousa enterrado dignamente nos fundos da Capela Nossa Senhora do Patrocínio, na Fazenda da Machadinha, propriedade do seu genro, o Visconde de Ururay. Mas o irrequieto Baal, que finalmente amansou-se nesses dois anos de convívio e pisa tranquilo pela estrada em direção à Estação Desengano. Atrás deles, com seu passo leve, Luiz Alves os segue discretamente.

Andando na direção do sol, que se ergue a uns dois palmos no horizonte, chegam na encruzilhada habitual onde devem tomar o rumo sul. Mas Luiz não mexe nas rédeas, e Baal segue em frente. Continuando sempre por este caminho, depois de três horas de marcha moderada, chegarão à fazenda da Princesa Isabel... e do Conde d'Eu.

Aniquinha e Francisco estiveram lá algumas vezes, mas eu sempre encontrei uma boa desculpa para não ir. Gosto muito da Princesa, desde criança, quando a conheci brincando com a irmã no Palácio da Quinta da Boa Vista. Nas duas vezes em que ocupou a Regência, em 1871, quando o Imperador e a Imperatriz foram à Áustria, onde faleceu sua irmã, a Princesa Leopoldina, e no período de 1876 e 1877, na longa viagem dos pais, que começou nos Estados Unidos, nas comemorações do Centenário da Independência, a Princesa Isabel jamais assumiu nenhuma atitude política sem consultar-me. Trata-me sempre com muita afeição e, realmente, sinto saudades dela. Mesmo sem aviso, se estiver na fazenda, sei que me receberá com afeto. Mas, e o seu marido?

E a mente de Caxias retorna ao Rio de Janeiro no dia seguinte de seu retorno do Paraguai. Para sua surpresa, depois da total ausência de recepção oficial, desde cedo começaram a chegar visitantes em sua casa da Tijuca. Decidido a não receber ninguém, tomou seu desjejum no quarto e depois foi olhar discretamente pela janela: impressionante a quantidade de carruagens estacionadas e outras chegando. Anica desceu para dar instruções aos empregados e voltou alguns minutos depois com uma bandeja de prata cheia de cartões de visitas. O Marquês colocou o *pince-nez* e leu alguns nomes conhecidos de amigos militares e civis, principalmente irmãos maçons e colegas do Senado. Também o Imperador lhe mandou suas boas-vindas através de um camarista. Mas a única mensagem escrita com sua própria letra foi a da Princesa Isabel.

O cavalo zaino prossegue pisando firme na estrada entre os cafezais. Luiz Alves, embora estranhando o trajeto, mantém-se à distância habitual. Caxias ainda não decidiu se prosseguirá por aquele caminho, mas seu coração está acelerado e isso o agrada. Sente-se em ação, o que sempre lhe faz bem. E volta a lembrar-se daqueles primeiros meses depois que retornou de Assunção. Principalmente da primeira vez que sorriu, depois de muitos dias encerrado em seu quarto, quando apenas um ou outro jornalista fazia plantão em frente de sua casa, na esperança de uma entrevista.

– Vossa Excelência deveria voltar para Baependi. Alguns banhos de cachoeira vão tirar tudo de ruim do seu corpo e da sua cabeça.

Luiz olha para o criado Manoel e sorri novamente.

– De fato, meu amigo, depois de três dias bebendo desta água milagrosa de Baependi, que você conseguiu não sei como, estou-me sentindo um pouco melhor. Mas, infelizmente, o meu médico ainda me considera muito fraco para qualquer viagem.

– Quando Vossa Excelência voltou daquela outra guerra, os *doutor* dizia a mesma coisa. Mas foi a cachoeira que o curou.

Caxias tinha certeza disso, mas só em pensar nos preparativos de uma viagem longa sentia-se atordoado. Entrara naquele quarto no dia 16 de fevereiro de 1869, e, quatro dias depois, tivera a oportunidade de receber ali mesmo, pelas mãos de Anica e das suas duas filhas, a Medalha do Mérito Militar, uma das mais raras condecorações do Império. Mas ele não consegue sentir-se bem, nada o tira de um desânimo surdo e meditativo, nem mesmo o fato de receber o título inédito de Duque, no dia 23 de março, outorgado pela primeira vez pelo Imperador a um brasileiro de nascença. A carta de outorga chega solene e inesperada, o exaltando *por relevantes serviços prestados na Guerra da Tríplice Aliança*. Entretanto, ainda que seus méritos de soldado tenham sido reconhecidos, ele não tarda em sussurrar somente para os ouvidos da agora *Duquesa Anica: uma pequena visita de Sua Majestade a nossa casa, neste momento, teria maior valor.*

Surpreendeu-se, é claro, quando Dom Pedro II nomeou o Conde d'Eu Comandante do Exército Brasileiro, apesar de sua pouca experiência militar. Uma manobra política, sem dúvida, para valorizá-lo como Príncipe Consorte no momento da sucessão. Não encontrara o monarca, mas sabia que ele envelhecera muito e poderia estar temendo o pior.

A verdade é que Gaston de Orleans, mesmo tendo como inimigo um Solano López agora praticamente vencido, sem meios ou homens à altura de um enfrentamento equilibrado, ou seja, sem a menor possibilidade de vencer aquela guerra, ainda levou um ano para derrotar o ditador. De fato, ainda que em condições precárias, López não se furtou a um *combate de encontro* quando foi surpreendido em um dos vários acampamentos onde buscava organizar os remanescentes de sua tropa. Embora tenha esboçado uma reação inicial, ele logrou fugir, primeiro a cavalo, depois a pé, tendo sido finalmente derrubado por uma lança brasileira. O Cabo de esquadra José Francisco Lacerda, apelidado de *Chico Diabo,* ordenança do Coronel João Nunes da Silva Tavares, mais conhecido por Jóca Tavares, da famosa cavalaria rio-grandense, foi quem entrou para a História por essa façanha. E a tropa que assistiu o feito ficou admirada da audácia do cabo, que se lançou no encalço do ditador fugitivo, mesmo exposto à fuzilaria dirigida a López pelos nossos próprios infantes. E o povo, que sabe dizer melhor as coisas do que os eruditos, imortalizou seu feito em apenas dois versos:

Cabo Chico Diabo...
Do diabo Chico deu cabo.

Infelizmente, Solano López ainda fizera correr muito sangue e praticamente levara seu país à ruína total, antes de morrer, em Cerro Corá, no dia 1º de março de 1870. Na verdade, aquele final de guerra traduziu-se numa simples *manobra de perseguição*, na qual havia que impedir López de se reorganizar como tropa efetiva de combate e capturá-lo assim que fosse possível. Luiz acredita que para derrota final do ditador paraguaio em muito contribuiu o Marquês do Herval, que, curado de seu ferimento em Avaí, não se escusou de voltar ao Paraguai. Osório... foi para ele que Caxias escreveu sua primeira carta depois de retornar ao Rio de Janeiro. E o fez para comunicar-lhe do falecimento do Visconde de Inhaúma, dois meses depois de pronunciar sua famosa frase ao desembarcar na Ilha das Cobras, amparado por dois oficiais da Marinha:
– *Não reparem, não reparem, é um velho navio a fazer água.*
Quem lhe trouxe a má notícia foi o Almirante Tamandaré, com quem Caxias continuou mantendo fortes laços de amizade. Entre os dois a conversa sempre foi franca. E por isso tiveram que concordar, e mesmo valorizar, o que consideraram o maior mérito do Conde d'Eu ao findar a Guerra da Tríplice Aliança: a proclamação do fim da escravatura no Paraguai, o que sempre foi o maior sonho de sua esposa para o Brasil.

Pela posição do sol, devem ser umas nove horas da manhã. Nesse passo firme, Baal me levará até à fazenda Monte Scylene em mais duas horas, talvez. Horário de almoço, um péssimo momento para eu chegar, assim, sem avisar a Princesa Isabel. Mas ele continua pelo mesmo caminho, entusiasmado pela excitação que sente.

Terminada a guerra, mesmo sentindo-se bem melhor, Caxias continua isolado em sua casa, de onde sai apenas para pequenas cavalgadas no seu fiel Douradilho. E continua a escrever a Osório: *Estou longe dos foguetes e das fanfarras da cidade, acompanhados de longos discursos, com os quais os casacas pagam a nós, militares, pela fortuna de não terem ido para a guerra, nem ela ter chegado até aqui.*

Os casacas... Caxias, quase fisicamente curado, decide defender-se de acusações infames sobre sua atuação no Paraguai. No dia 15 de junho de 1870 ocupa a tribuna do Senado, onde faz o único longo discurso da sua vida:

– Pedi a palavra, sr. Presidente, para defender-me das inúmeras acusações dirigidas contra mim nesta casa, em minha ausência, e, posto que tenho consciência de que meus generosos amigos responderam vitoriosamente a todas elas, todavia cumpre-me dar algumas explicações relativas a fatos que se passaram comigo e que só por mim podem ser explicados.

E começa por contar em detalhes seu plano de organização do Exército, solicitado pelo Ministro Beaurepaire Rohan. Narra como foi impedido, desde a invasão de López ao Mato Grosso e ao Rio Grande do Sul, de participar de qualquer decisão militar:

– Por razões político-partidárias não aceitaram que eu fosse nomeado presidente da Província do Rio Grande, o que era imprescindível naquele momento, já que a guerra estava ali.

Como líder experimentado e homem de guerra, nada como a tensão de antes de um enfrentamento para colocar todos seus sentidos em alerta. Seu corpo está ereto, os gestos são estudados, mas sem afetação, a cabeça altiva, o olhar penetrante, a voz calma, mas incisiva e grave nos momentos certos. Sua figura impõe respeito. Interrompido apenas por uma ou outra exclamação favorável, ele aproveita para dissertar sobre o ponto mais polêmico, de que teria *ordenado a Osório retornar de Humaitá, quando as tropas brasileiras já estariam dentro da fortaleza*. Para apoio de suas palavras, empunha um documento irrefutável:

– *Aqui está o Diário do Exército, publicado há dois anos. Se Osório acreditasse que minhas palavras não dizem a verdade, sendo, como é, um General de pundonor e brio, teria logo retificado a informação. E o que diz o Diário? Que Osório retirou-se de Humaitá usando do arbítrio que eu lhe havia confiado.*

Evitando com altivez enfatizar suas vitórias na Dezembrada, defende-se da maldosa acusação de ter abandonado os paraguaios feridos, relatando com detalhes o que se passou realmente naqueles dias e o que lhe disseram os cinco oficiais enviados de Angostura a Lomas Valentinas. Destaca o fato de como aquela comitiva ficara impressionada ao constatar *in loco* que *os soldados paraguaios feridos estavam sendo tratados nos hospitais de sangue, sem distinção dos brasileiros*. E recomendaram que Angostura se rendesse, poupando milhares de vidas.

– *Fui também acusado de ter promovido oficiais por atos de bravura em número superior aos do quadro do Exército. Aqui está um relatório em que se vê que, no período de 26 meses que comandei o Exército, isto é, de 18 de novembro de 1866 a 18 de janeiro de 1869, promovi 227 oficiais e não fui além dos limites do quadro. Enquanto meu sucessor em onze meses promoveu 320, excedendo o quadro em três majores, apenas. Creio que esses algarismos falam bem claro e provam cabalmente a falsidade da acusação.*

Depois de dissertar sobre a sua doença, considerada por inimigos políticos como a simples desculpa para abandonar seu posto, colocou à disposição do Senado os relatórios médicos do Exército e a cópia da carta do Ministro Paranhos ao Conselho de Ministros e ao Imperador após visitá-lo em Montevidéu.

E concluiu defendendo-se de uma acusação de improbidade que muito o feriu, relativa ao transporte do cavalo Douradilho junto consigo, como propriedade particular, transporte efetuado nos mesmos navios de Assunção ao Rio de Janeiro:

– *É verdade que assim pratiquei. Estava no meu direito. Se o nobre Senador Silveira Lobo soubesse disso, não me faria a acusação que fez. Os oficiais montados têm direito à cavalgadura quando encarregados de qualquer comissão. Se a quiserem comprar, como eu fiz, podem exigir legalmente seu transporte e o governo tem obrigação de proporcioná-lo. Transportar consigo o seu cavalo de guerra foi feito pelos meus antecessores e o meu sucessor, e ninguém fez a respeito deles o mesmo reparo. O que para eles era lícito, praticado por mim foi reputado um crime.*

E concluiu, correndo os olhos pelos assistentes em completo silêncio:

– *Se meu estado de saúde era péssimo ao retirar-me do Paraguai, hoje não está ainda de todo restabelecido. Paro aqui, por ora. Se for preciso, darei depois outros esclarecimentos.*

Nesse momento, depois de manter-se tranquilo ao passo, Baal agita-se e sacode a cabeça e as crinas. Caxias o faz parar e vira-se para trás a procura de Luiz Alves, que se aproxima sem correr, mas logo está a seu lado.

– Baal ouviu alguma coisa e parou. Sabe o que é?
– Uma tropa de bois se aproxima. Devem ser muitos.

Acaba de dizer isso quando Caxias ouve com nitidez o toque de um *berrante*, certamente soprado pelo vaqueiro que lidera a tropa. E o cavaleiro, com o enorme chifre de boi servindo como um instrumento musical, não demora a surgir na curva da estrada, seguido pelos animais em marcha.

– Estou sentindo o cheiro deles há bastante tempo. São muitos e o certo é sair do caminho para lhes dar passagem. O que o senhor deseja fazer?

O velho Duque olha para cima, sorri, e logo volta a encarar o filho com simpatia:

– Que horas são?

– Quase onze horas.

– Então é melhor voltarmos. Aniquinha nos prometeu para o almoço um prato que sei que você gosta: canjica com carne de carneiro.

Dito isso, torce as rédeas de Baal e incita-o a galopar, pela primeira vez naquela manhã.

XLIV
Palácio da Quinta da Boa Vista,
24 de junho de 1875

— Perdão, Majestade, mas depois da morte da minha mulher, perdi minhas últimas forças.
Dom Pedro II aproxima-se dois passos e fixa seus olhos azuis no rosto de Luiz. A expressão do monarca lhe recorda o menino de 1832, que renasce atrás da barba grisalha: *En garde!* Ele aprendeu a esgrimir melhor com as palavras do que com a espada.
– Entendo o seu martírio. Mas não é em meu nome que peço a sua ajuda, é em nome do nosso país.
E, numa atitude que nunca tomara em mais de quarenta anos de convivência, o Imperador aperta o velho Duque em seus braços.
– Não o largo enquanto não disser que aceita o cargo de ministro.
O que fazer? Felizmente, só estão os dois no gabinete imperial da Quinta da Boa Vista. Totalmente constrangido, Caxias ouve ainda essas palavras, ditas como num confessionário:
– Como sabe, dentro de alguns meses eu vou viajar para os Estados Unidos, Europa e Oriente Próximo. Ficará no trono Isabel; porém só quero partir deixando o gabinete em mãos amigas, de confiança. Vossa Excelência é um dos homens de maior prestígio do Brasil, organize o novo gabinete.
E, dando ainda maior ênfase às palavras:
– Se negar, terei de chamar os liberais, já que os conservadores se mostram incapazes de resolver a questão religiosa que está me afligindo há algum tempo e parece estar mesmo dividindo o Brasil.

Como este fato foi o causador da queda do gabinete presidido por seu amigo e irmão maçom Visconde de Rio Branco, Caxias sente-se preso numa armadilha. De fato, a chamada Questão Religiosa, com iniciais maiúsculas, assim como a trata a imprensa, fora iniciada dois anos antes com a rebelião dos bispos Dom Vital de Oliveira, de Olinda, e Dom Macedo Costa, do Pará, contra a Maçonaria. A situação tornou-se delicada e de solução cada vez mais difícil em consequência da escalada de animosidades que ocasionaram um verdadeiro confronto entre Dom Pedro II e o Papa Pio IX, principalmente depois que os bispos foram condenados a quatro anos de prisão com trabalhos forçados.

Em carta enviada ao Imperador brasileiro, o Papa empregou frases de sentido religioso: *Quanto mais alto estiver alguém, mais severo será o ajuste de contas.* Como também de cunho político: *Vossa Majestade descarregou o primeiro golpe na Igreja, sem pensar que ele abala, ao mesmo tempo, os alicerces do seu trono.*

Tudo começara em 3 de março de 1872, com um pronunciamento do padre José Luís de Almeida Martins, orador da loja *Grande Oriente do Vale do Lavradio*, no Rio de Janeiro, saudando o Visconde do Rio Branco, Grão-Mestre maçom e Presidente do Conselho de Ministros, pela promulgação da Lei do Ventre Livre. Embora interditada pelo Vaticano, a Maçonaria, que tanto colaborara para a independência, continua livre para os católicos do Brasil e muitos padres são abertamente maçons. Alguns deles, como o Padre Feijó, tinham ocupado cargos administrativos relevantes no Império, enquanto outros, como Frei Caneca, lutaram e morreram pela República.

Acontece que o discurso do Padre Martins teve grande repercussão na imprensa, e o Bispo Lacerda, do Rio de Janeiro, exigiu que ele renegasse a Maçonaria. Como o padre se recusou, o bispo o suspendeu das ordens sacras. Como esperado, a Maçonaria reagiu de pronto e acusou o bispo de interferir em questões de Estado, o que foi feito com grande repercussão na Câmara dos Deputados e no Senado, onde Caxias reassumira seu cargo de representante vitalício da Província de São Pedro do Rio Grande do Sul. Realmente, pela Constituição, a Igreja depende do Estado e nenhum de seus atos tem valor sem o *placet* de Dom Pedro II.

A situação se agrava quando Dom Vital de Oliveira, Bispo de Olinda, recusa-se a que seja rezada missa comemorativa da fundação de uma loja maçônica. Logo a seguir, faz o mesmo em relação à missa pela morte de um influente católico maçom. E, no fim do ano de 1872, acontece o fato mais grave: Dom Vital exige que o Dr. Antônio da Costa Ribeiro, importante membro da Irmandade do Santíssimo Sacramento, se afaste da Maçonaria sob pena de excomunhão. A Irmandade apela à Coroa, baseando-se no artigo 1º do Decreto nº 1911, de 28 de março de 1857, em que são disciplinados os casos de usurpação do poder temporal e violência no exercício do poder espiritual. O recurso é aceito e encaminhado ao Presidente da Província de Pernambuco, que interpela o bispo e exige explicações. Dom Vital não se retrata e agrava sua situação ao posicionar-se oficialmente como submisso à Igreja e não ao Império. Assim, o processo é remetido ao Conselho de Estado, para julgar se o religioso exorbitou de suas funções. Porém, antes do julgamento, entra em cena outro personagem, o Bispo Macedo Costa, do Pará.

No dia 23 de março de 1873, Dom Macedo determina que todos os maçons sejam expulsos das irmandades e confrarias, ameaçando interditá-las caso não seja obedecido. Pior ainda, mostrando a clara intenção do enfrentamento, excomunga todos os maçons e os proíbe de serem enterrados em cemitérios católicos. Algumas irmandades reagem pelo caminho da lei, apelando ao Presidente da Província do Pará, que as encaminha às instâncias superiores, no Rio de Janeiro.

Antes que o Governo Imperial tome conhecimento desse novo fato, o Conselho de Estado julga o que considera *arbitrariedades* de Dom Vital e lhe concede o prazo de um mês para revogar as interdições contra os maçons em seu bispado. Além de não cumprir a determinação legal, o bispo reage de forma nem um pouco conciliadora, contestando com palavras consideradas subversivas: *Ou o Governo do Brasil declara-se não católico, ou declara-se católico. Se o Governo do Brasil é católico, não só não é chefe ou superior da religião católica, como até é seu súdito.* Além disso, toma uma atitude imperdoável em termos diplomáticos e ilegal diante da Constituição do Brasil, que proíbe a divulgação de qualquer documento papal sem autorização do Imperador: manda publicar com destaque uma carta a ele enviada pelo Papa. No breve intitulado Quamquam dolores, Pio IX recomenda-lhe: *Dê o prazo de um ano para que os maçons se convertam e retornem ao seio da Igreja. Se não o fizerem, está autorizado a usar do rigor das penalidades canônicas e até dissolver as irmandades.*

O Conselho de Estado dá um prazo de quinze dias a Dom Macedo para levantar seus interditos contra os maçons, o que é ignorado pelo bispo. Em sua resposta escrita afirma:

Sem tornar-me apóstata da fé católica, não posso reconhecer no poder civil autoridade para dirigir as funções religiosas. Assim, não vou anuir de modo algum às doutrinas do Conselho de Estado, por serem subversivas à jurisdição eclesiástica e claramente condenadas pela Santa Igreja.

Sentindo que a situação só poderia ser resolvida por meios diplomáticos, o Visconde do Rio Branco instruiu o Visconde de Caravelas, Ministro dos Negócios Estrangeiros, a enviar um diplomata experiente ao Vaticano. O escolhido foi o Barão de Penedo, encarregado de transmitir diretamente ao Papa as preocupações do Governo Imperial brasileiro, centradas num argumento fundamental: o catolicismo é a religião oficial do Brasil, desde a sua independência; essa rebelião dos bispos só está sendo útil aos republicanos, que não reconhecem a autoridade do Papa, e tem servido para abrir caminho aos protestantes e mesmo para outras religiões, inclusive não cristãs. E deve relatar-lhe confidencialmente que, muito em razão da Questão Religiosa, em 18 de abril de 1873 fora realizada em Itu, Província de São Paulo, a Primeira Convenção Republicana do Brasil, com a presença de muitos maçons cristãos.

Convencido dessa verdade e de que nenhuma medida hostil seria tomada contra os bispos, o Papa Pio IX instrui o Cardeal Antonelli para escrever uma carta de censura a Dom Vital, ordenando-o a restabelecer os direitos das irmandades e trabalhar pela volta da tranquilidade entre os católicos, que ele *imprudentemente perturbara*. Cópia dessa carta foi enviada oficialmente a Dom Macedo.

No entanto, antes que o Ministério recebesse o informe do Barão de Penedo e pudesse impedir qualquer medida mais rigorosa contra os bispos, o Procurador da Coroa apresentou denúncia formal contra o sr. Vital de Oliveira, enquadrando-o no Código Criminal por desobediência à Constituição. Logo a seguir, foi também, nas mesmas bases, denunciado o sr. Antonio de Macedo Costa.

No dia 2 de janeiro de 1874, o Bispo Dom Vital foi preso em Recife e levado ao Rio de Janeiro para ser julgado. O mesmo aconteceu com Dom Macedo, no dia 28 de abril. Em seus julgamentos, ambos se mantiveram calados *porque Jesus Cristo também se calou quando foi acusado diante de Caifás*. Advogados voluntários os defenderam, mas o veredito do júri foi implacável: ambos foram condenados a quatro anos de prisão com trabalhos forçados. Dom Vital foi recolhido à Fortaleza de São João e Dom Macedo à Ilha das Cobras.

A condenação dos bispos causou tal comoção popular que logo as sentenças foram comutadas para prisão simples. Foi quando o Papa Pio IX escreveu uma carta a Dom Pedro II, alegando que fora enganado pelo Barão de Penedo, o que o levou, por razões diplomáticas, a escalar os termos das tratativas, agravando mais ainda a situação dos bispos. Como até inimigos irreconciliáveis no Senado e na Câmara temiam, os alicerces da monarquia começaram a ser sacudidos, ao ponto de o Visconde do Rio Branco, com todo seu prestígio, perder o controle da situação.

Assim, no momento que a esgrima chama de *dégagez*, ou seja, ao separar-se do abraço de Dom Pedro II, o Duque de Caxias aceita a incumbência de presidir um novo Conselho de Ministros. E, por ser o dia 24 de junho de 1875, o povo o apelida de *Gabinete de São João*.

Para resolver a Questão Religiosa, mesmo sendo, como lhe disse Dom Pedro II, *um dos homens de maior prestígio do Brasil*, ele sabe que terá de empregar todo o seu talento. Para tanto, acredita que o fato de ser reconhecido católico praticante e, também, maçom poderá auxiliá-lo nessa *pacificação*, na qual muitos já fracassaram, inclusive o Imperador e o Papa.

XLV
Fazenda Santa Mônica,
1º de março de 1880

Bem no fundo da canastra, onde guarda seu uniforme de parada, Luiz encontra pelo tato o que está procurando. Nada mais do que um retângulo de pano, com dois palmos de comprimento e um palmo de largura, bordado com insígnias vermelhas e azuis sobre fundo branco. Desde que se recolhera à Fazenda Santa Mônica, não mais colocara o seu avental maçônico. Mas não esquecerá jamais que, ao voltar doente do Paraguai, sua irmandade dera-lhe toda a proteção possível. Naquela ocasião, muito para desagravá-lo de ataques *profanos* no Senado, fora nomeado representante do Supremo Conselho no Grande Oriente do Brasil, cujo Grão-Mestre era o Visconde do Rio Branco.

O avental é o símbolo mais importante desta Ordem fundada para unir *homens livres e de bons costumes,* cujos fundamentos se encontram nos pedreiros que construíram o Templo de Salomão. Tudo muito simples, pois *maçon,* em francês, significa pedreiro, e o avental simboliza desde a iniciação o compromisso de trabalhar *a pedra bruta* e depois *a pedra polida* na construção de um mundo melhor, *elevando templos à virtude e cavando masmorras aos vícios.*

Caxias nunca encontrou antagonismo entre ser cristão e maçom, sendo o Monsenhor Pinto de Campos, um prócer da Igreja Católica, o autor do único livro escrito sobre sua vida, uma obra plena de elogios, publicada dois anos antes, em 1878. Quanto à Maçonaria, ele guarda entre seus tesouros, no pequeno cofre de madeira cinzelada, um soneto do Irmão Maçom Francisco Leal

Passos que recebeu nas comemorações de sua posse como Grande Inspetor do Grau 33. Assim, Luiz recoloca o avental em seu lugar, pega o cofrinho e dirige-se ao *bureau* para ler os versos confortavelmente.

SONETO

Da brasílica gente herói famoso,
Preclaro General, bravo guerreiro,
Dos louros marciais feliz herdeiro
E o Santelmo da paz mais assombroso.

Do Parlamento ornato portentoso
Em prol da Pátria sábio e justiceiro,
Cantar venho teu nome, prazenteiro,
Brandindo a fraca lira, fervoroso.

Da grande Maçonaria brilho e glória,
O ilustre povo honras, que te venera,
Com auréola te cingiu, tão meritória.

A Maçônica União hoje se esmera
Em teu nome inscrever na sua História,
Pois risonha lhe abriste propícia era.

Terminada a leitura, Caxias pensa numa frase de Napoleão Bonaparte que o orientou para superar a Questão Religiosa, naqueles três meses, de junho a setembro de 1875, em que *costurou* as relações rompidas entre o Estado e a Igreja: *Entre o sublime e o ridículo, não há mais que um passo.*

Dom Pedro II sempre tolerara o que chamava de *críticas construtivas* da imprensa, não admitindo perseguições a jornalistas. Quando às *charges*, as caricaturas em que era representado muitas vezes de forma ridícula, costumava mandar recortá-las e as guardava num álbum, como prova, se necessário, de sua notória atuação democrática. O Imperador, na realidade, era um *frei denker*, um livre-pensador como sua mãe, a Imperatriz Leopoldina. Não era maçom, mas vivia cercado de irmãos maçons. Era oficialmente católico, mas sem nenhum radicalismo, tendo incentivado ao máximo em seu longo reinado o ensino público leigo. Um professor por vocação, como ele mesmo dizia, um cientista respeitado por seus estudos em ciências naturais, um poliglota que, além do português, alemão, francês, inglês, espanhol, que lia, escrevia e falava fluentemente, tinha conhecimento de muitas outras línguas, inclusive o hebraico e o árabe.

Pois foi numa *charge* em que o caricaturista desenhou uma cena imaginária de um jantar no Vaticano, em que Dom Pedro II está comendo uma feijoada e o Papa Pio IX um prato de macarrão, que a frase de Bonaparte lhe voltara à mente. A legenda dizia: *Sua Majestade aproveitou a ocasião para, não desfazendo do macaroni do Papa, fazer valer as vantagens e excelência de uma boa feijoada.* No prato de macarrão aparecia a palavra *Syllabus* (título de um documento de Pio IX condenando os erros da civilização moderna) e, no de feijoada, *Constituição*.

Naquela caricatura ridícula, o *chargista* conseguira algo sublime, ou seja: colocar os dois antagonistas confraternizando juntos, mas cada um guardando seus hábitos na alimentação. Assim era essa Questão Religiosa: sublime para uns, ridícula para outros, mas que só poderia ser resolvida colocando Igreja Católica e Maçonaria, como sempre foram no Brasil, sem mudarem seus hábitos e crenças, convivendo com harmonia e dividindo a mesma mesa.

Confiando na sinceridade de seus propósitos, Luiz pediu ao Visconde do Rio Branco, Grão-Mestre do Grande Oriente do Brasil e seu antecessor como Presidente do Conselho de Ministros, que convidasse para uma sessão em sua loja o maçom mais difícil em aceitar a pacificação com o Papa: Saldanha Marinho, o Grão-Mestre do Oriente Unificado. Sim, a Maçonaria, infelizmente, ainda continuava dividida em duas potências em solo brasileiro, apesar da identidade dos ritos. No entanto, era urgente a necessidade de acalmar os ânimos, principalmente dos jornais católicos mais radicais, que pregavam até: *Morte aos maçons!*

O pernambucano Joaquim Saldanha Marinho, advogado, político e jornalista, era, na vida *profana,* um dos mais intransigentes membros do Partido Liberal, ou seja, adversário político de Caxias e Rio Branco. Abertamente republicano, dera espaço em seu jornal, *Diário do Rio de Janeiro,* para o fluminense Quintino Bocaiúva atacar o Império. Convencê-lo que a única maneira de terminar com a Questão Religiosa seria o Imperador conceder anistia aos bispos Dom Vital e Dom Macedo, prisioneiros na Fortaleza de São João e na Ilha das Cobras, foi uma tarefa digna do homem que pacificou o Maranhão, São Paulo, Minas e Rio Grande do Sul. Que garantiu a segurança da nossa turbulenta fronteira com o Uruguai e a Argentina, vencendo os caudilhos Oribe e Rosas. Que exauriu as forças de Solano López, tornando-o apenas um *bandoleiro em fuga,* após a *Dezembrada* de 1868.

Se fosse possível, esse encontro dos três líderes deveria ser feito no *Aerópago de Itambé,* em Recife, a primeira loja maçônica fundada em 1796 por Arruda Câmara, frade carmelita e médico formado na França. Aerópago significa tribunal ateniense, assembleia de magistrados, sábios, literatos. Itambé, em guarani, é a pedra afiada, a ferramenta para *erguer templos à virtude.* E foi num destes templos, no Rio de Janeiro, que o Duque de Caxias, falando *entre colunas,* conseguiu convencer Saldanha Marinho a ensarilhar suas armas e admitir a paz. E, principalmente, controlar os ânimos de outros liberais *de língua afiada*: Zacarias, Sinimbu, Silveira da Mota. Nos últimos tempos, o próprio General Osório, eleito Senador do Partido Liberal pelo Rio Grande do Sul, estava alinhado com esse grupo.

Restava ainda o mais difícil baluarte, o Imperador Dom Pedro II, que reagira contrariado às primeiras tentativas de Caxias, dizendo-lhe, apenas: *Cumpra a Constituição.* Ordem impossível de desobedecer. Embora outros credos fossem autorizados em culto doméstico e a perseguição por questão de consciência fosse vedada pela Constituição de 1824, na prática a oficialização do culto católico eliminava do acesso a cargos públicos a quem não lhe jurasse fidelidade. Ao mesmo tempo, o Estado se reservava o direito de exercer controle sobre prescrições rituais e normas canônicas emanadas da Santa Sé se elas invadissem o terreno secular. Também se as considerasse atentatórias contra o princípio da soberania nacional, se ferissem leis brasileiras ou se limitassem a autonomia do poder monárquico, *podendo declará-las nulas e sem efeito dentro do território brasileiro*, o que era conhecido como o privilégio do beneplácito.

Luiz decidiu, então, buscar o apoio da Princesa Isabel, que era tão católica a ponto de *varrer descalça as escadarias de uma igreja em Petrópolis*. Subiu a serra pela linha férrea construída há muitos anos pelo Barão de Mauá e, aproveitando-se que Gaston de Orleans saíra para um passeio a cavalo, desabafou com a futura Regente todas suas preocupações. A maior delas: como os dois poderiam conseguir restabelecer a convivência harmônica entre a Igreja e o Império, estando os bispos ainda presos, durante a longa viagem que Dom Pedro II pretendia fazer, dentro de poucos meses, aos Estados Unidos, Europa e Oriente Próximo?

Conquistado o apoio da Princesa, Caxias, na qualidade de Presidente do Conselho e Ministro da Guerra, escreveu uma longa exposição de motivos para que Dom Pedro II concedesse a anistia aos bispos. Seu argumento era consistente, mostrava a possibilidade de encerrar-se a questão com um mínimo de perdas para ambas as partes desse litígio que já se mostrava irracional, tendo encerrado sua missiva com as seguintes palavras:

Urge pôr termo a este estado de coisas. E o meio mais profícuo, conforme dita-nos a consciência, é a anistia. O bem do Estado e a humanidade aconselham o emprego de tão salutar providência.

O Imperador não se digna nem a responder oralmente essa proposta e viaja a São Paulo, para as comemorações do 7 de setembro.

No seu retorno, encontra seu velho mestre de esgrima e equitação determinado e absolutamente decidido: ou Dom Pedro II concede a anistia ou ele lhe apresenta a demissão do gabinete.

Uma *queda de braço* que foi vencida por Caxias porque o Imperador estava ciente de que, sem contar com *a primeira espada do Império escorando o Trono*, não conseguiria fazer em paz sua tão sonhada viagem. Desta vez, a resposta foi por escrito:

Senhor Caxias,

Tudo disse da minha opinião contrária à do Ministério, porém entendi que este não devia retirar-se.
Essa questão é grave, e por isso reservo, ao menos, o meu modo de pensar sobre ela.
Faço votos para que as intenções do Ministério sejam compensadas pelos resultados do ato da dita anistia, mas não tenho esperança disso.

O Conselho de Estado aceitou a proposta de anistia e, antes do ato final, o *Jornal do Commercio* do dia 14 de setembro publicou uma matéria favorável à decisão conciliadora, concluindo nos seguintes termos:

Nos círculos políticos fala-se do próximo perdão dos Bispos presos como de algo resolvido pelo Ministério, ouvido já o Conselho de Estado pleno. Embora o perdão seja ato do poder moderador, tratando-se neste caso de uma medida essencialmente política, é de presumir que a Coroa lhe não negue o seu assentimento, se efetivamente o Presidente do Conselho de Ministros o solicitar.

Assim, no dia 17 de setembro de 1875 foi finalmente assinada a anistia, os dois bispos foram recebidos como heróis em Pernambuco e no Pará, mas não ousaram mais excomungar maçons ou se manifestar publicamente contra o Império.

Estavam refeitas as relações entre Igreja e Estado. Mas o desconforto do Imperador com o desfecho do *affair* foi público, sendo obrigado a suportar as críticas por algum tempo. *Dizem as más-línguas* que ele, inclusive, não colocou em sua coleção mais uma daquelas *charges* que costuma recortar dos jornais e que servem para testar sua vocação democrática.

Nessa caricatura, novamente Dom Pedro II e o Papa estão juntos no Vaticano. Mas agora vitorioso, Pio IX ergue uma enorme palmatória para bater na mão estendida do monarca, carrancudo, mas conformado. E a legenda não deixa dúvidas: *Afinal... deu a mão à palmatória!*

XLVI
Palácio da Quinta da Boa Vista,
24 de junho de 1887

A Princesa Isabel levanta-se atrás de seu *bureau* e abre os braços saudando o visitante.

– Perdoe tê-lo convocado assim, meu estimado Duque, pois eu é quem deveria ter ido ao seu encontro para cumprimentá-lo oficialmente e de forma pública. Afinal, estamos comemorando os dois anos do nosso *Gabinete de São João,* como o chama o povo.

Caxias inclina a cabeça, emocionado. E vê-se outra vez naquele mesmo lugar, no dia em que Dom Pedro II lhe entregou o Comando do Exército e a presidência da Província de São Pedro, para *devolver a paz à nossa fronteira sul.* No meio da entrevista, enquanto olhavam um mapa da região conflagrada por Oribe e Rosas, duas meninas entraram correndo, de mãos dadas, no gabinete imperial. E o Imperador olhou sorrindo para suas filhas, de quatro e cinco anos de idade, que caminhavam de mãos dadas em sua direção, parecendo duas bonecas vestidas de princesinhas.

– Bom dia, minhas queridas.

– Bom dia, papai.

– Bom dia, papai.

Dom Pedro II colocou um joelho sobre o tapete persa e abraçou e beijou as duas *poupées* ao mesmo tempo. Ergueu-se em toda sua estatura, com uma delas em cada braço, e lhes disse, mostrando o militar a sua frente:

– Digam bom dia em francês para o Conde de Caxias, que foi meu professor de esgrima e equitação.

– *Bonjour, Monsieur.*
– *Bonjour, Monsieur.*
Emocionado, Luiz respondeu:
– *Bonjour, Princesse Isabel. Bonjour, Princesse Leopoldina.*
Devolvendo-o à realidade, Isabel parece adivinhar seus pensamentos e lhe pergunta:
– Foi aqui, mesmo neste lugar, que nos conhecemos, não foi? Meu pai me contou antes de viajar.
– E... como está ele? Vossa Alteza recebeu alguma carta esta semana?
A Regente sorriu e seu rosto ficou quase belo.
– Sim, mas sem nenhuma recomendação para nós dois. Ele só trata do seu encontro com Victor Hugo, que foi um sucesso.
– Imagino que sim, Sua Majestade sonhava em conhecê-lo pessoalmente desde jovem. Pode me contar um pouco mais?
– A palestra dos dois durou cerca de duas horas e foi muito agradável.
– Onde se encontraram? Em nossa embaixada?
– Não. Meu pai fez questão de ir ao encontro dele, segundo me diz na carta, mais ou menos nestes termos: *Ele tem sobre mim o triste privilégio da idade e também a superioridade do gênio, portanto cabia a mim fazer-lhe a primeira visita.*
– Sim, Alteza, também eu tenho esse *triste privilégio,* uma vez que sou apenas um ano mais moço do que o grande escritor... Mas, prossiga, prossiga, se assim o desejar.
– Meu pai bateu à porta da casa de *Monsieur Hugo* no dia 22 de maio, há quase um mês, exatamente. Aos 75 anos, o escritor pareceu-lhe muito envelhecido, até que começaram a conversar. *Ele salta de um para outro tema, por exemplo, sobre um poema que escreveu sobre o Brasil e outro sobre a Batalha de Waterloo, com uma facilidade admirável.*
– O poema sobre Waterloo eu sabia de cor quando estava na Escola Militar. Mas esse sobre o Brasil, ignoro completamente.
– Quer que o leia para Vossa Excelência?

Sem esperar resposta, Isabel corre os dedos sobre sua escrivaninha e localiza a carta do pai. Abre o envelope, retira as folhas e começa a leitura, já emocionada, mas atenta à pronúncia em francês:

Le vaste Brésil aux arbres semés d'or

Victor Hugo

J'aime votre patrie au ciel toujours pur
Paradis qui se berce entre les flots d'azur,
Où le soleil brûlant, comme un phare féerique,
Couvre de ses rayons le sol de l'Amérique.

Vous êtes le printemps et moi, je suis l'hiver;
Je suis le soir tombant, vous le jour frais e claire,
Et j'aime regarder l'aurore s'épanouir.
Oui! Je sens de la force et de la joie me venir.

À vous voire. Vous croissez. L'Europe, le vieux monde,
Dans l'histoire a vécu la rapide seconde de sa vie.
Vou serez l'Europe, après-demain.
Le moment est critique. Eh bien! Prenez la main
De l'Avenir puissant qui vous attend.
Alors, dans ce vaste Brésil aux arbres semés d'or,
Passeront le Progrès, la Force et la Clarté:
On voit sur votre front une aurore d'été.

Caxias tira do bolso um lenço e o passa nos olhos. A Princesa deixa as lágrimas descerem livres por seu rosto sem pintura. Depois, também as enxuga com um pequeno lenço e diz, com voz rouca:

– Depois que li este poema, nossa tarefa de manter o Brasil unido, nestes últimos quinze meses, pareceu-me antes de tudo um ato de Fé. Sem dúvida, *um Futuro poderoso nos espera* e estamos lutando juntos pelo *Progresso* do Brasil, o sr. Duque com sua *Força* de caráter, eu em busca da *Clareza* em todos os meus atos. Acredita que estamos cumprindo o que prometemos ao meu pai?

Caxias inclina a cabeça, assentindo:

– Vosso pai sabe que eu preferiria dois anos de campanha militar a este mesmo tempo à frente do Ministério. Acredito que enfrentei com mais facilidade os canhões de López do que enfrento as intrigas dessa oposição totalmente desligada de qualquer patriotismo. Apesar disso, entendo que nosso trabalho já apresenta alguns resultados e que, até o presente, estamos de acordo com as intenções do Imperador.

– Exatamente por essa razão é que meu pai *entregou o Brasil a seus cuidados* antes dessa enorme viagem que o está fazendo tão feliz... Não, não diga que não. Sem Vossa Excelência a meu lado, eu estaria igual àquela menina vestida de boneca que o senhor conheceu nesta mesma sala. Desde muito jovem, estou sendo educada para um dia, *que Deus o faça distante,* possa substituir meu pai como Imperatriz do Brasil. E nunca aprendi tanto sobre a arte de governar como nestes quinze meses a seu lado.

– ...

– Convidei-o também para esta entrevista privada porque desejo fazer-lhe uma pergunta muito importante. Recorda quando nos encontramos com meu pai, nesta mesma sala, na véspera de sua partida?

– Perfeitamente, Alteza.

– Naquela ocasião, Vossa Excelência apresentou ao Imperador uma síntese do que acreditava que poderíamos fazer pelo Brasil, em sua ausência. Tenho essa folha de papel aqui comigo; é raro o dia em que não a leio, após as minhas orações... Vamos ver se estamos conseguindo cumprir os compromissos a que nos propusemos, tão seus como meus.

A princesa abre a primeira gaveta à esquerda do *bureau*, retira o documento bastante manuseado e faz sua leitura:

O nosso programa de Governo é o seguinte:
Manter a paz externa sem quebra da dignidade e direitos do Império. Seremos moderados e justos, observando rigorosamente as leis e resolvendo as questões internas com ânimo desprevenido.
Continuaremos a desenvolver a educação e ensino popular e procuraremos obter as providências que podem caber no tempo da presente sessão legislativa. Entre elas mencionarei o orçamento, os auxílios à lavoura e a reforma eleitoral.
Entendemos que no presente o País deseja, acima de tudo, a rigorosa observância da Constituição e das leis, e a mais severa e discreta economia dos dinheiros públicos, atentas às atuais circunstâncias de nosso estado financeiro.
E por último declararei que, se este ministério tiver a honra de presidir as próximas eleições gerais, fará quanto couber na sua legítima ação para que a liberdade de voto seja sinceramente mantida.
É com este pensamento que aceitamos o poder nas atuais circunstâncias.

Caxias concorda novamente com um movimento da cabeça, enquanto segura com as duas mãos o chapéu bicórneo apoiado nos joelhos. Como para justificar o fato de estar fardado com seu uniforme de parada, azul com dragonas douradas, a faixa ministerial atravessada no peito sobre as medalhas, pronuncia estas palavras:
– Além do que está aí escrito, orgulho-me de termos conseguido eliminar das Forças Armadas a convocação compulsória de recrutas, com a adoção do Serviço Militar Obrigatório através de sorteio. Uma das razões pelas quais reservei-me o direito de acumular o cargo de Ministro do Exército com o de Presidente do Conselho.
– E no que Vossa Excelência acredita que essa medida será favorável para a nossa segurança nacional?

– Como já lhe disse, trata-se do único meio de manter um efetivo mínimo em nosso Exército. Embora com dimensões ainda aquém do realmente necessário, em face da nossa extensão territorial, acho que ao menos já conseguimos condições bastante satisfatórias para uma possível reação a qualquer ameaça. A chamada obrigatória dos jovens para um período determinado a serviço das armas não só irá prepará-los militarmente para uma futura convocação, como também educá-los como cidadãos patriotas.

– ...

– Os primeiros resultados já estão visíveis: pela primeira vez no Brasil não houve recrutamento forçado. Além de dar ao soldado uma posição segura e honrada, estamos cuidando dos que já prestaram serviço, dos reformados e de suas famílias.

– Concordo plenamente. E quanto aos demais objetivos?

– Estou seguro de que também de alguma forma os estamos cumprindo, embora, no setor financeiro, ainda acumulemos dívidas da Guerra da Tríplice Aliança. Mas o principal, Alteza, é que estamos nos preparando, como é seu desejo e de todo o Brasil, para eliminação completa da escravidão entre seus súditos.

Isabel leva a mão direita ao peito, num gesto semelhante ao que costumam fazer as filhas de Caxias, e lhe diz:

– O sr. Duque acredita realmente que, apenas seis anos depois de conquistarmos a *Lei do Ventre Livre*, possamos erradicar para sempre essa situação que ainda humilha e fere um milhão de habitantes do Brasil?

– Não será tarefa fácil, disso temos certeza, mas estarei a seu lado quando a incluirmos, como meta prioritária de governo, no dia que Vossa Alteza devolver o poder ao nosso Imperador.

A Princesa fica pensativa por alguns momentos.

– Ele não me diz nada de quando seu retorno acontecerá, mas acredito que não devamos esperá-lo antes de mais três meses. O próprio Victor Hugo deu-lhe algumas sugestões de visitas culturais que ele pretende cumprir... Aliás, quero contar-lhe *une boutade*, um chiste do escritor que muito agradou a meu pai.

– Sim, conte-me, Alteza. Gosto desses detalhes pitorescos.

– Pois, ao final da longa conversa, agradável para os dois, *Monsieur Hugo* disse: *Felizmente não temos na Europa um monarca como Vossa Majestade.* Surpreendido, meu pai perguntou: *Por quê?* E ele respondeu sorrindo: *Se houvesse, não existiria um só republicano...*

– *Une belle histoire...* Imagino como dela vão tomar conhecimento o Saldanha Marinho e os seus prepostos do *Diário do Rio de Janeiro*. Atacar Victor Hugo, para eles, será muito difícil.

– E tem mais, Excelência, uma observação final do Poeta que meu pai parece ter hesitado um pouco de contar na carta, talvez por modéstia, mas que depois de algum rodeio finalmente o fez.

– Sou todo ouvidos, Alteza.

– Foi quando, momentos antes de despedir-se, *Monsieur Hugo* mandou chamar sua neta Jeanne e apresentou-lhe meu pai, dizendo estas palavras maravilhosas: *Je veux te présenter Monsieur l'Empereur du Brésil, un fils légitime de Marc Aurèle.*

Caxias ergue-se da poltrona com simpática solenidade e saúda a Princesa num amplo gesto de seu chapéu emplumado:

– Pois então, Vossa Alteza é uma *neta legítima* de Marco Aurélio, o mais culto e pacifista de todos os imperadores romanos.

XLVII
Fazenda Santa Mônica,
15 de março de 1880

O velho Duque começa a descer a escadaria em curva para o andar térreo do casarão. Cada vez que o faz é com maior dificuldade, como se aqueles dezoito degraus de madeira o atraíssem para um tombo vergonhoso. Já que ninguém o está vendo, desce com cuidado, apoiando um pé e logo a seguir o outro, descansando os dois no mesmo degrau, antes de prosseguir. Cada bota lhe parece pesar cinco libras, mas ele continua, já molhado de suor por dentro da roupa de montaria.

Pra baixo todo santo ajuda, é o que sempre diz o Manoel... Como estará o meu velho criado lá no Rio de Janeiro? Segundo contaram as minhas filhas, ele e sua família estão cuidando muito bem da nossa casa lá na Tijuca, esperando todos os dias a minha volta. Se ele estivesse aqui, pegaria do meu braço com delicadeza, mas sem aceitar os protestos, e me ajudaria a descer. Fez isso muitas vezes, quando voltei doente do Paraguai, *surgindo do nada* para me ajudar quando eu ficava enjoado daquele quarto e queria descer para passar a mão no pescoço do Douradilho.

Viver muito só serve para aumentar a solidão em torno de nós. Anica, meu bem, só agora eu compreendo *de verdade* o que deves ter sofrido com as minhas longas ausências, a primeira delas, que parecia não ter fim, quando me mandaram pacificar o Maranhão. Mais um aniversário da tua morte está se aproximando. Ainda ontem reli algumas cartas que te escrevi e notei numa delas algumas pequenas manchas que só podem ser das tuas lágrimas.

Bueno, como dizia o Osório, mais cinco degraus e chegarei. Aqui está escuro, preciso ter ainda mais cuidado. Olha para cima, onde uma boa limpeza precisa ser feita na claraboia... Quero ver como vou subir os dezoito degraus na volta. Preciso saber do Manoel por que os santos só nos ajudam na descida. Não haverá algum orixá que nos dê forças para viver até o último dia, para subir até o alto do Gólgota? Houve um, sim, Simão Cirineu, o santo que ajudou Jesus Cristo a carregar a cruz...

– Bom dia, senhor meu Duque.

– Bom dia, Sargento Estácio. Fico feliz em vê-lo novamente trazendo o meu cavalo. Mas houve alguma coisa com Luiz Alves?

– Alguém o viu entrando no mato da Serra da Concórdia ontem ao entardecer. E não estava esta manhã cedo nas cocheiras escovando o Baal, como de hábito.

– No Rio de Janeiro ele fez isso muitas vezes, na Floresta da Tijuca, mas vai voltar logo, pode ter certeza.

– Certamente, senhor meu Duque. Quer montar agora?

Caxias tem vontade de dizer que não. No íntimo, sabe que algo está errado. Que Luiz Alves só desaparece no mato na véspera de fatos ruins. Como aconteceu quando previu a morte do meu Cadete Luizinho, fez umas pinturas negras no rosto e desapareceu por muitos dias. Se é por minha causa que ele foi *conversar com as árvores*, como ele diz, pode ter certeza de que estou preparado. Quem sabe a próxima chegada de Monsenhor Meirelles seja também um aviso?

– Tenha cuidado, senhor meu Duque. Baal está escarvando o chão mais uma vez e sacudindo as crinas.

– Talvez o esteja estranhando, Sargento, depois de meses sendo tratado pelo meu filho... Mas por que não me chama mais de General?

Estácio tenta sorrir, constrangido.

– Como capataz, o sr. Barão me ordenou que sempre o chame de sr. Duque... Desculpe, meu General.

– Fique tranquilo, este assunto ficará entre soldados. Agora, segure firme a brida que eu vou montar.

Caxias diz isso já erguendo o pé e colocando a ponta da bota no estribo. Respira fundo e enfia os dedos da mão esquerda no alto das crinas, apertando-as com firmeza. Sabe que, das muitas janelas do casarão da fazenda, alguns olhos estão contemplando a cena. Uns bondosos, torcendo por ele. Outros maldosos, *querendo* que o velho não consiga montar. Ou já desistiram disso, já que ele sempre monta.

Com todo o peso apoiado no estribo, Luiz tenta erguer a perna direita e não consegue. Baal agita-se, bufa, recua e ele é obrigado a recuar também, numa posição difícil. Se eu tirar o pé do estribo, não sei se vou conseguir colocá-lo novamente. Melhor ficar firme e erguer logo esta maldita perna.

– Cuidado, meu General. Não acha melhor começar tudo de novo?

– Impossível, Sargento Estácio. Eu tinha cinco anos quando montei pela primeira vez. A verdade é que me colocavam na sela, naquele tempo... Não adianta tentar mais. Melhor tirar o pé do estribo, antes que eu caia de costas.

– Meu General, quem sabe eu levo Baal até a mureta da horta, o senhor sobe nela e monta com mais facilidade.

Caxias bate com os dois pés no chão, sentindo as pernas trêmulas. Corre os dedos pelas coxas e fica impressionado como lhe parecem finas. Mas vou montar neste cavalo de qualquer jeito. Não, de qualquer jeito não, nunca subindo num banquinho, ou numa mureta.

– Sargento Estácio, vamos aproveitar que o Baal parou de escarvar. Segure a brida com suavidade. Agora eu vou montar nele.

Luiz ergue o braço e segura mais uma vez as crinas ásperas e as rédeas macias com a mão em garra. Começa a erguer o pé esquerdo para colocá-lo no estribo e é obrigado a voltar a apoiá-lo no chão. Sem soltar as crinas e as rédeas, encosta o rosto na sela e sente as lágrimas lhe formigando os olhos.

– Não... não vai dar, Sargento Estácio. Pode levar o Baal e soltá-lo bem longe daqui. Para que eu não o veja... nunca mais.

Por essa razão o Luiz Alves se sumiu no mato. Para não me ver passar essa vergonha... Melhor teria sido ter caído deste cavalo daquela vez que o trem apitou. Bater com a cabeça numa pedra e morrer dignamente como se morre em combate... E agora? Como vou voltar caminhando sozinho até o meu quarto? Anica, meu bem, está na hora de me deitar ao teu lado.

– O que foi? Por que está me segurando, Francisco? Não tenho nada. Só senti uma tontura e as pernas fracas.

– Vi tudo lá de cima, senhor meu sogro. Deixe que o ajude, antes que Luiza o veja, e esta sua pequena dificuldade vire numa tragédia.

– Obrigado, meu genro. Minhas pernas não querem me obedecer.

– Sabe de uma coisa? Vamos nos sentar naquele banco um pouquinho. Depois pode tentar montar outra vez, se for o seu desejo.

– Sem dúvida que é o meu desejo, mas minhas pernas quase não me carregam... até para caminhar.

– Está certo, amanhã certamente conseguirá montar.

– ...

– Estácio, pode levar o cavalo...

– ...e soltá-lo bem longe. Para que eu não o veja nem da janela.

– Exatamente. Faça isso e depois volte aqui, logo que puder.

– Às suas ordens, senhor meu Barão.

Meia hora depois, amparado pelos dois homens, o velho Duque sobe a escadaria de madeira, bem devagar, sentindo as pernas cada vez mais fracas. Dentro do quarto, pede para que o deixem sentado diante do seu *bureau* e dispensa o genro e o capataz.

– Nenhuma palavra, por favor, para a minha filha.

– Estácio ia nos levar daqui a pouco à estação para receber Monsenhor Meirelles. Inventarei uma desculpa para que eu não precise acompanhá-la.

– Pode ir, Francisco. Já estou me sentindo melhor.

– Permita que eu fique trabalhando na biblioteca e venha vê-lo mais tarde. Quer tomar alguma bebida fresca? Uma limonada, talvez?

– Sim, estou com a boca seca. Aceito, com prazer.

Sozinho no quarto, Luiz tenta erguer-se da cadeira e não consegue. Meu Deus, e se eu ficar paralítico? Se não fosse católico e maçom... Melhor pensar em outra coisa. Beber até a última gota deste cálice. É verdade que estou com uma sede atroz, como só senti em algumas poucas batalhas, quando o perigo da derrota me secava a saliva dentro da boca. Até hoje não sei como consegui chamar tão alto os meus soldados para me seguirem em Itororó... E sua mente se perde em devaneios, até ouvir uma batida na porta.

– Pode entrar, por favor.

– Desculpe, senhor meu Duque. Aqui está a sua limonada.

– Tão rápido?! Obrigado, Maria. Pode colocar aqui do meu lado.

A serviçal deposita a pequena bandeja de prata do lado direito da escrivaninha, assegura-se de que o sr. Duque não quer mais nada, inclina-se com elegância, mesmo não podendo ser vista na posição onde está, e retira-se em silêncio. Caxias sorri pela primeira vez naquela manhã, porque Maria deixou no quarto um leve cheiro de alfazema. Perfume discreto de mulher. O mesmo que Anica usava depois do banho. E seus olhos voltam-se para a carta com manchas de lágrimas, ainda aberta sobre o *bureau*. Antes de lê-la novamente, pega o copo de limonada e toma um pequeno gole para sentir como está de açúcar. Satisfeito, bebe todo o conteúdo, pega a alça da jarra, enche outra vez o copo e toma o refresco até o fim.

Tem vontade de *experimentar* como estão suas pernas, mais decide esperar mais um pouco. Suspirando, pega os óculos novos que Aniquita lhe trouxera em sua última visita, coloca-os com cuidado e, embora enxergue muito bem as letras, os retira e põe de volta no estojo. Abre a primeira gaveta da direita, tateia o *pince-nez* e o coloca sobre o nariz, suspirando profundamente. Não consegue ver com a mesma clareza, mas não irá abandonar um velho companheiro.

Acampamento da Vargem Grande, Maranhão, 10 de agosto de 1840

Meu bem,

Esta é escrita às onze horas da noite em uma barraca de palha em que estou morando. Vai subir agora mesmo um correio para a capital só para levar estas poucas palavras a tempo de sair no barco. Tal é o cuidado que me dás e o amor que tenho, pois, no meio de todos os trabalhos, não me esqueço de ti.
Dá um beijo nos meus anjinhos e saudades a todos de casa.
Sou só teu,
Luiz

A lágrima mais forte pingou sobre a palavra *anjinhos*, pois deve ter sido a que mais tocou no seu coração. Naqueles dias, eu já resolvera adotar Luiz Alves, mas esperei um melhor momento para escrever a Anica uma carta mais longa, explicando com cuidado os meus motivos. Ela me respondeu aceitando que eu trouxesse comigo o pequeno índio para o Rio de Janeiro, mesmo sabendo do *escândalo* que faria sua mãe, só aplacado quando Dom Pedro II concedeu-me o título de Barão... Mas o amor de Anica nunca dependeu do meu sucesso como militar, pelos títulos sucessivos que a fizeram Baronesa, Condessa, Marquesa e, finalmente, Duquesa. Uma única vez me perguntou o significado do nosso Escudo de Armas e isso para explicar aos netos. Por sinal, tenho aqui também com sua própria letra os detalhes heráldicos que lhe expus naquele dia. Ela guardava tudo com cuidado, muito diferente de mim, que extraviei a maioria de suas cartas, centenas delas que me fizeram respirar melhor nos intervalos das batalhas.

– Posso entrar, senhor meu Duque?

– Por favor, Francisco, *a casa é sua*.
– Se já está brincando com as palavras, é porque está melhor.
– Minha cabeça, sim, mas ainda não arrisquei a testar minhas pernas. Pelo menos, deixaram de tremer.
– Luiza foi à Estação Desengano receber Monsenhor Meirelles. Mas ainda deverão demorar mais de uma hora para chegarem aqui, isso se o trem não estiver atrasado.
– Então não vou me levantar ainda... Que horas você tem, Francisco?

O Barão puxa da algibeira um relógio dourado, abre-lhe a tampa e diz:

– Dez horas e onze minutos.
– Então só precisarei me vestir para o almoço. A sorte é que tomei meu banho bem cedo.
– Quer que o ajude a vestir-se?
– Veremos se carece, daqui a meia hora.
– Posso ser útil em mais alguma coisa?

Luiz olha com simpatia para o rosto sério do genro.

– Estou relendo umas anotações de Anica sobre o meu Escudo de Armas. Ela usou uma linguagem bem simples para explicar detalhes aos nossos netos. Talvez Aniquinha possa fazer o mesmo com o seu brasão.

Francisco aproxima-se da escrivaninha e olha o lindo desenho a cores, encimado pela Coroa Ducal, cor de ouro com pedras preciosas verdes, azuis e vermelhas incrustadas em sua base. Logo abaixo, o escudo propriamente dito, dividido em seis partes, circundado por um colar honorífico.

– Cada uma dessas partes é uma homenagem a seus ancestrais, não é verdade?
– Sim. Para minha honra, a família Lima e Silva é a que deu até hoje o maior número de militares de alta graduação do Império do Brasil, e temos nossas origens nos mais remotos tempos da independência lusitana. Estes desenhos com um estranho animal, cinco estrelas vermelhas sobre fundo dourado, quatro listras ver-

ticais sobre o mesmo fundo, cinco velas douradas sobre fundo azul...

– Velas acesas, Excelência.

– Perfeitamente, um detalhe significativo, sem dúvida... E os dois últimos escudos, com a flor-de-lis, o crescente e a árvore da vida, concluindo com as seis faixas brancas e vermelhas.

– E cada um deles representa as Armas de sua genealogia ancestral.

– Exatamente. Pela ordem: Silva, Fonseca, Lima, Brandão, Soromenho e Silveira. Assim, não são exclusividade do meu brasão, pois alguns tios, irmãos e primos com títulos de nobreza também o usam, mudando apenas a coroa heráldica.

– Entendo. Mas, de todos os Lima e Silva, Vossa Excelência é o único que conquistou a Coroa Ducal e serviu os três monarcas que o Brasil já teve: Dom João VI, Dom Pedro I e Dom Pedro II.

– Isso porque sentei praça com cinco anos de idade e já estou com quase 77... Mas também me honra muito em ser o único brasileiro a ter recebido a Ordem Imperial Dom Pedro I.

– Representada pelo colar que circunda o Escudo?

– Não, este é o Grão Colar da Ordem da Rosa, a que dei preferência, embora o outro que recebi, o da Imperial Ordem do Cruzeiro do Sul seja considerado o mais importante. Mas vamos falar de outras coisas. Este assunto só veio à baila em razão de Anica ter deixado estas anotações sob o Escudo de Armas para *os netos e netas do Vô Luiz*.

– Posso olhar mais um pouco?

– Claro. Também são válidas para a leitura do sr. Barão de Santa Mônica, *genro do velho Luiz*.

Francisco sacode a cabeça, desconsolado, mas começa a ler em voz alta os demais títulos anotados com a letra arredondada de sua sogra:

– Condecorações, além das já mencionadas: Grã-Cruz da Ordem Militar de Avis, Comendador da Ordem de São Bento de Avis,

Medalha do Mérito Militar, Medalha de Ouro da Independência, Medalha de Ouro da Campanha do Uruguai, Medalha de Ouro Comemorativa da Rendição de Uruguaiana, Medalha Comemorativa do término da Guerra do Paraguai.

– Chega, meu genro. Vamos deixar isso só para os netos e bisnetos, como registrou Anica.

– Interessantes os seus títulos agremiativos, senhor meu Duque: Membro do Instituto Histórico e Geográfico Brasileiro, Presidente de Honra do *Institut D'Afrique*, Sócio honorário do Instituto Politécnico Brasileiro, Sócio efetivo da Sociedade dos Veteranos da Independência da Bahia, Sócio honorário do Instituto Literário Luisense...

O apito de um trem interrompe a leitura do Barão. Ambos olham para janela do lado sul.

– Agora sim, precisamos nos apressar.

– Está bem. Vou ver como estão se comportando as minhas pernas.

Luiz levanta-se com as mãos apoiadas no *bureau* e fica alguns momentos assim, antes de dar dois passos até a janela mais próxima, onde se apoia outra vez e inspira profundamente o ar morno da manhã.

– Parece que está tudo bem. Vou começar tirando estas botas pesadas.

– Ótimo, se não precisa mais de mim, também vou trocar de roupa.

Francisco sai do quarto, fechando a porta às suas costas. Caxias olha para o *tira-botas*, sempre a postos ao lado de sua cama de ferro, e caminha até lá com cuidado. Faltando muito pouco para chegar, suas pernas voltam a tremer e ele cai de joelhos, sem poder mais se levantar.

XLVIII
Tijuca, Rio de Janeiro,
véspera do Dia de Reis de 1878

Deitado em sua cama, Luiz olha para a filha e lhe pede, com voz fraca:
— Deve ser a carta do Imperador aceitando a minha demissão.
— Mas... por que o senhor se demitiu?
— Ora, Aniquita, sempre me orgulhei de que minhas pernas nunca tremeram nas batalhas... Agora só me obedecem quando querem e meu fígado voltou a se manifestar a toda hora, *sem ser chamado*. Dom Pedro II, mais do que ninguém, sabe das minhas condições. Depois que ele voltou dessa enorme viagem, tendo se inteirado dos esforços que fizemos para que as coisas de governo acontecessem na sua ausência, deveria ter partido dele a iniciativa de me arriar a carga logo que chegasse.
— O senhor também não sossega... Parece que não sabe viver sem trabalhar.
— Sei, sim. Vamos voltar para Baependi para eu tomar banhos de cachoeira, como diz todo o dia o Manoel.
— Pois *o outro Manoel*, o meu marido, o Visconde de Ururay, também acredita que a sua saída do Ministério vai trazer de volta o Partido Liberal depois de dez anos fora do poder. E que os seus inimigos políticos, além de afundarem o Brasil, vão se aproveitar da sua ausência para atacá-lo com acusações falsas e maledicências mesquinhas.
— Isso eles fazem sempre, difamar reputações é a maneira usual de os *casacas* fazerem política, tanto liberais como conserva-

dores. Mas não se preocupe, toda essa *mise-en-scène* normalmente não costuma passar disso, uma pura encenação.

– ...

– Além do mais, quando da inesperada visita do Imperador aqui em casa, na semana passada, ele conseguiu verificar pessoalmente o meu péssimo estado de saúde. E eu lhe adiantei uma solução a minha saída do governo, tendo lhe recomendado que entregasse a presidência do Conselho ao Cotegipe, que foi *o meu braço direito* no ministério. Como sempre, Dom Pedro II disse que precisava *de tempo para pensar*. Acredito que, mesmo sofrendo muitas críticas dos parlamentares e da imprensa, ele já tenha ponderado os prós e contras, e vai seguir o meu conselho... Leia logo essa carta, por favor.

Ana senta-se numa cadeira junto da cama e começa a ler, satisfeita com os elogios que o Imperador faz a seu pai. Depois, assustada, suspende a leitura e olha para aquele homem envelhecido, os cabelos e a barba completamente brancos, o rosto lívido, os olhos parecendo afundados nas órbitas. Mas a voz ainda com inflexões de comando:

– Prossiga... Tantos elogios só podem ser um mau presságio. Vamos em frente; haja o que houver, quero saber de uma vez.

...demitido o presidente do Conselho, todo o Ministério deve acompanhá-lo.

– Bem, ele não aceitou colocar o Cotegipe no meu lugar na presidência do Conselho de Ministros. Vamos ver qual dos nossos que ele indica.

A magna questão amadurecida na atualidade parece ser a da eleição indireta; este deve, portanto, ser o principal programa do Ministério.

– Mas isso é um absurdo! Tudo que fizemos, a Princesa Isabel e eu, não só seguindo as orientações do próprio Imperador, mas também para satisfazer as aspirações populares, buscando a aprovação do estatuto das eleições diretas, e ele acredita que, com essa jogada política, vai resgatar a aprovação da Câmara, do Senado e do povo? Ele não deveria se iludir... Impor restrições legais ao seu próprio arbítrio é a única forma de consolidá-lo no trono, tão abalado nos últimos anos... Mas prossiga, Aniquita, prossiga.

Porém, tendo sido esse desiderato de iniciativa do Partido Liberal, a ele deve cometer sua execução; é convidado o sr. Duque de Caxias a incumbir um estadista liberal de dar os primeiros passos para a nova organização do Ministério.

Luiz olha estupefato para a filha e lhe pede para reler toda a carta. Ana o faz quase chorando. Mas ele a consola, dizendo-lhe que essas mudanças políticas são comuns, embora mortificado pela decisão que o condena a entregar a seus piores adversários, muitos deles inimigos do próprio Imperador, as rédeas de um governo que soube conduzir com sucesso. E isso *enquanto Sua Majestade visitava museus, montava em camelos e recebia homenagens até de republicanos,* como os liberais o acusaram na Câmara e no Senado.

– E agora, papai, o que o senhor vai fazer?

– Vou dormir um pouco, minha querida. Quem deve pensar no que fazer são os líderes liberais, o Visconde de Sinimbu, principalmente, para quem deverei entregar meu cargo.

– É impressionante como o senhor consegue ficar calmo nessas horas.

– Preste atenção, minha filha. Você sabe que depois que eu perdi minha companheira de 41 anos de vida, no dia 23 de março de 1874, só a família e a Pátria evitaram que eu sucumbisse ao desespero.

– Sim, papai, mas a Pátria não pode ser ingrata abandonando homens como o senhor desta maneira.

– Filha... não confunda o Brasil com o governo, seja ele conservador ou liberal. Não confunda o Brasil nem mesmo com o

Imperador, porque é um ser mortal, portanto transitório. Eu vi morrerem pela Pátria pessoas humildes, até escravos, que honraram muito mais a nossa bandeira do que esses *casacas* que só sabem pensar no Brasil como *uma imensa lavoura para o seu proveito*.

– ...

– Nosso governo conseguiu neutralizar a Questão Religiosa, voltando a paz a reinar nas igrejas e nas lojas maçônicas, sem ferir a Constituição e com o beneplácito do Vaticano. Reduzimos as despesas públicas, triplicamos os investimentos em educação, corrigimos o erro histórico do engajamento compulsório de soldados, garantindo também uma reforma digna nas forças armadas; realizamos o desejo popular de participar diretamente das eleições, o que deverá facilitar a libertação de todos os escravos, estatuto que, agora, volta a ser ameaçado.

– Mas...

– Não existe nenhum *mas*, minha filha. Mesmo sem vocação para político, consegui muitos resultados do interesse do Império, procedendo com lealdade e de acordo com os valores que me nortearam como soldado, a vida toda. O governo que presidi por mais de dois anos foi justo e prudente, não se deixando arrastar por paixões partidárias, mantendo a imprensa livre e fazendo-se respeitar sem violência.

– Sim, todos sabemos disso, mas... como agradecimento, o Imperador o obriga a entregar o poder aos seus inimigos políticos. Não me parece justo.

– Aniquita, minha querida, o mais profundo dos corações humanos não se conhece. Acho que outros fatores me afastaram ao longo do tempo do Imperador, e ele agora não faz se não humanamente se prevalecer de seu poder monárquico.

– *Humanamente?!*

– Sou suspeito para avaliar-lhe a sensibilidade, que existe, tenho certeza. Recorde que fui seu professor de equitação e seu mestre d'armas. Nos conhecemos e nos respeitamos há quase meio século, e as honrarias que me tem dispensado atestam que ele não deixa de reconhecer meus feitos.

– Entretanto...

– Entretanto, acredito que, comigo, nos últimos anos, ele tenha apresentado algumas atitudes contraditórias. Acontece que Dom Pedro II não é um anjo, nem um homem sem vaidades. Tem uma memória extraordinária e parece que, se aparenta perdoar ofensas, não costuma relevar e não esquece o que considera imposições, ou demonstrações de força contrárias a sua vontade.

– ...

– Aliás, nosso Imperador nunca foi homem de deixar transparecer seus sentimentos mais íntimos. Órfão muito cedo, praticamente tomou consciência da vida durante as incertezas e perigos daqueles anos tormentosos da Regência. Fechado na Quinta da Boa Vista, não conseguiu evitar os aduladores cínicos e políticos interesseiros, para os quais era apenas um instrumento de suas ambições. Assim, ele habituou-se a ser prudente e reservado, e a dissimulação passou a ser uma espécie de sua segunda natureza. Se não é um introvertido, está longe de ser um homem de expansões, ou capaz de explícitas manifestações de gratidão.

– Disso, acaba de dar uma prova *irrefutável,* para usar um termo seu.

– Neste caso, Aniquita, tenho a impressão de que ele jamais me perdoou por ter declarado a guerra como terminada e abandonado o comando do Exército no Paraguai.

– Eu vi como o senhor voltou daquela guerra... E ninguém lhe contou como a minha mãe chorava escondida, todos os dias.

Luiz suspira profundamente, pois não quer perder o fio de seu raciocínio.

– Preste atenção, minha querida, e só me interrompa se for absolutamente necessário. Tenho plena consciência de que fui eu, logo que assumi a presidência do Conselho de Ministros, que forcei o Imperador a conceder a anistia aos bispos rebeldes. Você me conhece e sabe que, se tomei essa decisão de contrariá-lo, foi por *dever de ofício,* acredite. Jamais pensei em confrontar sua autoridade por orgulho ou outro sentimento; sempre pensei no cumprimento do meu dever, no bem do Brasil e na estabilidade do trono do próprio Imperador, embora me pareça que ele não tenha entendido assim.

– Meu pai... eu... eu compreendo sua lealdade de soldado. Mas o senhor foi... foi o esteio deste Império por mais de cinquenta anos, foi a quem Dom Pedro II recorreu em todos os momentos de angústia e incerteza... Para mim, ele deveria ter a sensibilidade, já que o abraçou tão fortemente para convencê-lo a aceitar o cargo, de ao menos ter conversado com o senhor, ter-lhe dito pessoalmente sobre essas *decisões de Estado* que o fizeram esquecer aquele abraço.

– Você tem razão, minha filha, mas agora, mesmo estando talvez errado, considero esta guerra também terminada... Feche a janela, por favor, Aniquita, não consigo dormir com tanta claridade. Preciso descansar e recuperar minhas forças. Amanhã, doente ou não, vou vestir a farda e cumprir as ordens do meu Imperador.

Sozinho na obscuridade do quarto, Luiz espalma a mão esquerda no lugar onde dormia Anica e fica pensativo. Cansanção Sinimbu é um homem culto, com estudos na França e na Alemanha; não é um raivoso como o Zacarias. Certamente vai acumular o Ministério da Agricultura, Indústria e Comércio, sua grande paixão. Se for coerente com o que vem pregando nos últimos meses, irá indicar Osório para Ministro da Guerra. E, embora nossas relações tenham esfriado enquanto fui Presidente do Conselho, ele nunca fez acusações contra mim e sei que irá manter as reformas que consolidei para tornar nosso Exército mais próximo do povo brasileiro, *sem perder a memória* em relação aos que o serviram por muitos anos e seus familiares.

Como o Imperador encarregou-me da transição, vou reunir-me amanhã cedo com Sinimbu e tratar de informá-lo do essencial que precisa saber para assumir imediatamente o meu lugar. E depois?

Depois, preciso me afastar da Corte para não ouvir nem o eco das infâmias que alguns liberais irão inventar para provocar-me. Melhor seria voltar às cachoeiras de Baependi, mas foi ali que Anica *passou os melhores dias de sua vida* como ela mesma me disse. Vou deixar aquela recordação intacta, até porque nenhuma das minhas filhas poderia me acompanhar, e seria difícil convencê-las a ir somente com Manoel e Luiz Alves.

Posso passar esses primeiros meses em uma das duas fazendas dos meus genros. A da Machadinha me agrada muito, com aquele lago tranquilo para nadar, pescar ou apenas para ver o sol mudando-lhe as cores a cada entardecer. O Manoel Carneiro é uma ótima companhia e Aniquita não se anima a me controlar tanto quando está junto com ele. Mas a distância a percorrer é muito longa, quase até a divisa do Espírito Santo. Melhor me refugiar uns meses na Fazenda Santa Mônica, até porque está junto da linha férrea, o que me dará facilidade para escapar do *comando* de Aniquinha, se for necessário. Além disso, neste momento, nada melhor do que pegar um trem e desembarcar na Estação Desengano... Sim, vou para lá o quanto antes. Mas agora preciso reler mais uma vez o meu testamento enquanto posso modificá-lo, pois nada me diz que de lá voltarei com meus próprios passos.

Luiz levanta-se da cama, vai até um dos janelões e olha para a rua por uma fresta da veneziana. De imediato, sua memória retorna para a juventude. Com a experiência militar, seu sono tornou-se leve e ele se acorda quando Anica, em plena madrugada, levanta-se da cama. Vê seu vulto dirigindo-se à janela e imagina seus olhos adivinhando as estrelas, enquanto tenta, por estes mesmos espaços da veneziana, respirar um pouco de ar mais fresco. Depois ela me contou tudo, embora eu adivinhasse cada um dos seus gestos. Ela levou a mão ao ventre, por dentro da camisola, e controlou-se para não chorar. Certamente estava esperando mais um filho, o que, em outras circunstâncias, seria uma linda notícia para me dar. Talvez o herdeiro homem, que todos os pais aspiram, já estivesse a caminho. Caso fosse uma outra menina, como realmente foi, seria até melhor para companheira de Aniquinha, apenas dois anos mais moça.

Um galo cantou bem próximo, tirando Ana Luiza de seu devaneio. Pé ante pé, retornou para a cama e aconchegou-se a Luiz, mas sem tocá-lo. Se o fizesse, ele poderia acordar e tomá-la em seus braços, com o mesmo ardor de quase todas as noites... e madrugadas. Um homem sempre apaixonado, o seu marido, depois de três anos de amor. E pensou, entre orgulhosa e penalizada, em sua prima Lucy, que depois de cinco anos de casamento, não ficara grávida uma única vez.

Luiz escancara a veneziana, veste o *robe de chambre* sobre o pijama e caminha a passos firmes até seu *bureau*, que fizera transportar para o quarto desde que perdera Anica. Senta-se na cadeira diante dele, pega de uma pequena chave e abre a gaveta do centro. Localiza um envelope com seu Escudo de Armas, abre-o e retira uma única folha, cópia do original registrado em Cartório. Coloca o *pince-nez* e percorre cuidadosamente o documento, atento a algo que ainda possa mudar:

EM NOME DE DEUS, AMÉM

Eu, Luiz Alves de Lima e Silva, Duque de Caxias, achando-me com saúde e em meu perfeito juízo, ordeno o meu testamento da maneira seguinte: sou católico romano, tenho nesta fé vivido, e nela pretendo morrer.
Sou natural do Rio de Janeiro, batizado na freguesia de Inhomirim; filho legítimo do Marechal Francisco de Lima e Silva e de sua legítima mulher, dona Mariana Cândida Belo de Lima, ambos já falecidos.
Fui casado à face da Igreja com a virtuosa dona Ana Luiza Carneiro Viana de Lima, Duquesa de Caxias, já falecida, de cujo matrimônio restam dois filhos que são Luiza e Ana, as quais se

acham casadas; a primeira com Francisco Nicolau Carneiro Nogueira da Gama e a segunda com Manoel Carneiro da Silva, as quais são minhas legítimas herdeiras.

Declaro que nomeio meus testamenteiros, em 1º lugar o meu genro Francisco Nicolau, em 2º meu genro Manoel Carneiro, em 3º meu irmão e amigo, o Visconde de Tocantins, e lhes rogo que aceitem esta testamentária, da qual só darão conta no fim de dois anos.

Recomendo a estes que seja feito meu enterro sem pompa alguma, e só como irmão da Cruz dos Militares, no grau que ali tenho. Dispensando o estado da casa Imperial, que se costuma mandar aos que exercem o meu cargo.

Não desejo que se façam convites para o meu enterro, porque os meus amigos que me quiserem fazer esse favor não precisam dessa formalidade, e muito menos consintam os meus filhos que eu seja embalsamado.

Logo que eu falecer deve o meu testamenteiro fazer saber ao Quartel General que dispenso as honras fúnebres que me pertencem como Marechal do Exército e que só desejo que me mandem seis soldados, escolhidos dos mais antigos, e de melhor conduta, dos corpos da Guarnição, para pegarem as argolas do meu caixão, a cada um dos quais o meu testamenteiro, no fim do enterro, dará 30$000 de gratificação.

Declaro que deixo a Luiz Alves, criado por mim, quatrocentos mil réis e toda a roupa do meu uso.

Deixo ao meu amigo e companheiro de trabalho, João de Souza da Fonseca Costa, como sinal de lembrança, todas as minhas armas, inclusive a espada com que comandei, seis vezes, em campanha, e o cavalo da minha montaria, arreado com os arreios melhores que tiver na ocasião da minha morte.

Deixo à minha irmã, a Baronesa de Duruhi, as minhas condecorações de brilhantes da ordem de Pedro I, como sinal de lembrança, e a meu irmão, o Visconde de Tocantins, o candeeiro de prata que herdei do nosso pai.

Deixo meu relógio de ouro com a competente corrente ao capitão Salustiano de Barros Albuquerque, também como lembrança pela lealdade com que tem me servido como amanuense.

Deixo à minha afilhada Ana Eulália de Noronha, casada com o Capitão Noronha, dois contos de réis.

Cumpridas estas disposições, que deverão sair da minha terça, tudo o mais que possuo será repartido com as minhas duas filhas Ana e Luiza, acima declaradas, que cuidarão que nada falte aos próximos que me serviram.

Mais nada tendo a dispor, dou por findo o meu testamento, rogando à justiça do meu país que o faça cumprir por ser esta a minha última vontade escrita e por mim assinada.

Rio de Janeiro, 23 de abril de 1874
Luiz Alves de Lima e Silva
Duque de Caxias

XLIX
Fazenda Santa Mônica,
7 de maio de 1880

— Quem me colocou nesta cadeira de rodas?
– Foi a doença, sr. Duque. Nada mais.
Luiz reconhece a voz de Manoel e vira-se para contemplar seu rosto negro, seus cabelos brancos.
– Não sabia que você estava aqui. Quando chegou?
– Há muitos dias, Excelência. Fui eu que trouxe esta cadeira de rodas, despachada no trem.
– Que dia é hoje, Manoel?
O empregado move a cadeira com cuidado e a coloca diante do calendário, na parede onde se destaca o quadro de Nossa Senhora da Conceição. Avança dois passos e retira uma folhinha, entregando-a nas mãos de Luiz. O número grande permite ser identificado com facilidade.
– Dia 7 de maio?! Impossível!
– Se está escrito aí, só pode ser...
– Leve-me até a janela, por favor.
As mãos negras empurram a cadeira de rodas até a janela aberta para a frente do casarão. Céu azul por detrás dos sapotizeiros e das palmeiras imperiais. Periquitos grasnam e revoam. Nenhum berro de gado do lado do curral. Deve ser meia-tarde, pela posição do sol. Mas a cena que retorna a Luiz ainda se passou pela manhã. Está caído de joelhos naquele mesmo quarto e não consegue se levantar.
– Onde está Monsenhor Meirelles? Ele estava chegando da estação quando minhas pernas falharam.

– Pois ele chegou ontem, novamente, meu senhor. Quer que o chame?

– Sim, Manoel. Agora que me sinto bem, quero me confessar. E receber a comunhão, se for possível.

– Deseja que o leve até ele?

– Deixe-me aqui mesmo e vá buscá-lo. Diga-lhe que *necessito* da sua presença. Assim, já virá paramentado.

– Perfeitamente, meu sr. Duque.

– Depois, você deve dizer ao Luiz Alves para selar o Douradilho e atá-lo num desses sapotizeiros.

– Meu senhor, ninguém sabe onde está Luiz Alves, sumido há três dias... E o seu cavalo Douradilho...

– Traga-o você mesmo. E coloque nele os meus melhores arreios.

– Farei isso, meu senhor.

Luiz fixa os olhos numa velha casa de joão-de-barro meio derrubada pelo vento e a chuva e sente o peito oprimido. Mas ouve passos detrás de si e pergunta, com voz ansiosa:

– Quem está aí?

– O Francisco Nicolau, seu neto.

– Puxe a minha cadeira e a coloque de frente... Assim... Você está um rapaz e tanto, quase homem feito, meu neto.

– Obrigado, vovô. Dizem que sou muito parecido com o senhor... aos dezoito anos.

– Dezoito anos... Não me lembro mais como eu era. Mas, certamente, já estava fardado e pronto para sair em campanha.

– Sim, vovô. Sei de cor toda a sua vida. Com a minha idade o senhor era tenente e recebeu do Imperador Dom Pedro I a primeira bandeira do Brasil.

De imediato o cheiro de incenso invade o quarto, Luiz sente a farda inundada de suor, revê as centenas de velas acesas e, estimulado por seu tio, Comandante do Batalhão do Imperador, levanta-se e caminha em direção ao altar onde estão o Imperador e a Imperatriz. Porém, antes que suas mãos toquem no mastro da bandeira verde-amarela, ouve uma voz musical a lhe dizer:

– Boa tarde, meu sr. Duque. Fico feliz que esteja tão bem.

– Monsenhor Meirelles... Surpreendeu-me dentro da Capela do Paço Imperial.

Confuso, o religioso coloca sobre o *bureau* um pequeno cálice de ouro e dirige-se ao jovem Francisco Nicolau:

– Pode nos deixar a sós? E, por favor, feche bem a porta ao sair.

– Perfeitamente, Monsenhor. A sua bênção, vovô.

Naqueles poucos instantes de silêncio, Luiz ouve perfeitamente um apito de trem. No entanto, antes que sua mente se desgarre pelo passado, o religioso lhe diz:

– Vim ouvir sua confissão, como é seu desejo.

– Sim, Monsenhor. Não posso... Não quero... Preciso do perdão de Nosso Senhor Jesus Cristo para os meus pecados.

– Vou puxar esta cadeira para o lado da sua. Vamos fazer juntos o sinal da cruz: *In nomini Patris, et Filii, et Spiritus Sancti.* A quanto tempo não se confessa, meu filho?

– Não me lembro, Monsenhor... Mas certamente foi consigo que me confessei.

– Fique tranquilo, sr. Duque. Podemos rezar juntos... Vamos começar pelo Sacramento da Penitência. Não é necessário forçar sua mente, deixe que eu conduza a oração. Apenas repita comigo estas palavras: Ó Espírito Santo.

– Ó, Espírito Santo.

– *Fonte de toda a luz.*

– Fonte de toda a luz.

– *Espírito de sabedoria, de compreensão e de conhecimento...*

– Espírito de sabedoria, de compreensão e...

– *...de conhecimento...*

– ...de conhecimento...

– *Vem em meu auxílio e me capacita a fazer uma boa confissão.*

– Vem em meu auxílio e me capacita...

– *...a fazer uma boa confissão.*

– ...a fazer uma boa confissão.

Alguns minutos depois, Monsenhor Meirelles dá a absolvição ao velho Duque, agora muito cansado e diz em seu nome a oração final:

– *Deus meus, ex toto corde paenitet me omnium meorum peccatorum, e aque detesto, quia pecando, no solum poenas a te iuste statutas promeritus sum, sed praesertim quia offendi te, summum bonum, ac dignum qui super omnia diligaris. Ideo firmiter propono, adjuvante gratia tua, de cetero me non peccatoruam pecandique occasiones proximas fugiturum.*

Sentindo que seu amigo está quase adormecido na cadeira de rodas, o Monsenhor levanta-se e reza diante do cálice de ouro. Depois, retira dele uma pequena hóstia e a oferece parcialmente molhada no vinho consagrado. Luiz sorri, abre a boca, recebe o corpo e o sangue de Cristo, e adormece profundamente.

Quando desperta, está deitado na cama de ferro, com a cabeça próxima a sua espada, a mão esquerda segura pela filha Luiza e a direita pelo criado Manoel.

– *Que horas... são?*

É seu genro Francisco quem responde, depois de abrir a tampa de seu relógio:

– São sete e trinta...

– *Então, o sol está se pondo.*

– Sim, meu senhor.

– *Anica... Meu país... já perdoei... toda a ingratidão e fui... perdoado... Saudades de...*

Duas horas depois, já noite escura, o telegrafista da Estação Desengano bate em código Morse uma série de telegramas que levarão a notícia a todos os confins do Império. O primeiro deles dirigido ao Imperador Dom Pedro II:

Acaba falecer minha fazenda Sua Excelência o sr. Duque de Caxias vg meu estimado sogro vg após confessar-se e receber a sagrada comunhão pt Conforme suas instruções testamentárias será enterrado no Cemitério do Catumbi vg no Rio de Janeiro vg sem pompas vg devendo seu corpo ser levado à tumba apenas por seis soldados pt Deus guarde Vossa Majestade pt Francisco Nicolau Carneiro da Gama vg Barão de Santa Mônica pt

Na manhã seguinte, o mesmo telegrafista, completamente exausto, entre centenas de outros telegramas traduz do código Morse e coloca no papel as seguintes palavras, certamente ditadas por um camarista:

A Francisco Nicolau Carneiro da Gama vg Barão de Santa Mônica pt Eu e a Imperatriz sentimos profundamente a morte de Caxias pt Pêsames a toda família pt Dom Pedro II pt

Epílogo

Sob um calor agravado pela profusão de enormes círios acesos, o oficiante da cerimônia, Dom José Caetano, bispo capelão-mor, asperge incenso sobre as bandeiras verde-amarelas alinhadas a sua frente. Diz algumas palavras em latim, empunha o mastro de uma delas e ergue-a em direção aos fiéis, que o aplaudem com entusiasmo. São muitos civis da Corte e militares empapados de suor. Entre eles, José Bonifácio, Ministro do Reino e do Estrangeiro, seu irmão Martim Francisco, Ministro da Fazenda, e Vieira de Carvalho, Ministro da Guerra. Todos com os olhos fixos em Suas Majestades o Imperador Dom Pedro I e a Imperatriz Dona Leopoldina, ajoelhados diante do altar.

Dom Caetano avança dois passos e entrega a bandeira ao Imperador, que a recebe ajoelhado. Depois, ergue-se juntamente com a Imperatriz, desdobra o pavilhão auriverde, com a Coroa do Império do Brasil, e o põe nas mãos do Ministro da Guerra. Momento de grande expectativa: a que unidade militar Vieira de Carvalho entregará a primeira bandeira?

– Ao Batalhão do Imperador!

Mal ouve estas palavras que o deixam arrepiado, o Tenente Luiz Alves de Lima e Silva sente no braço esquerdo a mão em garra do seu tio, Coronel José Joaquim, o comandante do Batalhão. Entende de imediato o gesto e avança em direção ao altar. O Ministro lhe entrega a primeira bandeira abençoada e ele a ergue e a faz drapejar. De pronto começam a tocar os sinos e, ao mesmo tempo, como regidos por um maestro, ouve-se o primeiro estrondo daquela memorável salva de 101 tiros de canhão.

Mas a derrota se desenha diante de seus próprios olhos. Uma massa imensa de infantes paraguaios surge da mataria e atira-se contra os batalhões de Jacinto Machado. Ao mesmo tempo, centenas de cavalarianos, surgidos como do nada, se projetam em hordas sobre os poucos soldados de Niederauer. Caxias ainda tem na reserva uma Brigada de Infantaria. É sua última cartada. Sem sair da posição de onde tudo observa cada vez mais apreensivo, ele despacha dois mensageiros com ordens para que sua vanguarda passe a ponte e espere em quadrado os lanceiros inimigos. Talvez agora surja Osório e os coloque entre dois fogos... Não, não posso esperar mais!

Entre os voluntários que avançam para o combate está o Furriel Dionísio Cerqueira, com os olhos arregalados, a boca seca, o fuzil com baioneta firme na mão. É quando vê o Marquês de Caxias descendo a estrada em direção à ponte, seguido pelo seu piquete de bravos, as bandeiras verde-amarelas desfraldadas. Vem de espada na mão, saudando com sua lâmina recurva os soldados dos dois lados do caminho que não acreditam no que está fazendo ali, tão próximo da ponte e da própria morte. Passa por eles, ereto no cavalo, o boné de pala levantada firme ao queixo pela jugular. Empunhando com vigor a espada, parecendo ter no rosto o fogo dos seus vinte anos, ele se dirige para o centro da batalha. A cerca de algumas braças da Ponte de Itororó, em um gesto firme, mas lento o suficiente para que todos possam acompanhar, alça a espada acima da cabeça, na atitude clássica de uma carga de cavalaria, primeiro a trote, depois num galope controlado, e brada a todos pulmões:

– SIGAM-ME OS QUE FOREM BRASILEIROS!

O eco daquele *grito de guerra* é o bastante para fazer a pele arrepiar, a respiração acelerar-se e o coração bater com gosto de sangue na boca do soldado. Não há como conter o fogo do rastilho de entusiasmo que contagia e arrasta todos para o perigo. Assim, a infantaria brasileira vai ganhando terreno elevação acima, palmo a palmo, casamata por casamata. A preparação de artilharia, juntamente com as *missões aéreas táticas XV* que antecederam aquele dia de batalha, já haviam assolado os alvos mais importantes para a conquista dos objetivos da Força Expedicionária Brasileira. Entretanto, o inimigo defendeu com bravura cada metro de chão palmilhado, e foi preciso bater-se por quase um dia inteiro, deixar pelo caminho centenas de mortos, nesse que foi o mais importante combate das tropas brasileiras na II Guerra Mundial. Às cinco em ponto da tarde a crista do monte é finalmente alcançada.

O jovem soldado, ainda incrédulo de estar empunhando a bandeira do Brasil, crava seu mastro no chão empapado de sangue, e a deixa tremular sobre o alto do Monte Castello.

É o dia 21 de fevereiro de 1945. Luiz Alves de Lima e Silva acaba de ressuscitar mais uma vez.

lepmeditores

www.lpm.com.br
o site que conta tudo

Impresso na Gráfica COAN
Tubarão, SC, Brasil
2023